荘園史研究ハンドブック

増補新版

荘園史研究会 編

吉川弘文館

はじめに――新たな荘園史の試み――

荘園とは何か　荘園とは何か。それに答えるのは簡単ではない。荘園とは通常、ごく一般的には、奈良時代から戦国時代まで存在した貴族や寺社の大土地所有の形態である、と説明される。しかし八〇〇年以上にもわたる荘園の歴史のなかで、その存在形態はじつに多様であり、それぞれの段階の土地制度上の位置づけも同一ではない。また、単に私的土地所有の範疇で捉えるのも不十分であり、貴族・寺社のみで荘園の領有を語ることもできない。一時代を切り取ってみたとしても、個々の荘園の規模、管理や支配のあり方、領主権や年貢の内容は荘園ごとにそれぞれ異なっていて均一ではないのである。

そのような多様な存在形態をとる荘園を、いかに統一的に把握するかについては、これまでにもさまざまな試みがなされ、いくつかの類型把握も行われてきた。荘園がどのように形成されるかに注目した、自墾地系《じこんちけい》荘園・寄進《きしん》地系《ちけい》荘園という類型論や、荘園の形態とその発展過程に注目した初期荘園・免田《めんでん》・寄人型《よりうどがた》荘園・領域型《りょういきがた》荘園という類型論などである。だが、こうした類型論の提起や、荘園研究の厚い蓄積にもかかわらず、荘園史を通史的に概説したものはそれほど多くはない。戦後のものでは、安田元久『荘園史概説』（吉川弘文館、一九五七年）、永原慶二『荘園』（吉川弘文館、一九九八年）があるのみである。永原の『荘園』は、現段階のもっともまとまった通時的な荘園史の概説として唯一のものであるが、だがこれも、そのもととなったのは一九七八年に新書版で刊行された『荘園』（評論社）であり、その後の新しい成果も取り入れられてはいるものの、基礎となっているのは一九七〇年代の荘園史の理解である。

荘園史はその後、一九九〇年代後半から大きく進展し、永原に代表される従来の荘園史の理解が大きく修正を余儀なくされ、そして新たな荘園像が提示されている。今ここに新たな荘園史の概説を試みるのは、そうしたその後の研究の成果を提示する必要があると考えるからである。

新しい荘園史研究　新しい研究成果をもっともよく示すのは、寄進地系荘園形成過程の見直しである。教科書でも著名な肥後国鹿子木荘《ひごのくにかのこぎのしょう》の事例が示すように、これまで寄進地系荘園は、開発領主の私領《しりょう》形成を起点として、領家への寄進、本家への寄進という二度の寄進によって形成され、その結果、本家—領家—下司《げし》という重層的な領有体系が形成されると説明されてきた。在地領主の成長を軸として、在地領主の寄進の運動が、中世社会を形成していく原動力として捉えられてきたのである。しかし実際の寄進地系荘園の形成は、これとは大きく様相を異にしていた。荘園領主の側から荘園の候補地が求められ、郡や郷の領域をそのまま含みこんだ広大な荘園が権力の側から創り出されていく。荘園形成の根底には私領形成や寄進の運動があることは間違いないが、それだけでは実際の荘園形成の実態は捉えられないことが明らかとなった。

また古代荘園についても、研究が大きく進展し、これまで初期荘園として捉えられてきたもの以外にも多様な土地所有の形態が明らかにされ、中世荘園の前史としてではなく、古代の社会・国家のなかで荘園を含む土地所有のさまざまな実態を捉え直し、荘園を位置づける研究も蓄積されてきた。降って中世後期をみても、荘園の動揺・解体期と捉えられてきた室町期の荘園制は、新たな政治社会体制に応じて再編成された「寺社本所一円地《じしゃほんじょいちえんち》・武家領体《ぶけりょうたい》制《せい》」という概念で捉えられるようになった。各時代の荘園像が、大きく捉え直されているのである。

荘園史の視角　こうした各時代の荘園史の最新の研究成果をふまえ、本書では八世紀以降の大土地所有の問題から、一六世紀の豊臣政権下での荘園の消滅までの各時代の荘園の実態を明らかにしながら荘園史を描くことを試みた。

各章での叙述はそれぞれの執筆者の責任に帰するが、共通する視角は、荘園を国制として捉えることである。また、これまでの荘園史のように、多様な荘園を類型的に把握し時代的変遷を追うという方法ではなく、それぞれの時代の社会や土地制度のなかでどのように荘園が位置づけられているかという視点から、各時代の荘園の存在形態を明らかにした。

また、永原が『荘園』で示した荘園史の時期区分、すなわち、①成立期、②展開期、③動揺・解体期～消滅、という時期区分も採用していない。歴史上存在した荘園は、たとえ場所や名称が継続して、古代から中世後期まで存在が確認されたとしても、その内実はそれぞれの段階で大きく異なっている。多くの荘園は時代ごとに生成と消滅を繰り返し、また一二・一三世紀以降中世を通じて存在していた荘園でも、その後内実は大きく変化していく。成立―展開―解体という流れで全体を把握することはとてもできない。本書では、時期区分はおおむね政治史上の時代区分を採用し、その時代ごとに荘園の特徴を捉え、国制上の位置づけを明らかにすることに重きをおいた。

ただし、そのなかでも「古代荘園」と「中世荘園」という用語を用いて、荘園史を大きく二つに区分している。その両者を分かつのが院政期であり、院政期は「中世荘園」が形成され、荘園制が成立する画期として位置づけられている。これまでの研究でも、院政期は荘園公領制の成立、中世社会の成立の画期として位置づけられてきた。本書でもそのことは確認されているが、これまで捉えられていた以上に、院政期は荘園がひとつの領域支配の単位として位置づけられた大きな画期として捉えられている。それは個々の荘園の立荘《りっしょう》形態や支配構造、権門領荘園群《けんもんりょう》の成立、国家財政との関連などに現れる。詳しくは第3章をお読みいただきたい。

本書の構成　以上のような認識と視角から、第1章では八・九世紀を中心とする古代の荘園を多様な土地所有の形態も含めて論じ、第2章では一〇・一一世紀の摂関期の荘園を国衙《こくが》支配との関係や、在地社会の動向も含めて論じた。第3章では、院政期における中世荘園の成立の様相を国家財政との関連に注目しながら明らかにし、第4章では、鎌倉幕府の成立とともに確立し変質する荘園の姿を明らかにした。続く第5章では時代ごとの叙述では論じられない荘園の内部構造を扱い、第6章では南北朝から戦国期の荘園を政治動向とも関連させつつ論じた。限られた紙幅のなかで、扱った内容も限られているが、それでもこれまでの荘園史とは大きく異なる荘園史が描き出されているはずである。また、各章に「コラムⅠ　描かれた荘園」を付し、絵図を読み解いて各時代の荘園の姿を示した。荘園史研究の現状をできるだけわかりやすく提示したつもりであるが、十分に説明できなかったところもある。それについては、各章末に用語解説をつけた（解説した用語は本文中に＊で示した）。本文とあわせ参照していただきたい。

また巻末には、これまで多くの蓄積がなされてきた荘園史研究のなかから、私たち荘園史研究会のメンバーが選んだ「荘園史の名著」の紹介を付した。本格的・体系的な荘園史研究が展開した二〇世紀の主要な研究書が取り上げられている。荘園史研究への入り口として、また史学史を知る手がかりとして利用していただきたい。

なお、増補新版を出版するにあたり、本文は旧版のままとし、必要最低限の誤字修正等にとどめたが、この間の研究の進展をふまえて新稿二編を「付論」として追加し、各章に「コラムⅡ　史料の読み方」を加え、「荘園史の名著」を五冊増補した。

鎌倉佐保

目　次

第5章　中世荘園の構造

付　論

荘園史の名著

凡例

- 本書の性格上、参考文献は本文中に注記せず、各章の最後に一括して掲載した。
- 各章の参考文献は、章の内容を理解するうえで基本と考えられるものに限った。
- 典拠となる史料は、参考文献と同様に基本的なものに限って注記した。
- 史料の出典は、一部以下のように略記したものがある。

　『平安遺文』→「平」
　『鎌倉遺文』→「鎌」
　『中世法制史料集　第一巻　鎌倉幕府法』「追加法」→「鎌倉幕府追加法」
　『中世法制史料集　第二巻　室町幕府法』「追加法」→「室町幕府追加法」
　『中世政治社会思想　下　日本思想大系新装版』→『社会思想』
　『戸田市史　資料編一　原始・古代・中世』→『戸田』

第1章　古代の荘園

戸川　点

1 古代荘園（初期荘園）

（1）「古代荘園」の提起

初期荘園と古代荘園 本章では八・九世紀を中心とする古代の荘園*について扱う。従来、古代の荘園は初期荘園といわれてきた。しかし、初期荘園という呼称では中世荘園を完成形態とし、そこに至る初期段階の荘園と誤解されるニュアンスがある。古代の荘園には中世荘園と異なる点も多い。そこで初期荘園という従来の呼称ではなく、古代荘園という呼称を用い、中世荘園を前提としない古代における多様な大土地所有のあり方を分析すべきだという問題提起もなされている。

古代の大土地所有という観点でみたときに、従来初期荘園と称してきたもの以外にも大化《たいか》前代の屯倉《みやけ》や豪族らが所有した田荘《たどころ》*、寺院所領、あるいは令制《りょうせい》の位田《いでん》*など、多様な形態の土地所有の存在が指摘できる。荘園史分析の際にこれらも視野に入れることは必要であろう。しかしこれらを古代荘園とするかどうか、となるとその位置づけは難しい。結局は荘園とは何かという本質的議論を俟《ま》たねばならず、筆者の能力をはるかにこえてしまう問題となる。

一方従来、初期荘園と呼ばれてきた東大寺領荘園などは中世の寺領荘園同様、寺院経済を支えるものでありながら、中世荘園とは異なる特徴も持ち、古代荘園の代表的なものといえる面もある。

そこで、ここではひとまず古代荘園の問題提起をうけとめ、古代大土地所有のさまざまな類型についてふれたのち、研究蓄積の多い、従来の初期荘園について論じることとしたい。

（2）令制前の大土地所有

屯　倉

律令《りつりょう》制導入以前の大土地所有として知られるものに屯倉と田荘がある。屯倉とは支配・農業経営の拠点である宅《やけ》を中心に倉庫や田地（屯田《みた》）、人から構成されるもので、田地による農業だけではなく、鉱山資源、海産物などさまざまな用益をもたらす大王の所領である。

これまでの実態分析によれば、屯倉は、屯倉を管理する担い手によって二種類に分類される。その一つは①大王の供御《くご》や屯倉を管理する職業的部《べ》がおり、大王の供御料を供給するもの。大王位を継承したものが所有者となる大王の所領といえるもの（①型屯倉）。もう一つは②名代《なしろ》・子代《こしろ》や外戚《がいせき》氏族が管理し、大王やその家族などが居住する宮に附属し、王族のそれぞれに所有される各王族の小家族の所領、個別王家所領と呼ばれるもの（②型屯倉）。屯倉はこのように二つの類型に整理されるが、いずれも王家の所有する領域である。

田　荘

一方、豪族の所有地とされる田荘もトコロを拠点に田畠を経営するものである。

このように屯倉にしても田荘にしても一定の領域を占め、農業をはじめ多様な用益に用いられていた。これらの景観だけを論じれば中世の領域的な荘園と共通する部分も多くあるように思われる。しかし、『日本書紀』欽明《きんめい》三〇年（五六九）四月条によれば吉備国白猪屯倉《きびのくにしらいのみやけ》の場合、耕作者である田部《たべ》は籍に登録され、中央から派遣された田令《たつかさ》によって支配されていた。すべての屯倉で同じような支配が実現できたわけではないだろうが、屯倉とは名籍《なのふだ》に編籍した部民によって経営されるものであった。こうした屯倉・田荘と領域的土地支配を基礎とする中世荘園は自ずと異なるものである。このような屯倉・田荘を古代荘園の第一形態と明確に位置づける見解もあるが、今後、古代荘園としての独自性などをより明らかにしていく必要があろう。

大化前代の寺領

また、この時期に存在した大土地所有として見逃せないものに寺院の持つ所領がある。大化前代における寺院所領の実態を直接的に示す史料はほとんどないのだが、法隆寺の場合、天平《てんぴょう》一九年（七四七）二月一一日法隆寺伽藍縁起並流記《がらんえんぎならびにるき》資財帳《しざいちょう》（『大日本古文書』二巻五七九頁、『寧楽遺文《ならいぶん》』中巻三四四頁）の分析より遡《さかのぼ》ってその所領構成を推定することができる。同資財帳の分析から法隆寺所領は①物部守屋《もののべのもりや》の滅亡後、その旧領が施入されたものと②斑鳩宮《いかるがのみや》の附属寺院であるため斑鳩宮周辺所領として開発された上宮王家《じょうぐうおうけ》所領、屯倉が施入されたもの、などからなる。

同資財帳は法隆寺が各国に持つ水田・薗地《えんち》・山林岳嶋・海・池・荘（この場合、荘は倉や屋のこと）などを項目ごとに記載している。ちなみに各項目から播磨国揖保郡《はりまのくにいぼぐん》の記載のあるものを拾うと水田・薗地・岳・池・荘などが存在していた。さらに水田の箇所には推古《すいこ》六年（五九八）に聖徳太子《しょうとくたいし》を招いて法華経と勝鬘経《しょうまんきょう》を講じた際に布施《ふせ》として法隆寺に与えられたものとの注記もある。この注記の信憑性は不明だが、これら揖保郡所在の田地などは大化前代から法隆寺領であったと考えてよいだろう。そしてこれらはのちの法隆寺領鵤荘《いかるがのしょう》となるのだが、この頃からそれぞれの地目《ちもく》が密接に関わって存在していた。それがやがて中世荘園へと成長していくのである。

このように創建時法隆寺の所領は物部旧領や上宮王家領を母体とし、水田・薗地・山林・池・海・荘などが結びついて存在していた。その点、屯倉とも共通する部分が多いと思われる。そしてこれら旧領が律令制導入の際に寺《じ》田《でん》として位置づけられ、一部は中世荘園へとつながるものもあったのである。なお、寺田については後述する。

（3） 令制下の大土地所有

屯倉・田荘のその後 大化二年（六四六）の有名な大化改新詔《たいかのかいしんのみことのり》は第一条で「昔在《むかし》の天皇等の立てたまへる子代の民《たみ》、処処《しょしょ》の屯倉、及び別には臣《おみ》・連《むらじ》・伴造《とものみやつこ》・国造《くにのみやつこ》・村首《むらのおびと》の所有《たもて》る部曲《かきべ》の民、処々の田荘を罷《や》めよ」と述べ、屯倉・田荘の廃止を打ち出している。改新詔が実在したのか、あるいは文飾があるのかなど改新詔の性格については大変な研究史があることは周知の通りである。ここでその研究史に関わる余裕はなく、したがって改新詔のいうとおりにこの時に屯倉・田荘が廃止されたかどうかは留保するが、いずれにしても七世紀後半以後、律令制が導入される際に屯倉は廃止され、変質を余儀なくされた。その際、職業的部によって管理された①型屯倉は宮内省管下《くないしょうかんか》官《かん》司《し》の管理する官田《かんでん》、園、牧《まき》、御厨《みくりや》など供御所領となり、②型屯倉の方は王家の家産として家政機関が管理し、離宮《りきゅう》や後院《ごいん》の所領、長屋王家《ながやおうけ》木簡《もっかん》にみえる御田《みた》・御園《みその》のような形に変質しつつ残っていくと推測される。また、豪族らが所有した田荘なども律令制の導入に伴い、いったんは理念上収公され、班田《はんでん》すべき土地になった。しかし実際にはその豪族や一族に位田・職田《しきでん》＊という名目で与えられたり、口分田《くぶんでん》として班給され、事実上、豪族らの所有が追認されたともいわれる。

位田や職田がどのように設定されるのか、という観点に立った時に説得力のある説明であるが、一方、官人としての地位に対する給付である位田・職田と屯倉や田荘所有の論理は異なるものであり、実際にこのような措置がとられたか疑問視する批判もある。いずれにしても令制下において御田のような屯倉の系譜を引く所領や位田・職田などの土地所有も存在した。

勅旨田　そのほか関連してみておきたいものに勅旨田《ちょくしでん》と親王賜田《しんのうしでん》がある。勅旨田には国家的開発事業である勅《ちょく》旨《し》開田《かいでん》と王家の所領である後院勅旨田・上皇勅旨田の三つがある。勅旨開田は勅旨によって国司が空閑地《くうかんち》（「こかんち」とも）・荒廃田《こうはいでん》＊の開墾に当たるもので、国家管理の灌漑《かんがい》用水である公水を用いることが許され、正税《しょうぜい》を営料《えいりょう》として開墾された。その収穫の使途ははっきりしないが中央の官司に収められたと考えられる。したがって勅旨開田は政府による開墾事業であり大土地私有の範疇《はんちゅう》には入らず、考察の対象外としてよいだろう。

ただし開墾の指揮に当たった国司が「庄家」を立て強引な経営を行うこと、勅旨開田に名を借りた国司の荘園経営もあったようである。このような国司による勅旨開田を悪用した荘園化に対し「諸国奸濫《しょこくかんらん》百姓」は田地を王臣家《おうしんけ》に寄進《きしん》し荘園化することで対抗した。こうして勅旨開田は思わぬ方向で荘園を生み出すことになった。これらの動向を断とうとしたのが延喜《えんぎ》の荘園整理令《しょうえんせいりれい》、延喜二年（九〇二）三月一三日官符《かんぷ》「応《まさ》に勅旨開田ならびに諸院諸宮《しょいんしょぐう》及び五位以上、百姓の田地舎宅を買い取り閑地・荒田を占請するを停止《ちょうじ》すべき事」（『類聚三代格《るいじゅさんだいきゃく》』）である。延喜の荘園整理令自体の実効力は疑問視されるが、この官符で勅旨開田事業は停止されたようであり、勅旨開田に伴う立荘には歯止めがかかったのである。以上のように勅旨開田と大土地所有は無関係ではないが、勅旨開田自体は荘園のような大土地所有とは別のものである。

一方、後院勅旨田は天皇自身の勅旨田である。後院とは狭義では朱雀院《すざくいん》・冷泉院《れいぜいいん》という退位した天皇の居所として累代伝領《るいだいでんりょう》される後院を指すが、広義では在位中の天皇が退位後のために設定する居所とその管理機関を指し、天皇の家政機関といえるものである。したがって後院勅旨田は後院によって管理された天皇の私有財産である。一方、上皇勅旨田は上皇に与えられた国家的給付であり、上皇の私有財産である。これらの勅旨田が荘園化したものだったのか、国司が経営し地子《じし》などを後院や上皇に届ける形態のものだったのか、その実態理解には諸説あり、十分明らかではない。また両者とも史料に多く出るようになるのは摂関期以降でもあり、この両者についてはここで紹介するに留めたい。

親王賜田　勅旨田と並行して九世紀に増大した大土地私有に親王への賜田がある。賜与された親王は桓武《かんむ》天皇《てんのう》の皇子・皇女一二人、平城天皇《へいぜいてんのう》の皇子・皇女三人、嵯峨天皇《さがてんのう》の皇子・皇女六人、淳和天皇《じゅんなてんのう》の皇子一人、仁明天皇《にんめいてんのう》の皇子・皇女一〇人、清和《せいわ》天皇《てんのう》の皇女一人などが知られる。分布はほぼ全国にわたり、ほとんどが空閑地・荒廃地であった。これらは開墾のあと、親王家の私財として伝領された。このような親王賜田は九世紀に入り、律令財政が行き詰まりをみせるなかで王家領として設定されたものといわれる。さらにその一部は寺院に施入され、荘園化する。例えば弘仁三年（八一二）桓武皇女布施内親王《ふせないしんのう》は東寺に墾田を施入して、これがのちに伊勢国大国荘《いせのくにおおくにのしょう》、摂津国垂水《せっつのくにたるみの》荘《しょう》、越前国高興荘《えちぜんのくにたかこしのしょう》、同国蒜嶋荘《ひるしまのしょう》となった。朝原《あさはら》内親王の墾田は東大寺に施入され、美濃国厚見荘《みののくにあつみのしょう》、越前国横江《よこえの》荘《しょう》、越後国土井荘《えちごのくにどいのしょう》などになった。親王賜田は親王領として相伝されたが、のちには寄進や売買を経て寺社領や貴族領荘園となっていくものもあったのである。

寺田・神田　もう一つこの時期の土地所有として注目されるものに寺田・神田《しんでん》がある。これらは両者とも寺院・神社を維持していくための経費として領有が認められたものであり、寺社領荘園の淵源の一つと考えられるが、神田については史料が少ないため、ここでは寺田についてみていく。寺田は律令制で班田収授の対象外とされ、寺院の領有が認められている（『田令《でんりょう》』六年一班条）。『令義解《りょうのぎげ》』に「不税田」とあり、『大宝令《たいほうりょう》』の注釈である古記《こき》によれば租は国家へ納めず寺に納めるとある。つまり実質的に不輸田《ふゆでん》とされている。これは国家のため仏事を行うことに対する優遇措置であろう。したがって本来寺田は国家仏事運営に必要な用途に見合うよう認定すべきものである。しかし大化前代から寺領を持つ寺院の寺田の場合どのように寺田が認定されたのか明らかではない。寺田が国家仏事用途に不足する場合は施入などの措置が取られただろうが、逆に寺領が多かった場合、仏事用途料に見合う田数に限定して寺田を認定したのだろうか。

　おそらくは律令制導入当初の段階ではそのような方式はとれず、旧来の寺領が一括して寺田として認定されたのではないだろうか。律令制施行後の寺田認定は班田遂行のなかで行われる。班田の準備として行われる校田《こうでん》に、さらに先だって中央政府の発給する田記《でんき》によって寺田は認定され、班田ののち、田図《でんず》に登記されることによって寺田として確定した。『続日本紀《しょくにほんぎ》』和銅《わどう》六年（七一三）四月一七日条には諸寺の田記の錯誤を改正する記事がみえる。どのような錯誤を正したのか明らかでないが、律令制への移行過程における寺田認定が一括したもので、それを訂正するような試みであったかもしれない。ちなみに『続日本紀』同年一〇月戊戌《ぼじゅつ》条に「制すらく、諸寺多く田野を占めて、その数限り無し、今より以後、数、格《きゃく》に過ぎむは皆還《かえ》し収《おさ》むべし」とあり、この年「格」に超過する田野が収公されたことが知られる。そしてこの「格」が「田記」であったと推測する見解もあるが、この推定が妥当なものだとすればやはり「田記」は寺田数を仏事用途料など必要な数量に限定したものだったということになるだろう。

律令制導入当初の状況は史料不足のためこれ以上明確にすることはできないが、その後、天平勝宝《てんぴょうしょうほう》元年（七四九）に寺院墾田許可令が出されている。天平一五年（七四三）の墾田永年私財法に寺院に対する規程がなかったための措置であるが、これによって寺院の開墾や墾田買得が認められるようになった。以後、寺院所領は不輸租である寺田（狭義の寺田）と寺院墾田からなることとなった。またこの両者をあわせて広義の寺田ということもある。

国分寺の寺田　ここで、律令制下の寺田の一例として国分寺の寺田についてみよう。国分寺は天平一三年（七四一）国分寺建立の詔によって建立され、この段階で水田一〇町が施入されている。さらに天平一九年には僧寺九〇町、尼寺四〇町が追加施入されている。一〇町の寺田は熟田《じゅくでん》施入だったが追加分は国司が新たに開墾して施入するものであった。しかしいずれにしても勅施入であり不輸租の寺田である。その経営は当初国衙が直営＊または賃租《ちんそ》＊経営を行った。直営は雑徭《ぞうよう》の労働力を利用するか、正税《しょうぜい》などを功賃として支払うことによって労働力を確保し、収穫が収益となる。賃租経営はいわば小作契約であり、耕作を請け負った農民の払う小作料に当たる地子《じし》および寺田分の田租《でんそ》が収益となる。このようにして得た収益を国衙から国分寺に支出するというのが当初の形態であった。のち天平神護《てんぴょうじんご》二年（七六六）には寺田経営の実権は国司から国分寺三綱《さんごう》に移管されたが、その際も農民に功稲《こうとう》を払って行う直営か賃租方式での経営であったと考えられる。

寺田と寺院墾田　天平勝宝元年（七四九）の寺院墾田許可令が発令されると国分寺においても寺院墾田が認められるようになり、他の寺々同様国分寺領も寺田と寺院墾田の二本立てとなった。

国分寺寺田に関して、その収益は僅かであり、国分寺経済を支える核とはならないとの指摘がある。国分寺以外の寺院において同様であったか今後検証する必要があるが、寺田の持つ意味は年度ごとの収益のみに限るものではない。寺院墾田許可令以後認められた寺院墾田は本来輸租田《ゆそでん》である。しかし不輸租の寺田を持つことを手がかりに校班田《こうはんでん》の際に墾田を「寺田」と認定させ不輸租田化することもあった。このように寺田が不輸租田拡大の論理となり、中世荘園につながることもあったのである。

なお、国司の判断で墾田が不輸租田と認定されることもあったようである。例えば東大寺領越前国桑原荘《くわばらのしょう》は本来輸租田である墾田からなる荘園であるが、不輸租となっている。その理由について桑原荘の経営には国史生《ししょう》安都《あとの》雄足《おたり》や足羽郡大領生江東人《あすはぐんたいりょういくえのあずまんど》が関わっており、そのために不輸租となったとされる。また国司に正税の一部の出挙運用を認め、その収益を官物不足分の補塡や国司の収入とする公廨稲《くがいとうせい》制が成立し正税確保を国司に任せたことにより国衙正倉《こくがしょうそう》に納められる租の免除に関しても国司の裁量が及ぶようになり、国司が不輸租を認定できたのだろうとする説もある。これに関連して、中央政府が行う不輸租の寺田認定と、このような国司による不輸租認定とがそれぞれ官省符荘《かんしょうふしょう》、国免荘《こくめんのしょう》につながるとの指摘もある。

従来初期荘園として墾田を集積した寺領荘園のみが注目されてきたが、このように寺田にも注目する必要があろう。

（4）墾田集積荘園（初期荘園）

初期荘園　天平一五年（七四三）墾田永年私財法*によって墾田の私有が合法化された。さらに天平勝宝元年（七四九）にはいわゆる寺院墾田許可令が出され、諸大寺に対して墾田面積の限度が設定されながらも墾田所有が認められた。墾田永年私財法では貴族・庶人らに対する墾田所有限度が定められていたが寺院に対する規定はなかった。それをこの年に設定したのである。この政策には孝謙天皇《こうけんてんのう》の即位とともに、大仏造営を進めるための支援政策という側面もあるのだが、これらの一連の墾田政策により以後、貴族・豪族らとともに寺院などによる墾田私有が展開する。こうして成立する荘園を従来初期荘園と呼んできたのである。

これらの初期荘園のなかでも特に研究が集中してきたのが北陸地方に設定された東大寺領荘園である。これまでの研究蓄積によればこの時期の荘園の特色は①律令制支配機構によって経営されている、②熟田を含む場合もあるが広い野地を開墾予定地として占定している、③荘内には荘家などの経営の中心になる施設や倉、耕地はあるが専属の荘民はいない、④耕地は墾田の集積であって輸租田である。耕作は荘周辺の班田農民による請作《うけさく》（賃租《ちんそ》という）によるものである、⑤賃租経営に当たっては郡司など現地における有力者（在地首長という）の協力が不可欠であり、在地首長が没落したり、在地首長の協力が得られなくなることにより一〇世紀以前に大半の北陸東大寺領荘園は荒廃する、などの点が指摘されている。

こうした通説に対し寺社領古代荘園の没落の背景に王臣家領荘園の活動を挙げる見解もあり、初期荘園衰退の原因は個別に、多様にある可能性も指摘されている。

王臣家領荘園　さて、墾田永年私財法を機に展開した古代荘園のもう一類型として王臣家領荘園がある。王臣家*とは史料上「院宮《いんぐう》王臣家」「諸院諸宮王臣家」「王臣家」などと表されるものである。「院宮王臣家」の院とは太上《だじょう》天皇《てんのう》やその家政機関であり、宮は中宮職《ちゅうぐうしき》・春宮坊《とうぐうぼう》、つまりは皇后・皇太后・太皇太后と皇太子の家政機関である。王臣家とは親王以下諸王、三位以上の貴族に与えられた家政機関である。ただし、八、九世紀に社会問題化する王臣家領荘園の場合、「諸司《しょし》諸家《しょけ》」領や五位以上の家領なども含まれており、ここでいう院宮王臣家とは史料上の厳密な意味での院宮王臣家ではなく、王族も含めた貴族ないしその家政機関といった意味の用語として用いることにしたい。

さて、彼らの大土地所有は墾田永年私財法以前より存在した。慶雲《けいうん》三年（七〇六）段階で王臣家が山沢を占めて百姓の妨げとなっていることが指摘されていた（『類聚三代格』慶雲三年三月一四日詔）。和銅四年（七一一）には同じく山野を占め百姓の業を妨げることを禁止しながらも墾開すべき空閑地があれば太政官の処分をうけての占定が認められるようになった（『類聚三代格』大同《だいどう》元年〈八〇六〉八月二五日官符所引和銅四年一二月六日詔）。このように王臣家に関しては墾田永年私財法以前より土地領有が認められ、また問題となることもあった。そして墾田永年私財法は位階による開墾の限度を決め、国司に申請することで開墾を可能としたのである。この墾田永年私財法をうけてこれ以後王臣家による墾田占定がいっきに進むことになる。こうして誕生するのが王臣家領荘園である。

王臣家領荘園も寺領荘園と同じく律令制下、制度的に認められた「合法的」荘園である。ただしその経営はやがて国司による任国支配を妨げ、律令制支配と抵触することになる。

王臣家領荘園の影響　王臣家領荘園の成り立ちについては史料的制約からはっきりしない部分も多い。また当然個別荘園ごとに事情は異なる。しかし墾田開発に当たっては浮浪逃亡した百姓を寄住させるケースが多かった。彼らが王臣家の権威を借りて調庸を拒否する事例もしばしばみられた。また王臣家は在地の富豪百姓を荘長《しょうちょう》などに取り立て荘園経営に当たらせたが、このような富豪層＊が王臣家と結託して国司の徴税に対抗する事例も多く、九世紀末から一〇世紀にかけて大きな問題となっていくのである。この問題に対処したのが延喜の荘園整理令であるが、この点は後述する。

王臣家領荘園が問題となるのは国司支配だけではない。東大寺領などの寺領荘園にとっても脅威となっていく。前述したように東大寺領などの古代荘園が衰退していく原因は一般的には現地で経営に当たっていた在地首長の離反や没落といわれている。そうしたケースももちろんあるのだが、王臣家領荘園との競合に敗れて衰退するケースもあった。例えば承和《じょうわ》五年（八三八）九月五日太政官符所引東大寺牒のなかで東大寺は「寺家の墾田・陸田《りくでん》等国ごとに数あり。しかるに頃年寺使《けいねんじし》をつかわし勘《かん》ぜしむるにあるいは王臣地となり、あるいは百姓田となる」と述べている（「平」七二号）。王臣家とあるいはその威を借りた百姓により東大寺領荘園が侵食されているのである。東大寺領が王臣家によって買得される場合もあれば、国司と王臣家が結託して開墾と称して東大寺領を侵食する場合もあろう。王臣家領荘園は国司支配に抵抗するだけでなく、国司と結託して拡大していく場合もあったのである。

このように王臣家荘園は律令支配や寺領荘園に大きな影響を与えるものであった。

北陸にあった東大寺領古代荘園の多くが一〇世紀を待たず退転していくのに比べ、国司、富豪層と結託した王臣家領荘園はたびたびの禁制にもかかわらず存続していくようである。ただし一〇世紀以降の王臣家領荘園の実態については十分に明らかにすることはできない。

さて、ここまで、さまざまな古代の大土地所有についてみてきた。王臣家領荘園と史料的に実態分析の難しい屯倉とを除けば、いずれも独自の荘民を持たず、佃《つくだ》経営または賃租経営が行われているという共通項が指摘できそうである。「初期荘園」について従来指摘されてきた特徴であり、班田収授制が維持されている段階ではごく当たり前の話であるが、古代大土地所有に共通する特徴として確認できよう。

さて次にこのような特徴を持つ荘園の典型として東大寺領荘園と、これらと異なる面を持つものとして王臣家領荘園とを取り上げ、その実像を掘り下げてみよう。

2　古代荘園の実像

(1)　東大寺領荘園

東大寺領荘園の成立　寺院墾田許可令以後多くの墾田集積荘園が成立したが、東大寺領荘園の場合、その成立のかたちは三つ挙げられる。第一は東大寺から野占使《やせんし》が派遣され、開墾予定地を占定するもの。第二には郡司ら在地豪族からの寄進によるもの。第三に墾田地を買得して成立するものである。

このうち、特に注目されるのは第一のものである。占定の際には東大寺僧、造東大寺司《ぞうとうだいじし》官人《かんじん》から構成された野占使が各地に派遣され、国・郡司の協力を得ながら進めるものであった。占定範囲内がすべて未墾の野地だったとは限らず、口分田や農民が開墾した治田《ちでん》（「はりた」とも）*などが含まれトラブルになることもあったが、造東大寺司官人、国・郡司が関わっているため強引に進められたようである。このように占定による荘園の設立は律令国家機構が深く関わる国家的性格の濃厚なものであった。また第二、第三の寄進や買得によるものでもその荘園経営には造東大寺司や国・郡司が関わり、国家的性格がみられる。

桑原荘の経営　次にその経営の実態について墾田買得によって成立した越前国坂井郡桑原荘を取り上げてみよう。

桑原荘は天平勝宝六年（七五四）、大伴麻呂《おおとものまろ》の墾田および未開野を東大寺が買得して成立したものである。その経営は、造東大寺司から越前国史生として派遣された最高責任者安都雄足のもと、造東大寺司史生として勤務した経歴を持つ足羽郡大領生江東人と造東大寺司より派遣された田使曽禰乙麻呂《そねのおとまろ》とが当たっている。生江東人は天平勝宝元年、寺院墾田許可令が出されると、造東大寺司史生として、東大寺僧法師平栄《へいえい》とともに越前・越中《えっちゅう》の野地占定に当たった経歴の持ち主でもある。そうした経歴が買われ東大寺領荘園の経営にも携わることになったと思われる。

経営開始当初二年間にわたり東人は桑原荘経営資金として八〇〇〇束の稲を寄進している。桑原荘については成立後四年間の収支決算報告書が残されているが、それらの分析によればこの東人の寄進がなければ桑原荘は当初より赤字経営となるところであった。東人は造東大寺司勤務の経歴を持つとはいえ、足羽郡司であり在地の有力者の一人であった。北陸にあった東大寺領古代荘園は国家的権威を背景として、このような在地有力者、在地首長の協力なくしては経営できないものであった。

桑原荘の退転　しかし東人が関わったのは当初のみで桑原荘の実際の経営は曽禰乙麻呂が中心であった。桑原荘も他の東大寺領古代荘園と同じく専属の荘民を持たず、一年ごとに賃租と呼ばれる小作契約を結んで耕作者を組織しなければならなかった。ところが乙麻呂は在地との関わりが薄いため周辺班田農民を賃租にうまく動員できなかったようである。耕作するものが見つからなかった墾田は結局荒田となってしまった。こうした経営状況が続いたため、乙麻呂は責任を追及され更迭されている。

一方の東人はこうした事態でも改善に関与した形跡がみられない。東人が在地の有力者とはいえ、足羽郡司で桑原荘のある坂井郡の郡司ではなかったためといわれている。

このように北陸にあった東大寺領古代荘園は律令制機構によって経営されていたが、実態は在地首長によるところが多く、在地首長の没落や協力が得られないなどの事情によりたやすく退転するものだったのである。

道守荘の経営と没落　このような事例の一つとして東大寺領越前国道守荘《ちもりのしょう》の事例を紹介しよう。道守荘は天平勝宝元年（七四九）野占使によって占定された土地と足羽郡大領生江東人が寄進した墾田からなる荘園であるが、生江東人が一〇〇町もの墾田を寄進するなど生江氏が経営に重要な役割を果たした荘園である。東人以外にも生江臣黒足《いくえのおみくろたり》・息嶋《いきしま》など生江氏が経営に関与していたことが知られる。ところが、その後道守荘は荒廃し、天暦《てんりやく》五年（九五一）東大寺が調査した時点では「道守・鐙《あぶみ》荘田は条里ありといえどももとよりあるいは荒野、あるいは原沢にしてさらに□〔欠字〕寄作人《きさくにん》なし」という状態になってしまった。この天暦五年の調査は東大寺の問い合わせに足羽郡司がこたえたものだが、署名している足羽郡司はいずれも生江氏である。つまり生江氏が没落して道守荘が荒廃したわけではない。むしろ生江氏は依然として足羽郡司として在地に影響力を持っていたと思われる。そして郡司筆頭検校《けんぎょう》生江某《なにがし》には「方上御荘惣別当《かたがみのごしょうそうべっとう》」の肩書が付されていた。方上荘はいうまでもなく藤原氏氏長者《ふじわらしうじのちょうじゃ》に代々伝領される殿下《でんか》渡領《わたりりょう》の一つである。つまり生江氏は東大寺領の経営よりも摂関家領の経営に関与するようになり、生江氏の関与を失った道守荘が荒廃したと考えられるのである。

在地首長が富豪層などの新興在地有力者の影響で没落することもあったろう。またこの事例のように在地首長が王臣家領に取り込まれる場合もあったろう。こうした在地情勢の変化のなかで北陸東大寺領古代荘園の多くは九、一〇世紀には衰退するのである。

以上在地首長に依拠した東大寺領の経営実態をみたが、畿内ないし畿内近郊では在地首長の関与がなく東大寺が直接経営に当たるものもあった。次にその代表として近江国愛智荘《おうみのくにえちのしょう》を取り上げてみよう。

畿内東大寺領の場合　東大寺領愛智荘は小規模な墾田を集積して成立したもので、寺家の直営地で全収穫を寺家が収取する佃二町と収穫の五分の一を地子として収取する地子田＊一〇町から成り立っていた。東大寺はその佃から得られる収穫稲を営料として周辺農民に出挙することによって共同体を維持させつつ荘園を経営していた。つまり佃の収穫を投入することにより在地首長が果たしていた共同体維持機能を荘園領主が代行し、荘園経営を安定化させていたというのである。ただし、畿内における荘経営の実態を反映する史料として知られる宮所荘《みやどころのしょう》＊木簡《もっかん》の分析からは佃の収穫を含む荘園領主の収入の約四五％が翌年春までに荘園経営の費用として支出されている。このような事例を考え合わせれば畿内においても佃経営だけで万全なわけではなく、荘園維持には荘園領主の持つ動産の投入、いわば持ち出しが必要な場合もあったものと思われる。また荘園領主はこうした営料投入を通して新たに台頭しつつある有力農民層を組織化したともいう。このように荘園領主が直接経営に当たった畿内荘園などの場合、経営へのテコ入れと有力農民の掌握により、北陸荘園に比し、しばらくの間安定が続くという。

しかし有力農民のいっそうの成長やその組織化が十分でないことなどから畿内初期荘園の場合もやがては変容または没落することになる。そして入れ替わるように台頭してくるのが王臣家領荘園である。

（2）王臣家領荘園

上総国藻原荘・田代荘の成立　ここで王臣家領荘園の具体例として著名な上総国藻原荘《かずさのくにもばらのしょう》・田代荘《たしろのしょう》についてみておこう。藻原荘・田代荘は南家《なんけ》藤原氏の領有する荘園だが、黒麻呂《くろまろ》を初代としてその後、春継《はるつぐ》—良尚《よしひさ》—菅根《すがね》と伝領されていく。藻原荘・田代荘を知る基本史料、寛平《かんぴょう》二年（八九〇）八月五日施入帳（『朝野群載』）は藤原菅根らが祖父の遺言に随《したが》い同二荘を興福寺に施入した際の文書で、菅根から遡って二荘の来歴を知ることができるものである。

　同文書によれば藻原荘は藤原黒麻呂が上総守在任中に牧として占定したものをさらに開墾して治田としたもの、田代荘は黒麻呂から春継に至る間に買得したものであった。それが春継—良尚—菅根と伝領されていくのである。

　藻原荘が牧として占定されたのち開墾が進められ、また、田代荘が買得によって入手されているのは、墾田永年私財法で国司在任中の墾田は任期終了時に収公される規定になっており、それをたくみに避けるためだったと思われる。ちなみに黒麻呂は宝亀《ほうき》八年（七七七）に上総守となっていることが知られるので〈上総は天長《てんちょう》三年〈八二六〉常陸《ひたち》・上野《こうずけ》とともに親王が国守＝太守をつとめる親王任国《しんのうにんごく》となるが、この時点では親王任国ではない〉、藻原荘や田代荘は八世紀後半の成立と考えられる。

　黒麻呂の子春継は常陸介に任じられ、常陸大目《だいさかん》坂上盛女を妻とした。この結婚がきっかけであろうか、春継は都での栄達は考えず、この藻原荘に「寝居」し、藻原・田代荘の経営に当たったようである。死後は藻原荘中に墳墓を作って葬らせている。その墳墓が荒らされないようにとの遺言により菅根の代にいたって両荘は興福寺に施入されるのである。

王臣家領荘園の経営　このように春継は常陸介任期終了後も京へ戻らず東国に留住《りゅうじゅう》し、荘園経営に当たったのである。八世紀から九世紀において「秩満解任《ちつまんかいにん》の人」「王臣子孫の徒」などと呼ばれる人々が地方に土着し国務を妨げるとして問題視されていたが（例えば斉衡《さいこう》二年〈八五五〉六月二五日官符〈『類聚三代格』所収〉）、春継はまさしく「秩満解任の人」であり、藻原・田代荘は王臣家領荘園の典型とすることができよう。なお、春継の子の良尚は京に住み、「文徳天皇近習《もんとくてんのうきんじゅう》の臣」といわれ、その子菅根も文人貴族として都で活躍した。王臣家領荘園はその経営に際し、浮《ふ》浪人《ろうにん》を招き寄せ、あるいは富豪層と呼ばれる在地の新興勢力と結びついて経営されていたが、都に居住した良尚・菅根の代にはそのような形で経営されたのだろう。

3　王臣家領荘園と延喜荘園整理令

（1）　延喜荘園整理令

王臣家の動向　さて、王臣家領荘園は浮浪逃亡した百姓を招き寄せて経営されたが、彼らは王臣家の権威を借りて調庸を納めないなど国務に対捍《たいかん》した。こうした動きへの対策はすでに延暦《えんりやく》年間には始まっていたが（『類聚三代格』延暦一六年〈七九七〉八月三日官符）、九世紀末～一〇世紀初頭には大きく政治問題化する。そのためにこの時期に院宮王臣家禁圧令と呼ばれる政策が集中的に採られるのだが、ここではその代表的なものとして延喜の荘園整理令を取り上げたい。

延喜荘園整理令　延喜荘園整理令とは延喜二年〈九〇二〉三月一二日に出された太政官符A「応に臨時の御厨ならびに諸院諸宮王臣家の厨を停止すべき事」（『類聚三代格』一〇所収）、同一三日に出されたB「応に諸院諸宮及び王臣家の山川藪沢《さんせんそうたく》を占固《せんこ》せしむることを禁制すべき事」（同一六所収）、C「応に諸院諸宮王臣家、民の私宅を仮り庄家と号し、稲穀等の物を貯積するを禁断すべき事」（同一九所収）、D「応に勅旨開田ならびに諸院諸宮及び五位以上、百姓の田地舎宅を買い取り閑地・荒田を占請するを停止すべき事」(同一九所収)の四通の官符を指す。

AとBは王臣家が山川藪沢を占有したり、厨を設定して百姓の生業を妨害することを禁じたもの。Cは王臣家が民の私宅を借りて荘家として稲穀などを集積し、官物徴収の妨げとなることを禁じたもの。Dは勅旨開田と王臣家による土地集積を禁じたもの。勅旨開田については前述したが、勅旨開田の際に国司が荘家を設け私領を獲得することもあった。こうした国司の責めに対して百姓らは王臣家と結託し田地を王臣家領荘園化して対抗した。そのため王臣家領荘園成立の誘因となっている勅旨開田を禁止するとともに王臣家領荘園を抑制したのである。

延喜荘園整理令とはこのように基本的には王臣家と富豪層による荘園の拡大、周辺農民の生業妨害などを取り締まる一連の政策であった。

(2) 延喜荘園整理令の評価

延喜荘園整理令の理念と実態　かつてはこの延喜荘園整理令によって王臣家と富豪層の結合は分断されたと考えられたが、九世紀後半以降同様の政策が繰り返しとられていることを勘案すれば延喜荘園整理令で一挙に問題が解決したと考えるのは無理があろう。

延喜荘園整理令は「王臣家と富豪層の結合を分断し、律令制に則った国内支配を遂行する」という基本理念を打ち出しつつも証拠分明、国務に妨げがない荘園は認めるという方針を出したもの、理念と実態の使い分けを明確にしたものと考えてよいだろう。

王臣家領荘園のその後　つまり、延喜荘園整理令で打撃をうけた王臣家領荘園もあったであろうが、延喜荘園整理令を経て逆に王臣家領荘園とそれに結びつく富豪層の関係がより深められ、しばらくは経営が安定したものもあったと思われる。

一〇世紀以降、王臣家領荘園がどうなったのか明確ではない。しかし、詳しくは第2章で論じられるが正暦《しょうりゃく》三年（九九二）に平惟仲《たいらのこれなか》が買得した紀伊国石垣荘《きいのくにいしがきのしょう》は「或る時は親王の領たり、或る時は丞相《じょうしょう》の庄となる。しかのみならず卿相以下五品以上、代々相伝し、世々領掌」（「平」三六〇号）してきたものという。

王臣家領荘園のなかにはむろん廃絶したものもあったろうが、売買などによって領有者を親王、一般貴族などと変えながらも摂関期荘園へとつながっていくものもあったのである。

【参考文献】

阿部　猛『日本荘園成立史の研究』（雄山閣、一九六〇年）

荒井秀規「国分寺の寺田」（須田勉・佐藤信編『国分寺の創建　思想・制度編』吉川弘文館、二〇一一年）

石上英一『古代荘園史料の基礎的研究　上・下』（塙書房、一九九八年）

市　大樹「九世紀畿内地域の富豪層と院宮王臣家・諸司」（『ヒストリア』一六三、一九九九年）

弥永貞三「大化以前の大土地所有」（『日本古代社会経済史研究』岩波書店、一九八〇年）

小口雅史「九世紀における『畿内型』初期庄園の経営構造」（『ヒストリア』一一九、一九八八年）

小口雅史「土地政策の転換と荘園」（所理喜夫ほか編『古文書の語る日本史1』筑摩書房、一九九〇年）

小口雅史『デジタル古文書集　日本古代土地経営関係史料集成』（同成社、一九九九年）

小口雅史「初期荘園と大土地所有の展開」「古代的土地所有の諸相と変質」（渡辺尚志ほか編『新体系日本史三　土地所有史』山川出版社、二〇〇二年）

加藤友康「初期荘園」（『岩波講座日本通史五　古代四』岩波書店、一九九五年）

河内祥輔「勅旨田について」（土田直鎮先生還暦記念会編『奈良平安時代史論集　下巻』吉川弘文館、一九八四年）

北村安裕「『寺田』の成立」（『日本古代の大土地経営と社会』同成社、二〇一五年）

木村茂光「十世紀の転換と王朝国家」（歴史学研究会・日本史研究会編『日本史講座第3巻　中世の形成』東京大

学出版会、二〇〇四年）
金田章裕ほか編『日本古代荘園図』（東京大学出版会、一九九六年）
坂本賞三「勅旨田に関する諸問題」（『国立歴史民俗博物館研究報告』四八、一九九三年）
鷺森浩幸『日本古代の王家・寺院と所領』（塙書房、二〇〇一年）
佐藤泰弘「荘園制と都鄙交通」（歴史学研究会・日本史研究会編『日本史講座第3巻　中世の形成』東京大学出版会、二〇〇四年）
澤田　浩「東大寺領道守荘の顚倒」（『國學院大學大学院紀要』二三、一九九二年）
戸田芳実『初期中世社会史の研究』（東京大学出版会、一九九一年）
永原慶二『荘園』（吉川弘文館、一九九八年）
西岡虎之助「ミヤケより荘園への発展」（『荘園史の研究　上』岩波書店、一九五三年）
春名宏昭「『院』について」（『日本歴史』五三八、一九九三年）
伴瀬明美「中世王家領の形成に関する一考察」（『ヒストリア』一四四、一九九四年）
藤井一二『初期荘園史の研究』（塙書房、一九八六年）
増渕　徹「荘園遺跡」（同編『史跡で読む日本の歴史5　平安の都市と文化』吉川弘文館、二〇一〇年）
水野柳太郎「寺院縁起の成立」（『日本古代の寺院と史料』吉川弘文館、一九九三年）
宮本　救「律令制的土地制度」（『律令田制と班田図』吉川弘文館、一九九八年）
村井康彦「宮所庄の構造」（『国立歴史民俗博物館研究報告』八、一九八五年）
吉川真司「院宮王臣家」（同編『日本の時代史5　平安京』吉川弘文館、二〇〇二年）
吉田孝・小口雅史「律令国家と荘園」（網野善彦ほか編『講座日本荘園史2　荘園の成立と領有』吉川弘文館、一九九一年）

コラムⅠ　描かれた荘園

「越前国足羽郡道守村開田地図」を読む

本章では古代荘園を相対化して考えるという研究動向をふまえ、古代における大土地所有を網羅的に取り上げることに努めた。しかしそのため古代荘園に関する具体的イメージがつかみにくくなったきらいがある。そこでここでは従来「初期荘園」と呼ばれてきた北陸東大寺領荘園の絵図を取り上げ古代荘園のイメージの豊富化を図りたい。

ここで取り上げるのは天平神護《てんぴょうじんご》二年（七六六）に作成された「越前国《えちぜんのくに》足羽郡《あすわぐん》道守村《ちもりむら》開田地図《かいでんちず》」である。これは東大寺領越前国道守荘を知る貴重な絵図である。高校日本史の図表などにも取り上げられているので見たことのある読者もいるであろう。

道守荘は本文でも取り上げているが、おそらく面積三〇〇町にも及ぶ北陸東大寺領荘園のなかでも最大級のものである。また絵図も大きなもので縦一四四センチ、横一九四センチの麻布に描かれている。本図は北を上に描かれ（一部の解題で「東を上とする」とあるのは誤り）、北を流れる生江川《いくえがわ》、西を流れる味間川《あじまがわ》などの河川や東側の山など自然環境が絵画的に描かれる。そのほかこの絵図の特徴は上田《じょうでん》・中田《ちゅうでん》・下田《げでん》などの耕地状況や土地の所有関係が文字情報として書き込まれている点が挙げられる。また東大寺文書（東南院文書）に関連史料が残っていることから、

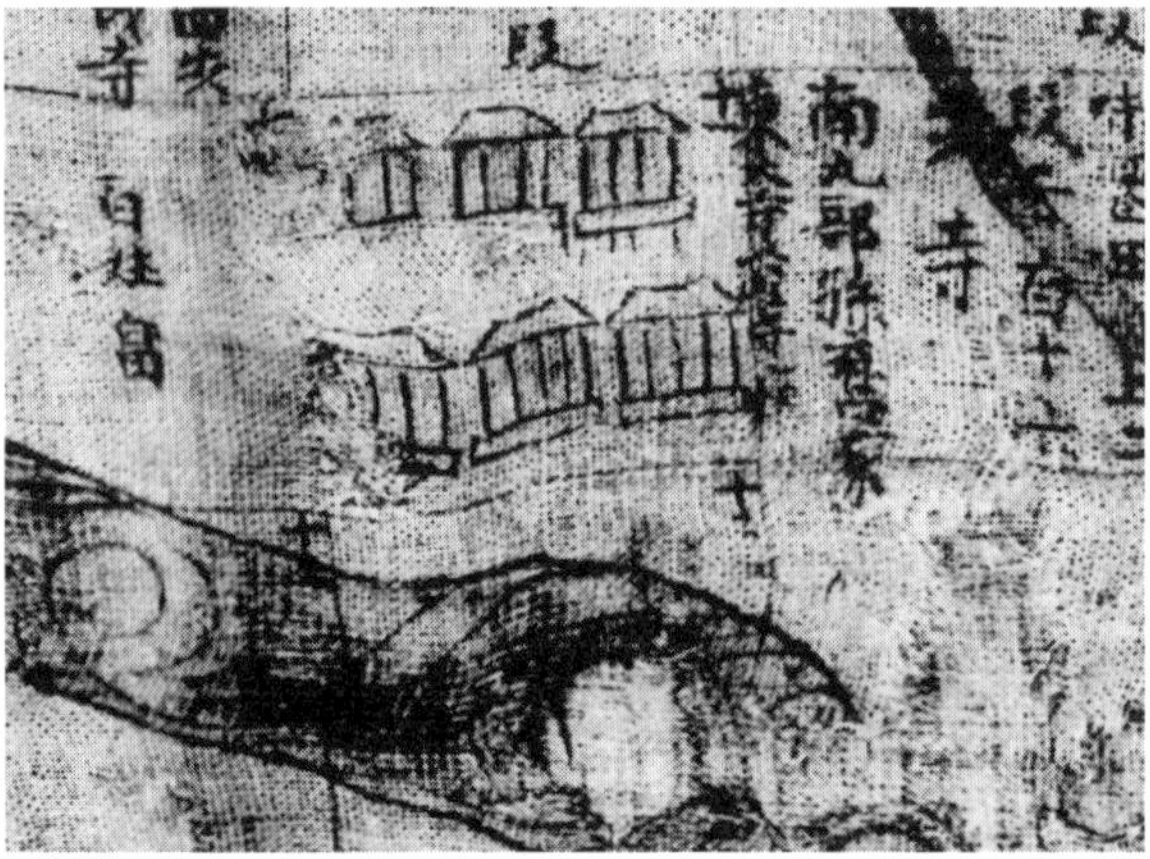

図１　道守荘荘所　南に味間川、北東に寺溝があり水上交通の便が良いところに立地した。

本図だけでは読み解けないことが両者を読み合わせることによって読み解ける場合もあり、本図の特徴ということもできよう。

四至《しいし》記載は東と南が欠損して不明だが、「西　百姓家ならびに味間川　北　百姓家ならびに畠」とある。北の百姓家については絵画的表現ではないが、文字として百姓家の存在が記載されている。一方、西の百姓家については西南隅に丸部孫麿《わにべのまごまろ》家と百姓家の記載がみえる。しかし味間川沿いに存在する百姓畠の多さから考えるとこれ以外に味間川の対岸、荘域外にも百姓家が存在したものと思われる。

さて、この道守荘は天平勝宝《てんぴょうしょうほう》元年（七四九）に法師平栄《へいえい》、造東《ぞうとう》大寺司《だいじし》史生《ししょう》生江臣東人《いくえのおみあずまんど》ら東大寺野占使《やせんし》が占定した野地と生江東人が寄進した墾田一〇〇町をもって成立した。その後、藤原仲麻呂《ふじわらのなかまろ》の没落、道鏡《どうきょう》政権の展開という寺院にとって有利な状況のなかで改正、買得、交換などによる一円支配を実現していくのだが、その結果を整理し可視化したものがこの絵図である。

本図をざっと概観すると当初占定された野地はおもに荘域の北部に集中し、生江東人の墾田は南部に集中している。また東人が自身で開削した溝が描かれている。

本図南西隅には六棟の建物が描かれている（図1）。そのうち上段の三棟は間口三間《けん》、下段の三棟は間口四間の

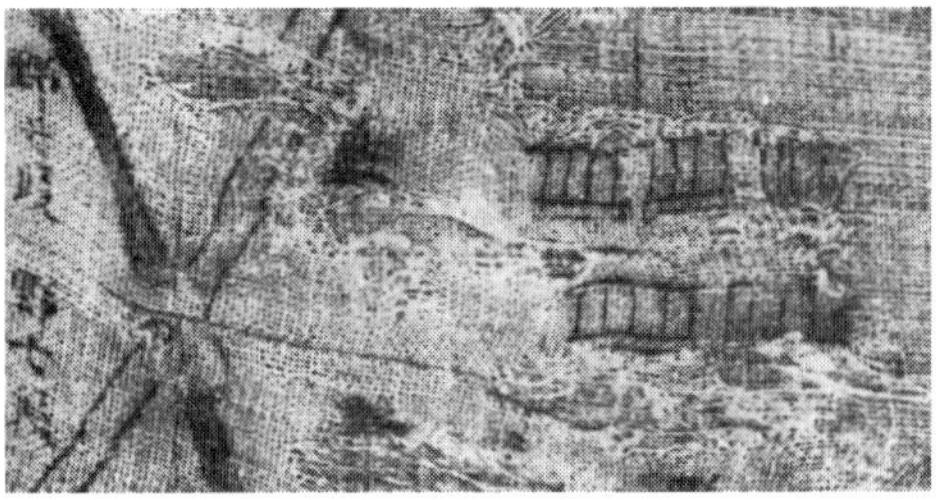

図２　荘所　もと田辺来女の経営拠点か。

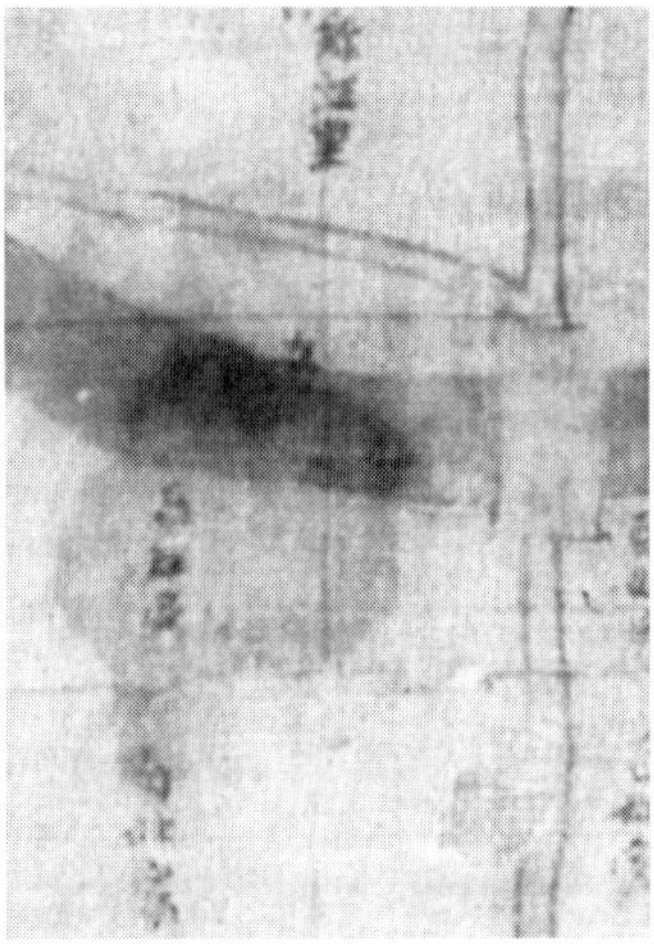

図３　生江川にかかる橋

建物と思われるが、その東隣の坪に「東大寺道守庄」の記載がみえ、周辺に寺溝や田が集中することからもこの建物群が道守庄の荘所と考えられる。荘所周辺の寺溝や味間川は当然、物資輸送のために利用されたであろう。

一方、図の北東にも五つの建物が描かれている（図2）。上段には三間の建物が三棟、下段には四間の建物が二棟描かれている。天平神護三年二月六日太政官符案（『大日本古文書』五巻六三九頁）に「足羽郡田辺来女《たなべのくめ》の没官《もつかん》墾田ならびに荘は寺田、荘所と為す」とあり田辺来女の荘（経営の拠点）が没官され道守荘に編入されたことが知られる。このことからこの五つの建物はもともと田辺来女の墾田のための荘所で、道守荘の荘所となったものと考えられている。

田辺来女は藤原仲麻呂とつながりを持つ者で仲麻呂の威勢を背景に荘周辺に墾田経営を展開していた。仲麻呂政権下ではこのような来女の墾田は道守荘にとって脅威となっていたようである。ところが仲麻呂の乱で仲麻呂が没落したのを機に来女墾田は没官処分とされ、道鏡政権下で道守荘に組み込まれたのである。天平神護三年二月二八日民部省牒案（『大日本古文書』五巻六五二頁）には「件の来女の墾田は寺地傍らにあり相接することもっとも甚だし。（中略）望み請うらくは一に寺地となし全ての苗の実を得ん」とあり、東大寺の道守荘一円化・拡大政策という政治工作推進の

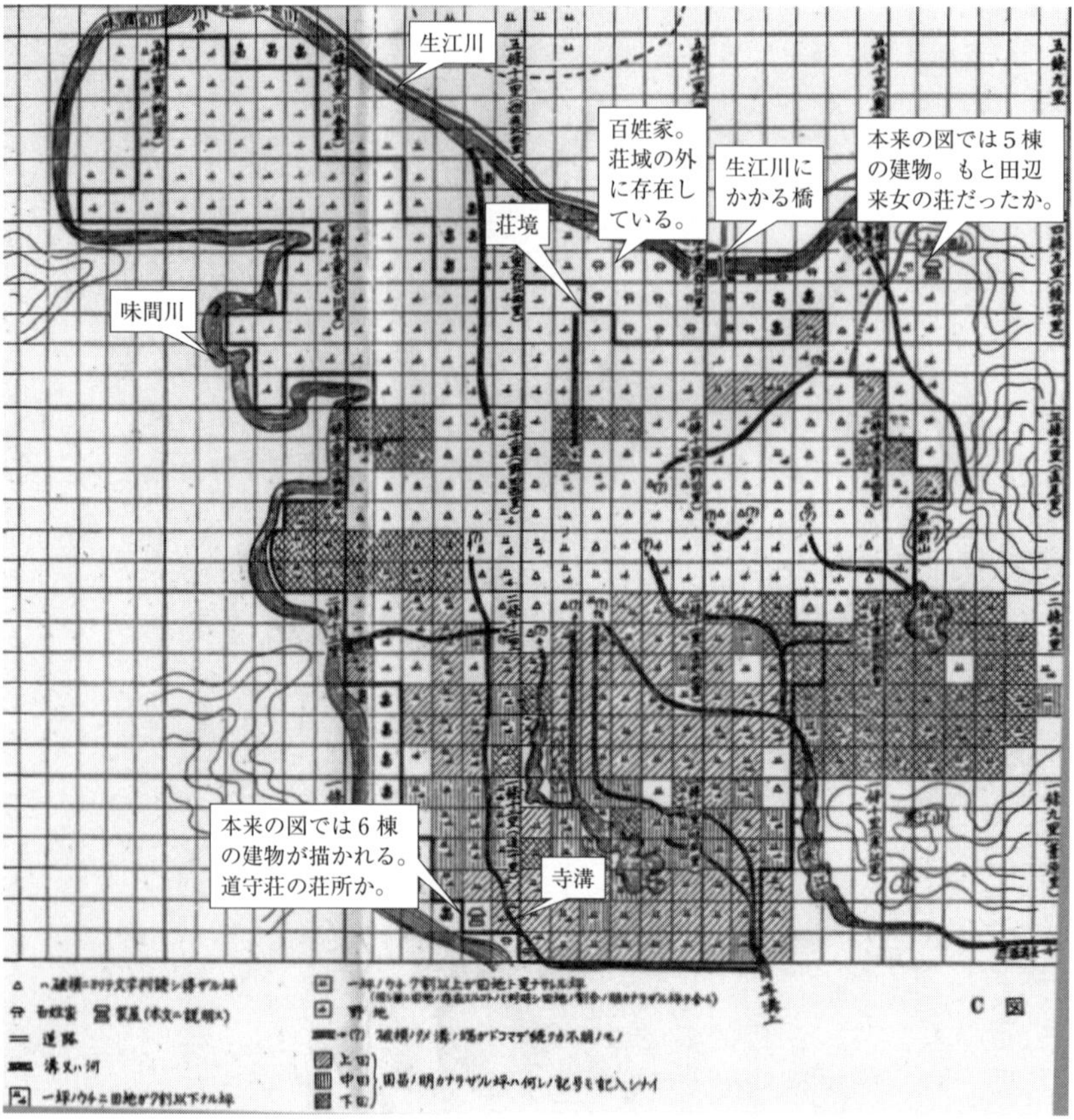

図４　道守村開田地図トレース図（弥永貞三『奈良時代の貴族と農民』〈至文堂、1956 年〉所収のものをもとに作成）

なかで道守荘に組み込まれていった。来女墾田が実際に組み込まれるのは絵図作成の四ヵ月後だが、絵図作成段階でも道守荘に組み込まれることが想定され、その墾田や荘所が書き込まれたものと指摘されている。

道守荘の一円化は仲麻呂の乱に連座して没官された田辺来女の墾田が組み込まれるほか、百姓の口分田《くぶんでん》、墾田が組み込まれる形で進められた。百姓口分田は改正や相替《あいかえ》という形で道守荘に組み込まれた。改正というのは国司が乗田《じょうでん》を代給して道守荘に組み込んだもの。相替というのは荘域外の寺地などを代給して得たもののことである。

四至記載の部分で述べたが、生江川の南岸に百姓家の存在が知られる。これらは村落を構成したが、道守荘域の外である。また隣接して百姓の耕作する畠も存在する。集落の南、道守荘域には野地が広がっている。集落の北、生江川には橋もかかる（図3）。おそらくこの集落の百姓はその橋を渡って北岸の口分田を耕作したものと思われる。一方で彼らは南側の野地を越えて行き、道守荘南部にある田地の賃租も引き受けたのであろう。また四至記載から道守荘西境には百姓家が存在した。この絵図には記載されていないが味間川西岸にも百姓家があったのであろう。道守荘南部の田地耕作にはこれら百姓も動員されたであろう。通説では古代荘園には荘専属の荘民は存在せず、周辺農民の賃租などによって経営されていたとされるが、本図の百姓家記載はこうした通説理解と合致するものである。

（戸川）

【参考文献】

岩田武志「道守荘遺跡」（『福井市史　資料編一　考古』福井市、一九九〇年）
弥永貞三『奈良時代の貴族と農民』（至文堂、一九五六年）

奥野中彦「『東大寺領越前国足羽郡道守村開田地図』の成立」（『荘園史と荘園地図』東京堂出版、二〇一〇年）
金坂清則「解題　一　越前国足羽郡糞置村開田地図、二　越前国足羽郡道守村開田地図」（『福井県史　資料編一六上　絵図・地図』福井県、一九九〇年）
金坂清則「五　越前　b越前国足羽郡道守村開田地図」（金田章裕ほか編『日本古代荘園図』東京大学出版会、一九九六年）
長岡　篤「越前国足羽郡道守村開田地図（解説）」（西岡虎之助編『日本荘園絵図集成　下巻』東京堂出版、一九九七年）
藤井一二「荘園絵図とその歴史的世界」（『福井県史　通史編一　原始・古代』福井県、一九九三年）

コラムⅡ　史料の読み方

宮所荘木簡

○弘仁元年（八一〇）一〇月二〇日宮所荘木簡（奈良文化財研究所編『藤原宮出土木簡（六）』）

(A)弘仁元年十月廿日収納稲事／合壹千五百□□〔九束カ〕、(B)山田《やまだ》女佃《めのつくだ》二町六段千二百四三束、又有㆓収納帳㆒／凡海福万呂《おおしあまのふくまろ》佃四段地子六段二百五十二束／□□収納帳、(C)同日下㆓廿束㆒／葛木寺進者／定残《ていざん》千四百八十九束、(D)使石川魚主／上《たてまつる》三月丸、弟□建丸／浄丸、福丸等（後略）

昭和五八年（一九八三）、藤原宮《ふじわらのみや》西北隅の井戸より長さ九八・二センチの大型木簡が見つかった。木簡とは文字の書かれた木の札のことで、記録や情報伝達、あるいは荷物を送る際の荷札などに用いられた。用途が済むと表面を削って再利用したり、廃棄されたりしたものである。冒頭の資料こそ、その木簡で、弘仁《こうにん》元年（八一〇）の記載を持つ、本章本文でもふれた宮所荘に関する木簡である。奈良にある馬船（かいば桶）などを宮所荘に運ぶための支出について記載があるため、本木簡は宮所荘に関わるものと考えられている。訓《よ》みについては「みやどころのしょう」か「みやこのしょう」のいずれかと考えられている。井戸に捨てられたことにより地下水に守られ腐食せずに宮所荘に関する貴重な情報を今日に伝えることとなったのであろう。

本木簡の内容は弘仁元年一〇月二〇日に宮所荘に収納された稲が翌年二月までにどのように支出されたのか、一々を書き上げたもので宮所荘の出納簿《すいとうぼ》、相折日記《そうせちにっき》と位置づけられている。

冒頭の引用部分は本木簡 表面《おもて》の冒頭の一部である（木簡表面は八段に分けられ記載されている。（A）などはその段ごとのまとまりを示す。／は改行を示す。表記は一部引用者が改めている）。

（A）は弘仁元年一〇月二〇日に一五〇九束（欠字部分については本木簡の他の記載と照合することによって推定ができる）の稲が収納されたことを示す。（B）の部分は本荘が山田女の佃と凡海福万呂の佃、地子田《じしでん》から構成されていたことを示す。欠字部分は山田女の佃面積に関する追記（二二〇歩、一四束）であったと推定されている。そして（C）の部分はその日のうちに二〇束が葛木寺《かずらきでら》に納められたことを示している。収納された日のうちに二〇束を納めている葛木寺と本荘がどのような関係だったのか。本荘の荘園領主と密接な関係があると思われるが、詳細は不明である。（D）にみえる使石川魚主《いしかわのうおぬし》の名はこの収納に際して荘園領主から派遣された使であろうか。石川氏が経営に関わっていること、本荘が藤原宮にあること、石川氏の本来の氏が蘇我《そが》氏であることなどを考えると本荘は蘇我氏が旧都を開発したか、または賜与されて成立したものであるかもしれない。その次に記載されている三月丸以下の人名は山田女や凡海福万呂のもとで実際の耕作や運搬に当たった者であろう。

このコラムでは引用できないが、本木簡は以下、このような形で一〇月二六日、一二月二五日、翌弘仁二年正月二六日、（月の記載が欠けてしまっているがおそらく）二月二〇日までの支出が記載されている。ほぼ毎月末に支出が記載されている点も興味深い。

一〇月二六日には義倉に納めるため一六束を支出している。そのうち、一束は穎稲《えいとう》を籾にするための女性の功《こう》食料《しょくりょう》、二束は運搬人の功料で、実際に義倉に納めたのは一三束、籾にして一石四升であった。つまり義倉に稲を納めるにしても荘園側が三束の経費を負担しているのである。このように荘園経営の細部がうかがえる点で、本木簡は貴重な資料である。そのほか「庄垣作料」「白米運夫功」「庄内神祀料」「人々冬衣」購入のための費用などさまざまな支出があったことが知られる。荘園経営に関わるこのような経費は荘園領主の収入の四五％にも当たり、荘園経営が必ずしも楽なものではなかったことを示している。

ただし、本木簡に記載されているものが本荘全体に関わるものかどうか、検討の余地もあるだろう。本木簡が本荘全体を示すとすればかなり小規模な荘園となる。また本荘の八割が佃である。ほぼ同時代の近江国《おうみのくに》愛智荘《えちのしょう》の場合、水田一二町のうち、佃は二町に過ぎなかった。本荘で佃が多いのは佃経営の方が荘園領主に有利であったためかもしれないが、この点もどう考えるべきか。本木簡は古代荘園の経営実態を示す貴重なものであるが、検討すべき課題も残されている。　（戸川）

【参考文献】

小口雅史・吉田孝「律令制と荘園」（網野善彦ほか編『講座日本荘園史2　荘園の成立と領有』吉川弘文館、一九九一年）
加藤　優「一九八二年出土の木簡　奈良・藤原京跡」（『木簡研究』五、一九八三年）
鬼頭清明『古代の村』（岩波書店、一九八五年）
奈良文化財研究所編『藤原宮出土木簡（六）』（昭和五十八年五月飛鳥藤原宮発掘調査出土木簡概報（七）、一九八三年、奈良文化財研究所ＨＰでも閲覧可能）
村井康彦「宮所荘の構造—宮都と国衙の間—」（『国立歴史民俗博物館研究報告』八、一九八五年）

用語解説

古代荘園（こだいしょうえん）

石上英一によって新たに提唱された概念。かつては中世荘園の前段階として初期荘園の存在が指摘されてきたが古代における私的土地所有は初期荘園に限らないこと、中世荘園を前提とせず、古代におけるさまざまな私的土地所有を総体として捉え、その特質を探るべきだとして提唱された概念である。

これまで歴史教育の場面などでは古代の田荘《たどころ》と中世の荘園の違いがわからないと疑問が出されることなどもあった。しかし古代荘園概念の提唱以降、屯倉《みやけ》・田荘を古代荘園の第一形態と位置づける見解なども現れるようになった。今後、古代における土地所有の特質がより明らかになると期待される。ただし、古代荘園概念についてはその有効性も含めまだ研究は十分ではない。個々の土地所有形態に関する研究の進展はみられるものの古代荘園全体の特質を論じるにはもうしばらく研究の進展を待つ必要があろう。

田荘・ミヤケ（たどころ・みやけ）

田荘の「荘」の字義には「村里、田舎」などの意味とともに「控え屋敷、下屋敷」などの意味がある。そこから「荘」の字は田地・園地経営のための屋舎などを指すようになったと思われる。ミヤケ（屯倉・三宅）の「倉」は文字通り倉庫、「宅」は「すまい、敷地、屋敷」などの意味があり、同様に収穫物を納める倉屋や田地経営の拠点などを指す言葉として用いられたと考えられる。『日本書紀』には物部戦争で敗れた物部守屋《もののべのもりや》の宅が没収され四天王寺の田荘となったとする記事があるが、このように田荘は荘または宅と呼ばれる農業経営のための建物と土地などからなるものだったと考えられる。屯倉（三宅・ミヤケ）も田荘とは所有の主体が大王か豪族かという違いはあろうが、経営実態としては同様であろう。荘や宅と呼ばれた経営拠点はのちには荘家、荘所などと呼ばれるようになる。

位田（いでん）

律令制で、五位以上の者に与えられた田地。その位階によって給付される面積は決まっていて正一位の八〇町から従五位の八町まで等級が分かれていた。女には男の三分の二が与えられ、神亀《じんき》五年（七二八）以後、外位《げい》を持つ者には内位《ないい》を持つ者の半分が与えられた。親王には親王の位に当たる品位《ほんい》によって決められた田数の位田が与えられたが、この親王の位田を品田《ほんでん》ともいった。位田・品田とも租を納める輸租田《ゆそでん》であった。

なお本文でもふれたが、律令制《りつりょう》導入時には豪族らが所有していた田荘などの私有地を位田や職田《しきでん》という形式で与えなおしたのではないかという見解もあり、注目されている。また位田・品田とも位階や品位を得るとただちに与えられたが、位を失ったり、死亡したりすると収公された。収公の時期については神亀三年に死後六年、宝亀《ほうき》九年（七七八）に死後一年とされるなど移り変わったが、いずれにしても位田は位階がある間支給されるものであった。しかし、次第に私有地化し、院政期には荘園化したものもあった。

職田（しきでん）

律令制で、官人に対してその官職に応じて与えられた田のこと。職分田ともいう。中央の大納言以上の者や地方の国司や大宰府官人、郡司などに与えられた。このうち国司や大宰府官人に与えられたものは公廨田《くげでん》ともいった。田数は太政大臣四〇町、左右大臣三〇町、大納言二〇町などのように官職によって決まっていた。郡司に与えられた郡司職田など一部のものは租を納める輸租田だったが、それらを除き中央官人に与えられる職田や公廨田などは不輸租であった。職田の所有はその官職に就任している間に限定されていたが、平安中期以降、官職の世襲化が進むにつれ私有地化される事例もみられた。

空閑地・荒廃田（くうかんち〈こかんち〉・こうはいでん）

空閑地は利用が可能ではあるが未利用のままの土地、未開の開墾可能地をいう。これに対し荒廃田は耕作されていた土地が耕作されなくなって荒廃したものをいう。播種後に何らかの事情で収穫できなくなった土地を損田《そんでん》というが、これと異なり、播種以前から再開発が必要な状態をいう。荒廃化の原因には自然災害や農民の浮浪・逃亡、用水施設の維持が難しいことなどが挙げられる。

賃租・直営（ちんそ・ちょくえい）

いわゆる初期荘園の経営には賃租や直営などの方法が採られた。賃租とは本来は班田《はんでん》後の剰余の田を貸し出す一種の小作のことであったが、初期荘園の経営に当たっても行われた。律令の注釈書『令集解《りょうのしゅうげ》』田令公田条によれば春、耕作に先立って地子《じし》を受け取ることを賃、秋の収穫後に取ることを租という。土地の貸出料として取る賃租料を価直《かちょく》、または地子といった。賃租は田の場合、一年を原則とした。『延喜《えんぎ》主税式《しゅぜいしき》』公田獲稲条によれば上田《じょうでん》の獲稲は五〇〇束、中田《ちゅうでん》は四〇〇束、下田《げでん》は三〇〇束、下々田は一五〇束で地子はそれぞれその五分の一と定められている。

初期荘園の経営には直営方式も採られた。これは屯倉の系譜を引く令制の官田などで採られた方法だが、種子・営料（農料・食料）などの経費は支給されるが、耕作自体は農民を雑徭《ぞうよう》によって無償で使役するものをいう。ただし無償使役耕作だけではなく正税が功賃として支払われる場合もあった。これら直営方式を佃《つくだ》経営ともいう。

墾田永年私財法（こんでんえいねんしざいほう）

天平《てんぴょう》一五年（七四三）に出された墾田を私財とすることを認めた法令（『続日本紀《しょくにほんぎ》』同年五月乙丑《いっちゅう》条、『類聚三代格《るいじゅさんだいきゃく》』巻一五、同日勅）。墾田の私有を認めつつも品位階により墾田地の面積には制限を加えた。開墾に当たっては国司への申請と許可が必要とされ、三年経っても開墾しない場合には占定は無効となった。

この法令後、さらに天平勝宝《てんぴょうしょうほう》元年（七四九）にはいわゆる寺院墾田許可令が出され（『続日本紀』同年四月甲午《こうご》条、七月乙巳《いっし》条）寺院にも面積制限はあるものの墾田私有が認められた。これらによって東大寺などは大規模な初期荘園占定を行うようになり、また「勢力之家」が百姓を駆役して墾田を獲得する事態も生まれた。そのため天平神護《てんぴょうじんご》元年（七六五）には寺院の申請済みの地と百姓の一、二町の開墾を除き今後の加墾禁止が打ち出されたが（『続日本紀』同年三月丙《へい》申《し》条）、宝亀三年（七七二）には「百姓を苦むるものは厳に禁断」するという条件のもと、ふたたび墾田開発が許可された（『類聚三代格』巻一五、同年一〇月一四日太政官符）。この際には墾田面積の制限が廃止されたとも指摘されている。

いずれにしてもこれらの墾田政策によって墾田私有が認められたことが荘園の展開に大きく影響を与えていくことになった。

王臣家（おうしんけ）

狭義には王および三位以上の貴族の家のことだが、五位以上の家を含める場合もあり、また後院や中宮、東宮など諸宮も含めて院宮王臣家《いんぐうおうしんけ》などという場合もある。研究論文などでは平安前期に経済活動を活発化させ、在地に勢力を伸ばす貴族層を指して用いる場合が多い。

この頃、王臣家は富豪層と呼ばれる在地有力者と結託して在地に進出、大土地所有を進めた。こうして成立した王臣家荘園が東大寺領古代荘園を圧迫したり国司支配を妨げたりしていくのである。

富豪層（ふごうそう）

史料上「富豪之輩《ふごうのともがら》」などと表される在地の有力者階層を概念化した学術用語。その存在形態、実態には多様なものがあるが、奈良末・平安初期にかけて稲穀などの動産を持ち、周辺百姓などを組織した在地有力者を概念化している。富豪層はしばしば王臣家と結びつき、その荘園経営などを支えたが、この王臣家と富豪層の動きが古代荘園や国司支配を圧迫し一〇世紀前後には社会問題化した。

治田（ちでん〈はりた〉）

新たに開墾した田。墾田も開墾した田だが、「墾田地」の場合、これから開墾する予定地も含むのに対し、治田は実際に開発された田を指す。そのため治田には強い私有権を主張する性格があるともいう。また「百姓治田」という語などから農民による小規模な墾田が治田と考える見解もあるが、一〇世紀以後、百姓治田の立券《りっけん》は抑止され、治田領主は貴族層など有力者になっていくため治田に階層的な性格を見出す場合には注意が必要である。

地子田（じしでん）

賃租の際の耕作料、地子を払う田、賃租請作田のこと。律令制では班田後に余った田（これを乗田《じょうでん》という）を賃租に出した。この賃租の際の賃貸借料を地子といい、地子を負担する田のことをいう。平安以降は田堵《たと》らが請作して地子を納める田なども地子田と称した。経営判断や必要経費はすべて耕作を請け負った者の責任と負担で行われ、領主には地子を払うのみという経営形態をとる。

宮所荘〈みやどころ〈みやこ〉のしょう〉

大和国高市郡《やまとのくにたかいちぐん》内、藤原宮《ふじわらのみや》跡に存在した荘園。立荘年次、その他詳細は一切不明だが、同地から弘仁《こうにん》年間の木簡が出土しており平安初期に存在した荘園であることが確認できる。同木簡から平安初期荘園の実態を垣間見ることができ、貴重である。

本荘出土木簡には弘仁元年（八一〇）一〇月二〇日に収納された稲が翌年二月までにどのように支出されるかが記されている。この木簡の分析から宮所荘は直営田である佃と賃租請作によって経営する地子田からなり、全体の八割が佃であることが知られる。

佃は必要経費を領主が負担するかわりに獲稲すべてを収益とするものだが、本荘佃の田作料（必要経費。営料・種子農料）は反別に換算すると一一・三束、佃の獲稲は反別四七・七束で領主の収益は反別三六束であること、また地子田の地子は反別一五束余であり領主にとっては佃経営の方が、請作者にとっては地子田経営の方が有利なこともわかる。

また、領主の収入の四五％が翌年春までに荘園経営のための経費として支出されており、初期荘園の経営が困難なものであったことも判明する。

（以上、戸川）

第2章　摂関期の荘園

鎌倉佐保
小野貴士

1　摂関期の荘園

（1）一〇・一一世紀の荘園の特徴

「領域型荘園」形成への胎動　八〜九世紀に盛んであった初期荘園の経営が立ちゆかなくなり一部を除きほとんど姿を消した後、一一世紀半ば以降に領域型《りょういきがた》荘園が成立してくるまでの間、一〇・一一世紀頃の荘園は、「免田《めんでん》・寄人型《よりうどがた》荘園」＊と呼ばれ、田地の領有（免田）と人の支配（寄人）のみが認められた未熟な過渡期の荘園と捉えられてきた。この時期の荘園には、領域（四至《しいし》）をもったものも多くあったものの、国衙《こくが》支配を完全には排除しておらず、荘園領主に認められたのは寺田《じでん》や不輸租田《ふゆそでん》の系譜をひく免田と、寄人の臨時《りんじ》雑役《ぞうやく》のみで、収取の側面からみると、確かに特定の田地の領有と特定の人の支配に限定された荘園であったといえる。また官物《かんもつ》や臨時雑役の免除は、太《だ》政官符《じょうかんぷ》で認可されたものを除けば多くは国司が任中に便宜的に与えた免除であり、国司交替のたびに免除を申請し確認してもらう必要があった。国免荘《こくめんのしょう》＊に対する荘園領主の領有と支配は必ずしも安定していなかったのである。

しかしその一方で、一〇世紀末になると領域内の不輸《ふゆ》・不入権《ふにゅうけん》を獲得し国衙支配を排除した荘園も登場しはじめ、のちの領域型荘園の原型ともいうべき新たな荘園が生まれてくる。国司が独自に新開田の官物や臨時雑役を免除することは、一〇世紀初頭からみられていたが、一〇世紀末〜一一世紀になると、荘園の四至が境界として大きな意味をもちはじめるようになる。それは、一〇世紀後半頃から国衙検田《けんでん》が強化され国司の国内支配が強まるとともに、それまでの編戸《へんこ》と人身編成にもとづいた徴税方式が地域的な編成へと大きく変化していったことと関連している。一〇世紀末〜一一世紀には、受領《ずりょう》のもとに新たな郡郷の統治機構が編成され、国衙検田にもとづいた公田数に応じた新たな徴税制度（公田官物率法《こうでんかんもつりっぽう》＊）が成立した。臨時雑役の徴収も強化され、逓送役《ていそうやく》・供給役《ぐきゅうやく》などさまざまな役が荘園にも賦課されるようになっていった。荘園領主はそうした変化に対応し、官物や臨時雑役の賦課を免れるため、検田使の入勘停止を求めて不入権を獲得し、また不輸租田とともに新たな開発田に対しても官物・臨時雑役の免除を求め荘園領域内の田地の免田化を進めていった。こうして領域型荘園の原型ともいうべき荘園が形成されていったのである。

過渡期の荘園　とはいえこの時期の荘園がそのまま発展し中世荘園となっていったわけではない。荘園（免田）の増加は、しだいに国家財政を圧迫するようになり、一一世紀中頃になると新立荘園の成立を抑止するため荘園整理令が発令され、内裏《だいり》造営などの臨時出費をまかなうため公領《こうりょう》だけでなく荘園にも造営役《ぞうえいやく》を賦課する一国平均役《いっこくへいきんやく》が開始される。荘園整理令が繰り返し出された一一世紀半ば〜後半には、荘園にも諸役を賦課しようとする国司と、荘園の領域を確定させ支配・領有を維持・拡大しようとする荘園領主との間で激しい対立・抗争が生じ、それまでの荘園領有が大きく動揺し、変動していったのである。そして院政が成立するなかで、荘園の領有体系は大きく再編成されていくことになる。

　このの ち院政期に形成されてくる本格的な領域型荘園（中世荘園）を荘園の典型とするならば、この時期の荘園はいまだ不安定で流動的であり、過渡期の荘園といえるだろう。だが確実に領域型荘園形成の胎動がはじまっており、実際にその原型が形作られていった時期でもあった。

（2）国衙支配と免田の拡大

免除認定の手続き　この時期の荘園領有のもっとも大きな特徴である国衙支配との関連をみておこう。それは免田の認定手続きによく表れている。多くの荘園は、不輸租の官省符荘《かんしょうふしょう》であっても、国衙支配を完全には排除しておらず、国衙検田を免れなかった。国衙検田は、国検田使が馬に乗って現地に立つことから馬上検田《ばじょうけんでん》ともいわれるが、国検田使は現地で見作《げんさく》（作付）面積を確認し、条里坪ごとに耕作状況、面積、作人の名、公田・寺田（不輸田）などの区別を書き入れた馬上帳《ばじょうちょう》（検田帳）を作成した。これが国衙の官物徴収の原簿となる。このとき不輸の免田については、公験《くげん》（官省符や先例となる国判）との照合・審査が行われ、公験に載せられた田地に対して免除が確認されるのが通例であった。しかし、しばしば国衙検田に際して荘田《しょうでん》が収公《しゅこう》され、地子《じし》・官物や臨時雑役などが賦課されることもあった。その場合荘園領主は、国司に対して公験を副《そ》えて免田の再確認を要求し、国司は国衙田所《たどころ》に検田帳との照合を行わせたうえで、免田を確認・認定する国判《こくはん》を与えた。

大和国栄山寺《やまとのくにえいざんじ》領や弘福寺《ぐふくじ》領には、寺家が国衙へ照合・免除を要求した文書が残っており、その書面上には、寺家が申請した坪付《つぼつけ》を国衙の田所が一筆ごとに照合した朱筆と、田所の調査結果にもとづき国司が免除を認めた署判《しょはん》が書き加えられている。荘園の領有は、こうした国衙検田と国司の認定を経て確認されるのが原則であった。この免除認定の手続きは研究上「免除領田制《めんじょりょうでんせい》」と呼ばれている。

免除の既得権益化　だが荘園領主が得た国判による免除は、代々の国司の免除を積み重ねることによって、次第に既得権化していった。当時の農業技術においては、耕作地は一年おきに休耕・耕作を繰り返す「片荒《かたあら》し」が通常であり、また公験に所載された荘田であっても荒廃したり、あるいは新たに開発田が形成されたりして、実際に耕作されている田地の所在と公験に載せられた荘田の坪付とは必ずしも一致しなくなっていた。荘園領主は、荒廃田の再開発や新たな田地開発を推進し、収公された荘田とともに新たな開発田に対しても、国司に免除を申請し、国司は多くの場合荘園領主の申請を容れて「功徳《くどく》」などとして免田に加えることを許可した。荘園領主は、代々の国司の承認を積み重ねることによって、新開発田の不輸も既得権益化し、徐々に免田を拡大していったのである。

一一世紀初頭は、旱魃《かんばつ》や多雨、あるいはたびたびの疫病流行による荘民の死亡や荘田の荒廃などを伝える史料が多く残っており、気候変動が農業危機を招いていた時代ともいわれている。そうした厳しい環境のなかで国衙の側も、富裕な貴族や寺社、大名田堵《だいみょうたと》などの再開発を奨励し、私領《しりょう》として中間的得分の取得を認可しても見作田を増やすことが得策であったのである。貴族や寺社の側も、国衙の規制をうけながらも、住人・寄人の編成を進めて開発を推進して私領を形成し、さらに国司に申請して雑役免除を獲得して雑役免《ぞうえきめん》荘園としたり、官物免除をも獲得して国免荘としたりして領有していったのである。こうして国衙支配の規制をうけつつも多くの私領や荘園が形成され、領主経営が展開していったのである。

荘園の領域と免田　さて、この時期の荘園の領域と免田との関係についてふれておこう。免除領田制に表されるように、この時期の荘園の多くは、国衙検田を排除しておらず、官物・臨時雑役などの諸賦課も必ずしもすべてが免除されているわけではなかった。多くの荘園には、四至が定められていたが、それは決して排他的な支配領域であることを示すものではなかったのである。とはいえ、領域内の田地の開発や再開発、田地経営については、荘園領主が主体的に担うようになっており、徐々に国衙支配を排除する方向に向かいつつあった。

一方、四至をもたず散在する田地を免田として所持する形の荘園も存在した。摂関期の荘園はこうしたイメージで捉えられていることが多い。ただし、四至をもたない免田型の荘園が集中する大和・山城《やましろ》・河内《かわち》などの畿内諸国は、中世以降も荘田が散在し他領と入り組んで存在する免田型荘園が多く存在した地域である。そのことを考えると、四至をもたない免田型荘園は、摂関期荘園の固有の特徴というよりも、畿内など古来開発が進み権利が錯綜している地域に特徴的な荘園の形態であったというべきだろう。摂関期の荘園は、多くの場合、国衙支配を排除しているか否かにかかわらず、四至が存在していたのである。

なお本章では、一〇世紀末頃から不入権を獲得して国衙支配を排除した荘園について、〝領域型荘園の原型〟と表現したが、それはこの段階の荘園が、国衙支配の影響をうけ、領域もいまだ不安定かつ流動的で、次章でみる院政期以降に形成される領域型荘園（中世荘園）とは、領域支配の内容や国制的な位置づけという点で一線を画す必要があるからである。中世荘園とは、田畠・山野河海《さんやかかい》と住民の生活する集落を含み込む空間であり（第5章）、そうした荘園が形成され、領主による領域支配が確立し、公領（郡・郷）とならぶ行政単位として荘園が位置づけられるようになるのは、一二世紀をまたなければならなかった。

2　荘園領有の特質

（1）　新たな荘園の形成

流動的な領有　摂関期の荘園領有の実態は、その後大きな再編の波をうけるために史料がきわめて乏しく、わからないことが多い。九世紀頃から盛んであった王臣家《おうしんけ》と富豪層《ふごうそう》の結託による王臣家領荘園は、寛平《かんぴょう》〜延喜《えんぎ》年間の院宮《いんぐう》王臣家禁圧令《おうしんけきんあつれい》にもそれほどの打撃をうけず、経営は維持されていったと考えられているが、実際にはその後の伝領や売却・買得、寄進《きしん》など、所有権の移動ははなはだしかった。断片的にわかるところでは、この時期新たに形成されてくる荘園の多くが、王臣家領や墾田《こんでん》など何らかの公験を継承しながら、中央貴族や寺社のもとで新たな荘園となっている。そのなかで特に、一〇世紀後半頃から目立つのは、買得・伝領などで荘園を手に入れ、雑役免除などを獲得して積極的に荘園の領有・経営を展開していった貴族や官人の荘園形成の活動である。

貴族・官人の荘園形成　例えば、応和《おうわ》二年（九六二）に、勘解由長官《かげゆのかみ》藤原朝成《ふじわらのあさひら》は転軽院僧都延珍《てんきょういんそうずえんちん》という人物から墾田・新開田・荒廃田を含む伊賀国鷹生《いがのくにこもお》・広瀬《ひろせ》の牧地を伝領したが、そのなかにはかつて多貴内親王《たきないしんのう》や酒人内親王《さかひとないしんのう》が所持した田地も含まれていた（「平」二七六号・二八六号）。藤原朝成は伝領した牧地・田地に対して国郡の領有認定手続き（立券《りっけん》＊）を行い、さらに牧内居住浪人《ろうにん》の臨時雑役免除を得て雑役免荘園を形成した。この地は、その後朝成の妹の孫である右衛門督《うえもんのかみ》藤原経通《つねみち》に伝領され、一一世紀には東大寺領の荘園となっていく。

また右大弁平惟仲《うだいべんたいらのこれなか》は、正暦《しょうりゃく》三年（九九二）源延光《みなもとののぶみつ》の妻より左大臣藤原仲平《なかひら》の遺領紀伊国有田郡石垣荘《きいのくにありだぐんいしがきのしょう》を米一八〇〇石をもって買得した。この荘園は格前荘《きゃくぜんのしょう》（延喜以前の荘園）の由緒をもち、惟仲領となるまでには親王や大臣など「卿《きょう》以下五品《ごほん》以上」が代々相伝し世々相承してきたという（「平」三六〇号）。平惟仲はそうした由緒を掲げて国司より不輸租と国検田使の入部停止を認められて石垣荘を領有した。受領の家に生まれながら摂関家家司《けいし》として藤原兼家《かねいえ》に仕え信任を得たことで異例の出世をして中納言にまで昇った平惟仲は、このほかにも大和・摂津《せっつ》・近《おう》江《み》・紀伊・美濃《みの》・丹波《たんば》・山城・河内の国々に一九ヵ所もの牧や荘園を領有し、これらの所領を長保《ちょうほう》三年（一〇〇一）に京都の白川寺喜多院《きたいん》（寂楽寺《じゃくらくじ》）に寄進している。

またやや時代は下るが、嘉保《かほう》二年（一〇九五）息女仲子《なかこ》に所領荘園を処分した大江公仲《おおえのきんなか》は、山城・大和・摂津・遠江《とおとうみ》・相模《さがみ》に一四ヵ所もの荘園を有していた。これは祖父公資《きんより》・父広経《ひろつね》の代に買得や負物代《ふもつのだい》などにより獲得し伝領してきたものであり、寛仁《かんにん》四年（一〇二〇）公資が相模守として下向したときに設定した荘園（相模国早河荘《はやかわのしょう》）などもあった。そのなかのひとつ遠江国小高荘《おだかのしょう》は、大江広経が本主より買得したが、国判を獲得できず荒野となってしまっていた。公仲は、この荘園を右馬頭《うまのかみ》藤原兼実《かねざね》に寄進して国司から免除の判を獲得し、浪人を招き据えて再開発を展開している（「平」一三三八号）。

このように一一世紀には、中下級貴族や官人が地方で積極的に開発を担い、あるときは上級貴族の権威も借りながら荘園を形成していった。そのなかには、受領国司やその一族とみられる者も多い。平惟仲も大江公資・広経も諸国の受領を歴任した者たちであった。彼らは荘園ばかりではなく、公領においても私領の形成を積極的に推進している（本章第3節参照）。彼らはこの時期、地方と都を往復しながら、私領や荘園の形成・領有を進めていった主体であった。

（2）寺社領荘園の形成

寺社による積極的な荘園形成　同様にこの時期、地方で活発に荘園形成を進めていった存在として寺社がある。前章でみた東大寺などの古代荘園（官省符荘）は、九・一〇世紀には王臣家領の圧迫をうけたり、経営自体が立ちゆかなくなったりして多くは衰退していったが、一〇世紀以降も国衙支配の干渉をうけながら存続し、経営を維持・拡大していった荘園もあった。だがそうした古代以来の荘園ばかりでなく、新たな所領を伝得し、積極的に開発を進め、新たな荘園を形成していく動きもみられる。

その一例として、石清水八幡宮《いわしみずはちまんぐう》領荘園をみてみよう。石清水八幡宮は、他の権門寺社より遅れて貞観《じょうがん》元年（八五九）宇佐《うさ》八幡宮を勧請《かんじょう》したことにはじまり、一〇世紀半ばまでに承平《じょうへい》・天慶《てんぎょう》の乱平定の報賽《ほうさい》として封戸《ふこ》も寄せられたが、荘園としては膝下山城国や河内国などに僅かな荘園をもつのみであった。だがその後一一世紀半ばまでの間に、山城・河内・和泉《いずみ》・紀伊・美濃・丹波などの国々に合計三四ヵ所の荘園を形成していった。

荘園領有の経緯はさまざまであるが、例えば河内国甲斐《かい》・伏見荘《ふしみのしょう》は、もとは故入道式部卿《しきぶきょう》親王領で、親王在世時より大菩薩宝前常灯料《だいぼさつほうぜんじょうとうりょう》に寄進され、貞元《じょうげん》二年（九七七）以降、国司の免除を得てきた荘園であったという。このように王臣家領や私人所領が施入され、それを引き継ぎながら新たに形成されたものが多い。そしてそれらの荘園は、国司に申請して仏神事《ふつしんじ》用途《ようと》という名目や、あるいは託宣などの神威によって官物や臨時雑役の免除を獲得した。これらは国司が任期中に便宜的に免除を認めた国免荘であったが、やはり代々の国司の承認を積み重ねることで既得権益化し、免田の規模も拡大していったのである。

さらに一一世紀半ばまでに実質的に不輸・不入権を獲得し、国衙支配を排除した荘園も登場していた。紀伊国隅《す》田荘《だのしょう》は、永延《えいえん》元年（九八七）に太政大臣藤原兼家が外孫一条天皇《いちじょうてんのう》の御願寺《ごがんじ》として石清水八幡宮内に建立した三昧院《ざんまいいん》の所領として、三昧四季《さんまいしき》懺法《せんぼう》・八十四日仏聖灯油《ぶっしょうとうゆ》・修僧等衣供料《しゅそうらいくりょう》・不断御香料《ふだんごこうりょう》を勤仕《ごんし》するために設定された田地二九町の荘園であったが、万寿《まんじゅ》五年（一〇二八）には官宣旨によって官物免除と国使不入、臨時雑役免除が認められ、実質的に国衙検田をうけず、国衙支配を排除した領域型荘園となった。荘園領主石清水八幡宮はこの場合、摂関家と連携して不輸・不入権を獲得し、領域内の治開や荒廃田の新開発を進めていたのである。また八幡宮創建以来の根本の荘園であった紀伊国野上荘《のがみのしょう》も、毎年行幸や放生大会《ほうじょうだいえ》日の大菩薩御服などの料所として代々国司によって開発田の免除が承認され、さらに万寿五年には隅田荘とともに官宣旨によって不輸・不入を獲得した。一一世紀前半にすでに国衙が見作田数を把握しない荘園となっていたのである。

一方で、国衙の規制・関与をうける荘園もあった。例えば紀伊国衣奈園《えなのその》は、五月五日御供・御放生会の用途を拠出する荘園として認められてはいたが、国衙検田をうけ見作田を確認したうえで、一定数の官物・臨時雑役の収取を許可されるのを通例としていた。

先述したように、一〇世紀末以降には国衙支配が強化されていく。しかし国衙支配・収取の強化は、貴族や寺社による開発や経営に依存しながら進められていった側面があり、それゆえ国衙支配が強化され規制が強まるなかでも、新たな荘園形成が進んでいったのである。

（3）　摂関家領の形成

摂関家への寄進　中下級貴族・官人を中心とする地方での活発な所領形成の活動のなかで、彼らは国司から雑役や官物の免除を獲得し、より優位な条件で開発を推進するため、摂関家など上級貴族への所領寄進も行っていった。摂関家には、そうした所領が多く寄進され摂関家領が形成されていく。一一世紀初頭までには、大和国佐保殿《さほどの》・河内国楠葉牧《くすばのまき》・備前国鹿田荘《びぜんのくにかだのしょう》・越前国方上荘《えちぜんのくにかたがみのしょう》の四ヵ所が氏長者《うじのちょうじゃ》の地位に付属する所領となり、その後勧学院《かんがくいん》、道《みち》長《なが》・彰子《しょうし》・頼通《よりみち》の持仏堂に発する法成寺《ほうじょうじ》・東北院・平等院に所属する氏院寺領とともに摂関・氏長者が伝領する殿《でん》下渡領《かわたりりょう》が形成されていく。

道長の時代、右大臣藤原実資《さねすけ》は日記『小右記《しょうゆうき》』で「天下の地はほとんどが一の家の領（摂関家の荘園）となってしまい、公領は立錐《りっすい》の地もないほどである。悲しむべき世かな」と慨嘆した。かつてはこの記事から、道長の時代には摂関家領荘園の形成が進んで荘園の時代が到来したと捉えられたこともあった。しかし実際にはこの記事は、道長の子能信《よしのぶ》のもつ山城国の荘園の雑人が起こした濫行《らんぎょう》事件について実資がやや誇張して記したもので、言葉通り天下の地がほとんど摂関家領となったわけではない。摂関家領が急速に増加し確立していくのはもう少し後、頼通・師実《もろざね》の時代であった。

関白藤原頼通の時代になると、摂関家には多くの所領が寄進されていったようである。延久《えんきゅう》元年（一〇六九）後《ご》三条天皇《さんじょうてんのう》が荘園整理令を発したとき、藤原頼通のもつ荘園も整理の対象となり荘園の券契《けんけい》提出が求められた。そのとき頼通は、「五〇余年君のご後見として関白をしていた間に、所領を持っている者が強縁を持とうとして寄進してきたのを、そうかといって受け取ってきましたので、どうして文書などありましょうか。ただ私の領と申しているところが不当であり、不確かなところは、みな停廃《ちょうはい》されるべきでしょう」といったという（『愚管抄《ぐかんしょう》』巻四）。頼通の時代、国衙支配が強まるなかで一一世紀前半には後述するように造内裏役などを荘園・公領を問わず一国平均に賦課するいわゆる一国平均役がはじまり、一一世紀中頃にはこのほかにも逓送・供給役などさまざまな臨時雑役が賦課されるようになる。頼通のもとに荘園の寄進が多くなされていったのもこうした動向と関連しているだろう。荘園経営を進めてきた中下級貴族は、国衙支配に対抗し所領の安定化をはかるために摂関家の権威を頼り、荘園を寄進していったものと思われる。だがこの頃の寄進は、権威を借りるという側面が大きく、寄進をうけた側が積極的に家領を編成していく動きはそれほど顕著ではなかった。

平等院領の立荘　しかし頼通は、自ら積極的に荘園形成を進めていく動きもみせている。頼通は、永承《えいしょう》七年（一〇五二）に道長から引き継いだ別業《べつごう》を仏殿となして平等院を建立し、寺用をまかなうため自らの所持した荘園を平等院に寄進した。そして治暦《ちりゃく》三年（一〇六七）後冷泉天皇《ごれいぜいてんのう》が平等院に行幸し、封戸三〇〇戸を寄進したのをうけて、平等院は封戸という形ではなく荘園の立荘・領有を実現したのである。頼通が寄進していた九ヵ所の荘園が、このとき改めて四至・牓示《ぼうじ》を定められ不輸租田化し、平等院領として立荘された。

このうちの近江国河上荘《おうみのくにかわかみのしょう》・子田上荘《こたかみのしょう》の伝来過程をみてみよう。河上荘は、もとは天平《てんぴょう》一二年（七四〇）角山家足《つのやまいえたり》領の墾田であり、その後正三位小野石根《おののいわね》朝臣などおそらく幾人かの手を経て、頼通領となった荘園であった。子田上荘は嘉祥《かしょう》四年（八五一）に杣《そま》として立券されていたものが、その後頼通領となったという。子田上荘は杣として立券された当初より四至をもったと考えられるが、このとき平等院領として立荘された際に、太政官の承認により、改めて四至が確定され、不輸租・雑事免除、および不入権を獲得して新たな荘園として成立したのである。

八・九世紀の墾田や杣などに由来し、さまざまな領主の手を経て継承されてきた所領が、関白頼通・平等院の主導のもと、国家的承認を得た領域型荘園としてのスタートをきることになった。従来のような封戸という形での国家的給付ではなく、封戸を給付された寺院が自ら経営し収取する荘園の領有を認可するという形で経済基盤が形成されていったのである。このように荘園領主側が主導し、荘園を立てていく動きは、この後院政期に入ると院や天皇の建立した御願寺領荘園の立荘に顕著にみられるようになっていく。頼通による平等院領立荘は、院政期以降本格化する政治権力側からの領域型荘園創出の嚆矢であったといえるかもしれない。

（1節・2節、鎌倉）

3 開発と私領の形成

(1) 「開発領主」の実像

大名田堵の登場 さて、ここでこの時期の在地の様子に目を向けてみたい。すでに延喜の荘園整理令のところでみたように、九世紀以降在地では、院宮王臣家が、「富豪の輩」や「富豪浪人」と呼ばれた富豪層と結託し、私的な土地・人民の支配を展開していた。これに目をつけた国衙は、窮乏が激しくなっていた班田農民に代わり、彼ら富豪層を収取の対象とすることにより、在地の支配を展開した。国衙の支配体制に組み込まれた富豪層は、田地の経営と租税の納入を「名《な》」に負ったことから「負名《ふみょう》」と呼ばれ、一方で農業経営の専門家という意味から「田堵《たと》」とも呼ばれることとなった。このように一〇世紀後半から国衙領の耕作主体として現れてきた田堵は、その後荘園経営にも取り込まれていき、一一世紀前半には荘園の耕作主体としての地位も獲得するようになった。

彼ら田堵は国衙領・荘園の基本的な耕作主体、つまり経営主体となることのみならず、荒田を開発することも期待されていた。平安時代中期の耕地は、「不作」「年荒」「常荒」と呼ばれる毎年耕作できない不安定耕地が安定耕地と混在した形で多く存在している、という課題を抱えていた。高校の史料集にも登場する寛弘《かんこう》九年(一〇一二)「和泉国符案」の「普《あまね》く大小の田堵に仰せて、古作《こさく》の外《ほか》、荒田を発作せしむべき事」では田堵に対し、「古作(すでに耕作している安定耕地)を続けて耕作しながら、荒田をさらに開発・耕作した場合は租税が軽減される」という特権を与えている。しかし一方で同じ「和泉国符案」では、「その特権を頼りに荒田だけを開発し古作を捨てた場合は、国衙の意図と違うので、捨てた古作分の租税も徴収する」としている。つまり国衙は、田堵に古作を維持したうえで、荒田（荒廃公田）を再開発する働きを期待していたのである。

このように田堵は新たに開発した耕地や、維持している耕地を基礎として経営を展開し、それらの耕地を自らが権益を多く持つ土地、すなわち所領として把握するようになった。そのため、田堵の開発能力の差によって所領の規模と経営の違いが生まれ、大名田堵と小名《しょうみょう》田堵という階層差が生じることとなったのである。

開発のあり方　ではこの時期の開発は、具体的にどのように行われていたのだろうか。越後国石井荘《えちごのくにいしいのしょう》を例にみてみたい。一〇世紀末には荒廃していた石井荘は、一一世紀中頃から荘司大法師《しょうじだいほっし》兼算《けんざん》を中心に再建が進められた荘園であった。兼算はまず隣国より浪人を招き寄せ、彼らを田堵として編成した。そして彼ら田堵それぞれに荒田を割り当て（散田《さんでん》）、開発の元手となる農料《のうりょう》を下して、開発を進めさせた。田堵はこのなかで先述した開発田の租税免除の特権を利用しながら、請作者として開発を進めていくこととなったのである（この兼算と田堵との関係は、兼算の側では固定的な主従関係として捉えられていたようだが、田堵の側ではあくまでも一年契約の請作関係であり人身的な隷属関係を含まないものという理解がとられていた。ここに対立の種があったことも留意しておきたい）。

ところで、開発の主体となっていたのは、在地の富豪層に限られた話ではなかった。例えば若狭国名田郷《わかさのくになたのごう》では、のちの領家につながる人物である盛信《せいしん》入道が、同国前河荘《まえがわのしょう》では、同じくのちの領家につながる成仲宿禰《なりなかすくね》がそれぞれ、のちの史料において「開発領主」と呼ばれている。このように開発の主体となるものは、下級都市貴族・山僧その他の高利貸的存在・地方官人など多様である。つまり一定の財力と人脈（または権力）さえあればだれでも出身を問わずに村落内に入り込み、開発を展開することができたのであった。

これらの開発領主は、彼ら相互ではもちろんのこと、国衙や都市中下級貴族との間でも政治的・社会的・文化的な相互交流を展開していた。当該期の貴族の日記をみると、とある在京国司の邸宅には宿衛《とのい》・奉仕・家領荘官らが在地から頻繁に出入りしていた記録がある（『春記《しゅんき》』）。このように当該期の開発領主は、本人が元々持ち合わせていたコネクションなどを利用して、京につながりを保持し、また実際に京と地方を頻繁に行き来していたのであった。有名な芥川龍之介《あくたがわりゅうのすけ》の小説の題材ともなった『芋粥《いもがゆ》』の説話に登場する藤原利仁《としひと》という人物もその一人である。彼は、越前国敦賀《つるが》に本拠を持ち、かつ京での摂関家の行事に参加していた。そしてその行事にて「五位」なる人物が芋粥を欲していたのをみると、彼を本拠の敦賀に招き、芋粥を大盤振る舞いしたのであった（無論ここでは、「開発領主」としての権利が存分に発揮されたことはいうまでもない）。まさに当該期の京と在地を往復する開発主体のイメージに合致するということができよう。

藤原実遠　では、そのような「開発領主」の実態は、いかなるものであったのだろうか。ここでは、左馬允《さまのじょう》藤原朝臣実遠《さねとお》と名乗り、伊賀国《いがのくに》に所領を数多く保有する領主を例にみてみよう。彼の父は大蔵大夫清廉《おおくらのたいふきよかど》という人物で、『今昔物語集《こんじゃくものがたりしゅう》』に載る「大蔵大夫藤原清廉猫に怖《おじ》たる語」という説話に登場する。この説話では、清廉が山城・大和・伊賀の三ヵ国に所領を持ち、たいそうな大金持ちであったということ、ただの田舎者ではなく京にて活動を展開しているということ、東大寺に関連する所領を持ち、国司と対立した場合にはこの所領に逃げ込めばよいと豪語していたこと、などが語られている。総じていうならば、京での活動を進めながら在地に本拠を持ち、そこで私財を蓄えていた領主、と考えることができよう。清廉の子である実遠も、同様の存在であったことは想像に難くない。

そのような実遠の在地での所領経営については、伊賀国の例がよく知られている。彼は伊賀盆地を取り囲むように存在した所領を中心に、伊賀国山間地域にまで所領を展開していた。このうち前者の中心部所領は、伊賀国における陸上交通や河川交通の拠点に存在していたことは特筆に値する。実遠はまず伊賀国の交通・流通の拠点をおさえ、そのことによって国内に大きな影響力を持ち、広大な所領を展開していたのである。このように当該期の開発領主にとって、在地における拠点をおさえることが、所領経営を展開していくうえで重要だった。そして、これらの拠点は、実遠が京とのコネクションを持ち合わせていたことから推測されるように、京にて任命される国司との人的関係によって、獲得されたものだったのである。

ただし実遠の所領全体は、すべて均一に経営されていたわけではない。中央部の所領は堅くおさえていたが、山間部の所領については注力をすることができなかったようで、その保有自体を脅かされる事態も起こった。長久《ちょうきゅう》元年（一〇四〇）に、斎宮寮《さいくうりょう》前《さきの》大助《おおすけ》大中臣《おおなかとみ》朝方《あさかた》とその従兄弟真頼《さねより》という人物が、実遠の山間部所領に対する領有権を主張してきた。これに対し実遠は山間部所領の再開発を進めることで実効支配を展開し、自らの領有権を守ろうとしたが、山間部所領に対する再開発の推進が可能な体制を敷いていなかった。そのため、それらの所領の再開発を進める実力を持った、禅林寺《ぜんりんじ》座主《ざす》深観《しんかん》という人物に山間部所領を寄進した。再開発を進めてもらうために所領に対する権利を渡したのであった。

このように当該期の開発領主は、京と在地を往復しながら、人的関係を通じて交通・流通の拠点といった在地経営に有利なポイントに所領を獲得し、その所領を足がかりに外延部まで自らの権益を延ばすことにより、関与度の濃淡を残しながらも在地経営を拡大させていたのであった。

（2）私領の形成と寄進

私領の形成　これら開発領主が所有していた所領は、私領と分類されるものであった。私領は本来、永年私財田として認められた墾田、治田《ちでん》に由来する所領が国司などにより認可、立券されたものを呼んでいた。この立券は、現地に郡司や在地司と領主の使者が立ち会い、確認作業を行うなどの手続きをふまえてなされるもので、その作成手順は、摂関期にはほぼ固まっていた。

しかし当該期、私領概念はそれ以上に広がり、所領の権利関係の複雑さを生んでいた。国内の荒廃公田の広がりをうけて、国司が荒廃公田の再開発奨励策を出すようになることは、先にも指摘したとおりである。この荒廃公田再開発奨励策により、公田内にも申請に従って開発を認められる田が現れ、これも私領と呼ばれることとなった。先に藤原実遠が、所領を確保するために再開発を進めようとしたことを指摘したが、これは私領のこのような性格を反映したもの、ということができよう。また荒廃公田再開発奨励策のなかでは、私領も公田の一部であるとの認識が示され、三年不耕となった私領や荘園についても同様の論理により、内部に私領が生み出されることとなった。つまり荒廃公田の開発申請と開発の認可という動きによって、公田（公領）や荘園の内部で新たに私領が生み出されることとなり、重層的な権利関係を生んでいったのである。

この再開発奨励策によってもっとも活発に荒廃田の再開発を行い、私領を形成していったのは「五位以下諸司官人以上」といわれた中下級貴族あるいは僧侶たちであった。彼らは既存の私領をもとにして、さらに荒廃公田の再開発を請け負い、時にはさまざまな特権を獲得しながら大規模な私領形成を展開していった。そして中下級貴族や僧侶は、国司との関係からより優位な条件を獲得して荒廃公田の再開発を進め、国免荘を形成していくのであった。例えば先述の藤原実遠から所領を得た禅林寺座主深観は、実遠から得た所領をもとに荒田畠の開発申請を行ったが、京都での国司との関係からか、本来であれば一部免除にとどまるはずの租税免除の開発特権を、全額免除にまで広げて獲得している。一一世紀半ばに荘園整理が問題になるのも、こうした荒廃公田再開発により私領が形成され、荘園化が進展していたことを反映していたのであった。

寄進の展開　このように国司の認可にもとづいて自らの所領を形成した私領主たちは、国司が替わるたびにその権益を承認してもらう必要があった。このため、私領形成の際には国司からの認可を得られたものの、国司交替直後に収公されることがたびたび発生した。私領主たちが安定的に所領を維持していくためには、国司からの認可を容易に得られるような体制の構築が必要であったのである。

そもそも国司は中央より派遣されてくる中級貴族であり、彼らの地位は京での活動にもとづいていた。これに目をつけた私領主は、国司たちに圧力をかけうる有力貴族たちと結ぶことによって、国司の交替があったとしても、自らの私領を安定的に維持しようとした。例えば、山城国にあった祇園感神院《ぎおんかんしんいん》領の田畠は、藤原頼通にその領有を申請し、頼通から国司に認可するように働きかけることにより、その領有を認められている。このように、私領主たちは自らの所領を有力貴族たちに寄進したのである（ただし、以下に述べるとおり、従来の「寄進地系荘園」論における寄進とは性質が大きく異なることには留意が必要である）。

このように私領主たちは自らの所領の安定化のために寄進を積極的に行ったが、一方の被寄進者たちは消極的・受動的な態度でこれを受け入れており、自らの所領として荘園を形成するという意識はなかった。例えば一一世紀の伊賀国では、藤原教通《のりみち》・藤原能信・藤原信長《のぶなが》・藤原頼宗《よりむね》・藤原信家《のぶいえ》・藤原長家《ながいえ》の所領が確認される（すなわちこれらの有力貴族たちに寄進された土地が存在した）。ところが一二世紀の伊賀国では、それらの所領はまったく痕跡をとどめていない。つまり、摂関期に寄進されたこれらの所領はその後、有力貴族たちの家領として維持されることはなかったのである。

寄進の変化　このように単発的に行われた摂関期の寄進であったが、その後大きく変化を遂げることになる。その様子を近江国柏原荘《かしわばらのしょう》の形成過程を追うことにより観察してみよう。

近江国柏原荘はもともと、古代に在地豪族が開発した墾田地を何らかの形で手に入れた、源頼盛《みなもとのよりもり》という中下級貴族の私領であった。一一世紀中頃、頼盛は入手した私領に対して、開発申請に伴う租税の免除特権を得ようと考えた。そこで京で何らかの関係を持ち合わせていた藤原能信（道長の子）の威勢を借り（私領の寄進を行い）、国司への働きかけを行い、免除特権を得ることに成功した。ここまではこれまで述べてきた摂関期の荘園寄進と何ら変わるところはない。

しかし頼盛が頼った能信は、藤原道長の子であったものの傍流の子であり、京での影響力では、嫡流であった頼通よりも大きく劣っていた。京にあってこの情勢を感じていた頼盛は、開発領主としての立場ではなく、中下級貴族としての立場から、嫡流家とのつながりを求めていた。

一一世紀末頃、上級貴族家が家産機構の整備をはじめた（第3章参照）のをみた頼盛は、嫡流家とのつながりを持つチャンスと捉え、嫡流家に属する中宮賢子《けんし》に自らの所領を寄進した。その後頼盛の所領はすぐに賢子の所領として編成はされなかったものの、子の郁芳門院《いくほうもんいん》に引き継がれ、柏原荘として立荘されることになるのである（このような政治的関係を求めた寄進はほかにも、平氏による六条院《ろくじょういん》への荘園寄進など、広く知られた事例は多い）。つまりは、上級貴族による家産機構の整備と、中下級貴族による上級貴族との政治的関係構築という目的が合致し、寄進が展開していくことになるのであった。

対立の惹起　このように荘園の寄進は、摂関期とその後で大きく位置づけや意味を変化させたが、いずれにしても各地に恒常的な荘園の形成を促していったのであった。このことは特に、荘園にさまざまな免除特権を与えることとなった国司との間に利害関係の対立を引き起こし、各地での訴訟の頻発へとつながっていくのである。

（3節、小野）

4　荘園整理令の発令と荘園領有の混乱

（1）　内裏造営と荘園整理令

荘園整理令の発令　在地で活発に私領形成が進み、さらに雑役や官物の免除を獲得して国免荘となっていく動きが広がり、国衙支配をも排除するようになってくると、荘園の新立や、公田を取り込んで免田が拡大されていくことが大きな問題となった。一〇世紀から一一世紀前半にかけては、散発的に国司が任初などに朝廷に申請してその国内に対する荘園整理令が出されたが（一国令）、長久元年に前年の内裏焼亡によって造内裏役が諸国に賦課されたのをきっかけとして全国を対象とした荘園整理令（全国令）が発せられ、以後一一世紀後半から一二世紀にかけてたびたび荘園整理令が発せられるようになった。

全国令が発令された寛徳《かんとく》二年（一〇四五）、天喜《てんぎ》三年（一〇五五）、延久《えんきゅう》元年（一〇六九）、承保《じょうほ》二年（一〇七五）、康和《こうわ》元年（一〇九九）、保元《ほうげん》元年（一一五六）、建久《けんきゅう》二年（一一九一）の前後にはいずれも内裏焼亡・破損や新内裏への遷御などの事実が確認されており、荘園整理令が造内裏役の賦課を契機として発令されていたことが明らかである。国司は荘園整理令にもとづいて、不入権を得ていた荘園に対しても国検田使を入部させて検田を敢行し、新開発田などを収公して内裏造営役の賦課徴収を行った。

荘園領主は当然これに大きく反発した。荘園領主側にも、仏神事用途など免田領有の正当な理由があり、すでに代々国司の承認を得て既得権益化してきたからである。荘園の現地では、国使を荘園に入部させて検田を強行し諸役を賦課しようとする国衙側と、それを阻止する荘園側との間で武力を伴った衝突も起こり、また荘園領主が国衙側の行為を朝廷に提訴し法廷での争いも巻き起こった。

このような争いが巻き起こるなかで、朝廷は、不当な免田の拡大や荘園の新立を抑える一方で、鎮護国家など国家的役割を果たす寺社に対しては、その経済的基盤の保障も図っていく必要に迫られることとなった。天喜三年には、新立荘園停止の基準年限を「寛徳二年」とすることが決められたが、免田を停止して税収を増やしたい国司と、免田を確保し荘園を維持したい荘園領主との対立はおさまらなかった。

延久荘園整理令　延久元年（一〇六九）後三条天皇は、内裏造営を前にして全国に荘園整理令を発した。その内容は、①寛徳二年以後の新立荘園は停止する、②狭い土地を嫌い痩せた地を広い土地と交換したり、公田を隠し作ったり、定まった坪付が存在しないような荘園は停止する、③券契（荘園の領有根拠となる文書＝「公験」）が明らかではなく、国務に妨げがあった場合は停止する、というもので、①はそれまでの荘園整理令の内容を引き継いでいるが、その審査については、荘園領主から荘園の券契を提出させ、太政官内に新設した記録荘園券契所《きろくしょうえんけんけいしょ》で審査することとし、②③についても同様に荘園の券契にもとづいて認否を行うという原則が示されたのである。

これにより、延久荘園整理令では、券契審査によって基準に合致した荘園の本免田《ほんめんでん》は認可され、それ以外の免田は停止されることとなった。ただし、基準に合致した荘園も、認められたのは券契に記載のある坪付・田数のみであり、それ以降に開発して免田に追加されてきた田地は、免除を停止され収公されて造営役賦課が行われることとなった。領域型荘園として歩みはじめていた荘園も、古い券契の段階まで免田が縮小されることとなったのである。

さて読者のなかには、延久荘園整理令とは、不当な荘園を停止する反面、一定の条件に適う荘園に国家的承認を与え、荘園と公領とを空間的に分離していく政策であったと認識している人もいるかもしれない。これまでにはそのように説明する概説書もあり、延久の荘園整理は荘園と公領とを分離し荘園公領制成立に大きな役割を果たした政策として捉えられてきた。しかし、荘園整理令は決して荘園と公領とを分離する政策であったのではない。実際には、現実に進みつつあった領域型荘園形成の流れを、過去の文書にもとづき特定の田地と特定の人の支配のみを認めていた段階まで引き戻すことで、眼前の財政問題に対処しようとした政策だったのである。

過去の文書の範囲については本免田として領有が認められ収取が保障されたとはいえ、国衙の強硬な荘園整理のなかで、荘園領主の荘園領有は動揺し、領有秩序は大きく混乱することとなった。

（2）荘園領有の動揺と新たな秩序の形成

荘園の停廃　延久荘園整理令以後も、朝廷は基本的に荘園整理政策を変更することはなく、そのなかで多くの荘園が停廃され、荘園領有のあり方も大きく変動していくこととなった。特に中下級貴族などの弱小の荘園領主は、国衙の強硬な荘園整理の前に、正当な公験を所持していても荘園を停廃されてしまうものも現れた。

上野国土井荘《こうずけのくにどいのしょう》は、寛徳二年以前の公験を所持していたにもかかわらず、毎年官物の煩いがあったということで、延久荘園整理令で停廃されてしまった。荘園領主もそれに対して何ら訴えを出すことができず、実体を失ってしまったようである。また、肥前国中津荘《ひぜんのくになかつのしょう》も正当な公験を所持しながら荘園領主観世音寺《かんぜおんじ》と国司との間の不和により延久令で停止され、その後機会を得て再立したものの、それから四〇年余りの間にも停止、再立を繰り返したという。このように荘園領主の政治的地位や国司と合意を得るか否かが荘園領有を左右する事態も生じ、おそらくこれまで地方で開発を推進し、雑役免除や官物免除を獲得して荘園領有を進めてきた中下級貴族の多くは、正当な根拠となる公験をもっていたとしても荘園領有を維持することがきわめて困難な状況に陥ったと思われる。こうした中下級貴族が所持していた荘園は、その実体を失い、公験はその後より高次の権威のもとに寄進されていくこととなった。

荘園領主の対応　一方、東大寺など有力な大寺院の場合には、さまざまな手段により、荘園領有を維持し、領域支配を確立する方向へと進んでいった。例えば、荘園整理の原則による限り新開発田は免田として認可されない。しかし、公験所載の本免田に関しては国家的保障がなされたことを根拠に、荘園の見作田（作付田《さくつけでん》）数が本免田数に満たない場合には、新開発田からその分が補填され免田に加えられる場合があった。また、従来封戸などの国家的給付を得ていた場合には、封戸の代替としてその分の官物取得を認められることも多かった。こうして便宜的に免田に加えられた部分は「加納《かのう》」*と呼ばれた。

「加納」は荘園整理の原則では整理対象となったが、現実には多くの荘園で残存していった。それは実際に、荘園領主が荘園内の住民支配や土地支配を進め、領域支配が進展しているなかでは、国衙としても封戸の納入義務を負うよりも、それを免田で代替し荘園領主の経営に委ねるほうが現実的で合理的であったからである。しかし荘園領主が目指していたのは加納という形ではなく、荘園領域全体の免除の獲得であった。

新たな荘園形成への動き　荘園整理令によって、荘園の現地や荘園領主の荘園領有に大きな混乱が巻き起こるなか、新たな荘園形成の動きはとどまるどころか、さらに新たな形で展開していくことになった。先にみた藤原頼通の平等院領立荘のように、過去の正当な公験を備え、封戸の代替など官物取得の正当な根拠を示し、新たな荘園が形成されていったのである。その動きは院政期に入るとさらに活発化していく。

寛治四年（一〇九〇）朝廷は賀茂別雷《かもわけいかづち》・御祖《みおや》両社に神供料として不輸租田六〇〇余町を寄進し、これにより社領荘園が数ヵ所立荘された。この時、賀茂社は朝廷にあらかじめ用意した荘園の券契を提出し、荘園の立荘の手続きが進められていったのである。そのなかには散位藤原致継《むねつぐ》から寄進された遠江国城《き》東郡《とうぐん》比《ひ》木《き》郷《ごう》や、故上野介源家宗《いえむね》から寄進された播磨国飾東郡《はりまのくにしきとうぐん》内の所領、前筑前守《さきのちくぜんのかみ》源兼俊《かねとし》から寄進された播磨国赤穂郡《あこうぐん》内の所領などがあった。こうした中下級貴族からの券契寄進の動きと、それを根拠に新たに荘園を立てていく動きが、新たにはじまっていったのである。

（4節、鎌倉）

【参考文献】

網野善彦『日本中世土地制度史の研究』（塙書房、一九九一年）
上島　享『日本中世社会の形成と王権』（名古屋大学出版会、二〇一〇年）
鎌倉佐保『日本中世荘園制成立史論』（塙書房、二〇〇九年）
川端　新『荘園制成立史の研究』（思文閣出版、二〇〇〇年）
木村茂光『日本初期中世社会の研究』（校倉書房、二〇〇六年）
木村茂光「藤原実遠の所領とその経営―私営田領主論の再検討―」（『日本中世の権力と地域社会』吉川弘文館、二

〇〇七年）
小山靖憲『中世村落と荘園絵図』（東京大学出版会、一九八七年）
小山靖憲「古代荘園から中世荘園へ」（『中世寺社と荘園制』塙書房、一九八八年）
坂本賞三『日本王朝国家体制論』（東京大学出版会、一九七二年）
坂本賞三『荘園制成立と王朝国家』（塙書房、一九八五年）
佐藤泰弘『日本中世の黎明』（京都大学学術出版会、二〇〇一年）
鈴木哲雄『中世日本の開発と百姓』（岩田書院、二〇〇一年）
戸田芳実『日本領主制成立史の研究』（岩波書店、一九六七年）
戸田芳実『初期中世社会史の研究』（東京大学出版会、一九九一年）
西谷地晴美『日本中世の気候変動と土地所有』（校倉書房、二〇一〇年）

コラムI　描かれた荘園

「摂津職猪名所地図」を読む

東大寺領摂津国猪名荘《せっつのくにいなのしょう》は、天平勝宝《てんぴょうしょうほう》八年（七五六）に孝謙天皇《こうけんてんのう》の施入にはじまる荘園である。ここに掲げたのはこの年の銘記をもつ絵図で、これによれば荘地は宮宅地八反二〇歩、田地四五町八反二〇五歩の計四六町六反二二五歩からなり、ほかに墾田三七町六反二一二歩・浜二五〇町・野（荒地）一〇〇町を含んでいた。ただし現存するこの絵図は、施入時の絵図をもとに書き写しや追記がなされて一二世紀頃に作成されたものと考えられている。

猪名荘の所在地は、現在の兵庫県尼崎市の中心部に当たり、今は埋め立てにより海岸線はずっと南に下っているが、猪名川の河口西岸に位置し、南は杭瀬浜《くいせはま》・長洲浜《ながすはま》・大物浜《だいもつはま》で海に接していた。東大寺は、平安期を通じて海水の流入を防ぐ塩堤を築き田地の開発を進め、荘田を拡大していったようである。その間、田堵《たと》らの隠田《おんでん》や周辺の摂関家領の寄人《よりうど》となっていた村々田堵の地子《じし》対捍《たいかん》などがあり、また荘民として明確に把握されていなかった浜の住人は役を遁《のが》れ漁民としての特権を守るため、小一条院敦明親王《あつあきらしんのう》・二条関白藤原教通《ふじわらののりみち》・皇太后宮藤原歓子《かんし》などにつぎつぎと散所雑色《さんじょぞうしき》として身を寄せ、その後一一世紀末に賀茂別雷社《かもわけいかづちしゃ》が長洲浜の領有権を得て賀茂社領長洲《ながすの》御厨《みくりや》としたため、東大寺と賀茂社との間に相論が起きた。

さて、絵図の記載をみてみよう。絵図には、碁盤の目状に条里の画線が引かれ、そこにいくつもの二重線がめぐっている。この曲線は堤を表しているが、一部、南の海浜に向かう線は溝・水路を表すようである。一番外側にめぐる二重線（堤）に接して「東一入江」「西外堤」「北　口分」「南海」とあり、これが荘園の領域（四至《しいし》）となっている。中央北側の二条九里二九坪にある「宮宅地」が、東大寺の猪名荘支配の拠点と考えられ、その周囲の「旧堤」に囲まれた田地には坪の字名《あざめい》、田地面積、田品《でんぽん》が記されていることから、この部分が施入当初よりの猪名荘の中核的な田地であったと考えられる。その周囲には、坪の字名を記さず田地面積のみが記された坪が広がり、さらに外側の堤内には坪番号だけが記されている坪が広がっている。猪名荘では段階的に外側に堤防を築き、田地の開発が進められていった。この絵図には、そうした施入以後の開発の様相が描き込まれている。

ではこの絵図はいつ何の目的で作成されたのだろうか。東大寺は一二世紀以降、前述の長洲浜をめぐる賀茂社との相論のほか、周辺の橘御園《たちばなのみその》・椋橋荘《くれはしのしょう》ともたびたび相論をしており、鎌倉時代末には、南の杭瀬荘《くいせのしょう》との相論で、猪名荘の四至を示す証拠文書のひとつとしてこの絵図が使用されている（年月日未詳東大寺衆徒等目安、水木直箭旧蔵文書）。このようにのちには四至境を示すものとして使用されてはいるが、絵図の記載内容からすると、もっとも重きが置かれているのは領域内の田地の所在とその面積であり、おそらくは一一世紀末〜一二世紀初頭の国司との相論のなかで作成されたものであったと考えられるのである。

国司との相論は次のようなものであった。康和《こうわ》（一〇九九〜一一〇四）頃、東大寺別当永観《ようかん》は「本図の如く」猪名荘四至内を寺領として免除するよう奏聞《そうもん》した（『平』一六六二号）。それにより実検使による調査が行われ、官使・在庁官人らの確認を経たにもかかわらず、国司は田地四五町余の免除しか認めなかったという。東大寺は、再度嘉承《かしょう》元年（一一〇六）に「絵図・公験」にもとづいて四至内の田地すべてを免除するよう要求し、それに対

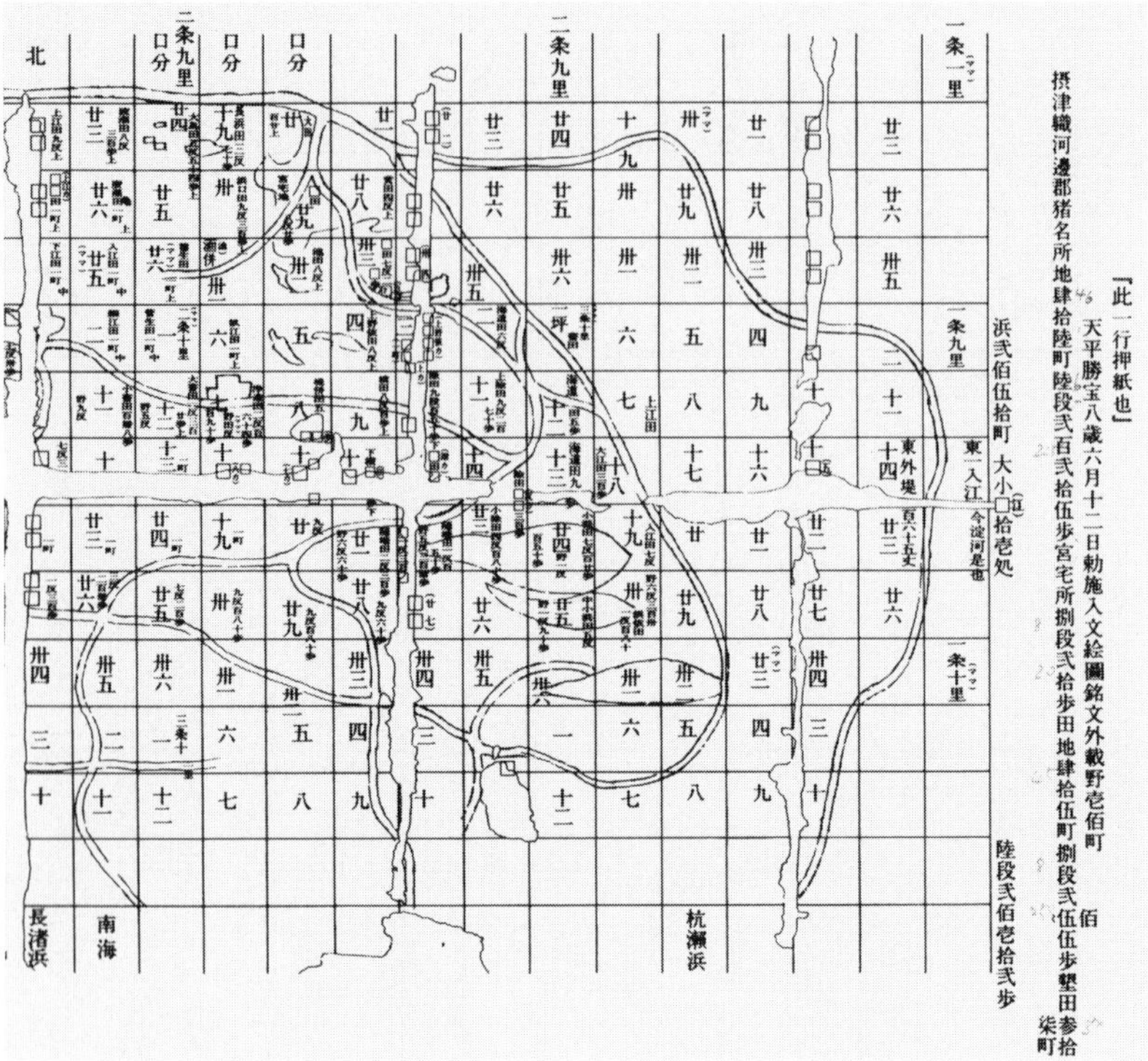

史料編古代1』より）

して朝廷から証文を進上するよう命じられた（「平」一六六二号）。東大寺はこのとき、天平勝宝八年の絵図に、少なくとも墾田《こんでん》三七町六段二一二歩、野一〇〇町の記載を追加した絵図を作成し、朝廷に進上したものと考えられる。本来の勅施入《ちょくせにゅう》の田地を越える新開発田や野も含めて寺領として免除認定してもらうためである。

国司との相論はその後にも及んだ。元永《げんえい》元年（一一一八）にも東大寺は国司の濫妨《らんぼう》を訴え、朝廷で勅書・絵図の確認が行われた。このときの絵図には、野一〇〇町、墾田、浜二五〇町、大小江一一所の記載が存在していたことが確認でき（年月日未詳東大寺衆徒等目安、水木直箭旧蔵文書）、このときまでに現存の銘記をもつ絵図が作成されていた

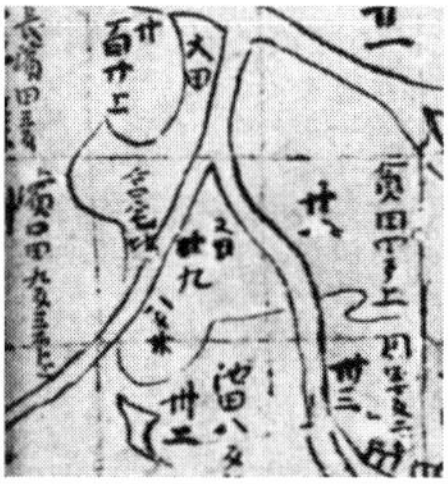

図２　二条九里廿九坪部分拡大図

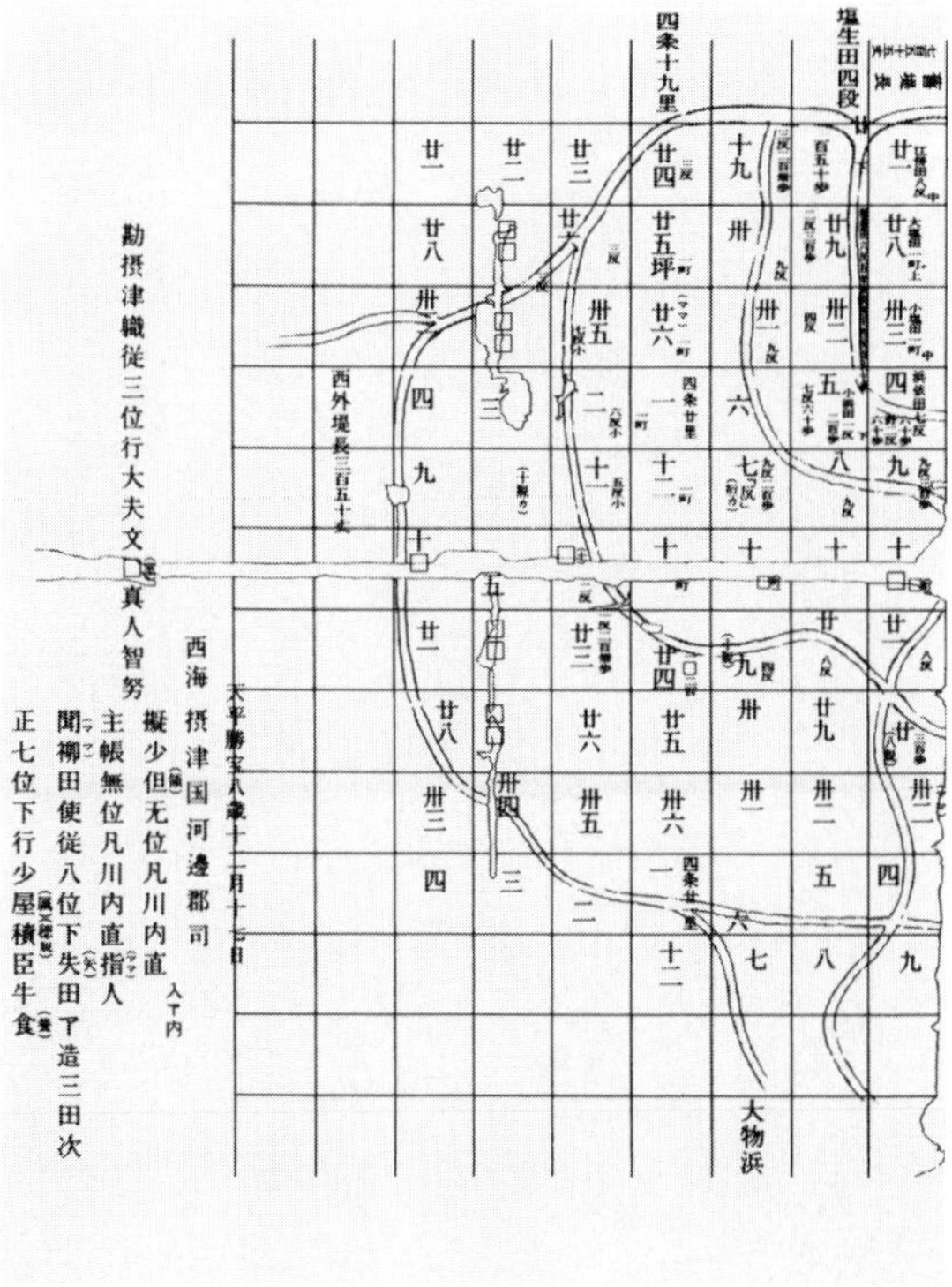

図１　「摂津職河辺郡猪名所地図」トレース図（『兵庫県史

ことが明らかとなる。東大寺は、国司が荘園整理令にもとづいて免田を抑制したのに対抗して、勅施入後の開発田や野・浜・江全体を寺領として免除認定してもらうために、天平勝宝八年の絵図をもとにその後の開発状況を書き入れ、この絵図を作成したのであった。

平安期に猪名荘がたどった過程をまとめよう。東大寺は猪名荘を領有して以来、周囲に塩堤を築き徐々に田地の開発を進め、新開発田に対しても本来の寺田《じでん》と同様に国司に免除を求めていった。長治《ちょうじ》元年（一一〇四）の段階で、代々国司の「免判」はじつに四三枚にも及んでいる（『平』一六一四号）。平安期を通じて猪名荘の新田開発とその免田化が現実にはかなり進展していたのである。だが一一世紀末になると、国司は荘園整理令にもとづき、免田を強く制限していく。猪名荘でも免田が勅施入時の四五町余に制限されるなかで、東大寺は三〇〇年以上も前の勅施入時の絵図を持ち出して現状にみあう追記をして証拠文書とし、猪名荘全体の免除を要求していったのである。

荘園の領域支配はこうしたさまざまな対抗を経て徐々に確立していくのである。

（鎌倉）

【参考文献】

鷺森浩幸「摂津職河辺郡猪名所地図」（『日本古代の王家・寺院と所領』塙書房、二〇〇一年）
渡辺久雄『条里制の研究』（創元社、一九六八年）
『図説尼崎の歴史』（尼崎市、二〇〇七年）

コラムⅡ　史料の読み方

山城国玉井荘司等解土代

○天喜六年（一〇五八）七月日　山城国玉井荘司等解土代（「大日本古文書」『東大寺文書之二十』）

（追筆）「案」

東大寺玉井御庄司等解　申請本寺政所　裁下事

請レ被下特蒙二　裁下一、被レ啓二案内於検非違使庁一、任二宣旨状一、停中止庁役上愁状、

右、謹検二案内一、件御庄従レ昔以来、為二　勅施入所一之上、可レ免二除臨時雑役一之　宣旨、又以重畳、而今乖二此旨等一、事寄二　庁符一、猥面々官人等致二譴責一之間、御庄住人等悉以逃散、因レ茲七月十五日　御盆寺家雑役等不レ能二例勤一、望請蒙二裁下一、早以二　宣旨状一、被レ啓二案内於非違庁一、被レ停二止件庁符等一者、将仰二　勅宣之厳一、弥致二寺役之勤一、仍勒二事状一、以解、

天喜六年七月　日

ゝ橘（追筆カ、以下同ジ）「坂上忠延」

ゝ紀「僧頼久」

ゝ橘

この文書は、東大寺領の山城国玉井荘《やましろのくにたまのいのしょう》の荘司《しょうじ》らが、東大寺政所に提出した上申文書（解《げ》）の土代《どだい》（下書き）である。

荘司らがこの解で訴えているのは、玉井荘に検非違使庁《けびいしちょう》から「庁役」が賦課され、検非違使庁からの徴収命令書である「符」を持った検非違使庁の官人たちが厳しい譴責をしたために、御荘の住人らが皆ことごとく逃散《ちょうさん》してしまい、東大寺に納入すべき七月一五日の御盆の雑役などを勤めることができなくなったので、ついては東大寺から検非違使庁に言上《ごんじょう》して庁符を停止して欲しい、というものであった。

実際に上申された解の原本（正文《しょうもん》）は残っていないが、土代が残されたことで、文書作成の経緯を知ることができる。この文書では、署名六名のうち三名が消されているが、それは何故だろうか。天喜《てんき》四年（一〇五六）八月一五日玉井荘解（「平」八一一号）では、僧頼久《らいきゅう》・坂上忠信《さかのうえのただのぶ》・御庄司僧長源《ちょうげん》の三名が署名をしており、天喜四年八月二五日玉井荘田堵《たと》等解（「平」八一三号）では、御庄預僧頼久・坂上忠延（信）・僧寿因《じゅいん》・紀近永《きのちかなが》・□□□・御庄司僧が署名をしているので、本文書で削除された三名は田堵、残り三名は荘預《しょうあずかり》・荘司であることが確認できる。このとき玉井荘では、面々官人らの譴責によって住人らが逃散していたため、荘司等の名で訴状が作成されたものと考えられる。

この頃国司は、荘内の新開発田に対してさまざまな課役を賦課した。とりわけ一一世紀半ばには、内裏造営に伴ってたびたび荘園整理令が発令され、国司は荘園の新開発田を収公《しゅこう》して造内裏役を賦課し、厳しい徴収を行った。玉井荘でも天喜二年に「造内裏料加徴」が充て課され、同時に「斎宮《さいくう》上下夫幷夫馬」「宇佐使《うさし》供給《ぐきゅう》夫馬」「国宰私夫役」「検非違使供給幷私干芻《ほしまぐさ》等」「防河夫（鴨川修築の夫役）」などが課され、荘住人らは逃散によってこれに抵抗したが（『平』七〇九号）、天喜四年にも賀茂祭潔斎料など「色々雑役」が課された（『平』七九三号）。本文書にみえる検非違使庁役もこうした臨時課役の一環だろう。官人らの厳しい譴責をうけた荘住人らは、このときも逃散によって抵抗したが、それは田堵らが負担すべき東大寺の御盆の雑役を拒否して、こうした課役の免除獲得を東大寺政所に要求するための行動でもあった。

このような課役賦課に対する抵抗運動を通じて、「住人等」の結合が強められ政治的共同組織が形成されていった。玉井荘では、隣接する石垣荘《いしがきのしょう》、円提寺《えんたいじ》（井手寺《いででら》）と用水や堺をめぐって争い、永久《えいきゅう》三年（一一一五）には、職事《しきじ》・御荘下司《げし》とともに、「住人重末」「住人頼安」ら、住人と称する九名が連署して、「住人等」として、用水を打ち留められたことを東大寺政所に訴えている（『平』一八二七号）。「住人」とは、寺役の賦課対象となる荘内居住者を意味したが、彼らはそれを自らの地位と権利を示す身分として自ら「住人」を呼称し、荘園の領域を「住人等」の政治的領域として実体をもって獲得していったのである。

（鎌倉）

【参考文献】

木村茂光『日本中世百姓成立史論』（吉川弘文館、二〇一四年）
田村憲美「荘園制の形成と民衆の地域社会」（遠藤ゆり子ほか編『再考中世荘園制』岩田書院、二〇〇七年）
富澤清人『中世荘園と検注』（吉川弘文館、一九九六年）

用語解説

免田・寄人型荘園（めんでん・よりうどがたしょうえん）

小山靖憲によって一九八一年に提起された荘園の類型のひとつ。小山は、荘園を発展段階に応じて①初期荘園（八世紀後半～九世紀）、②免田・寄人型荘園（一〇世紀～一一世紀）、③領域型荘園（一一世紀中頃～特に一二世紀以降）という概念で捉えた。免田・寄人型荘園とは、国衙《こくが》の規制のもと限定された特定の耕地（免田）と特定の人間（寄人）だけの支配が認められた荘園である。小山は、これを過渡期の荘園と捉え、その多くが一一世紀後半から一二世紀に村落を支配の基礎とした領域型荘園へ発展するとした。この類型概念は、おおむねそれぞれの段階の荘園の形態を的確に捉えた概念として定着しているが批判もある。

公田官物率法（こうでんかんもつりっぽう）

公田から官物を徴収する際の賦課基準となる段別の収取額。律令《りつりょう》制下では、租以外は人別に賦課されるのを基本としたが、個別人身支配を基礎とする収取体制が崩壊するなかで、一〇世紀後半に律令税目を区別せずに一括賦課する所当官物制がはじまり、それぞれの国例により官物率法が決定された。公田官物率法の成立は、令制の人別賦課を放棄し、田率賦課に統一した新しい租税体系の成立を意味するものとして税制史上注目される。

国免荘（こくめんのしょう）

国司の免判で租税官物や臨時雑役《ぞうやく》などが免除された荘園。平安中期以降、諸国行政が国司に委ねられるなかで、国司の裁量で官省符荘《かんしょうふしょう》の新開発田に対して免判を与えたり、開発田に対しても寺社や貴族の申請をうけ免判を与えることが行われるようになった。免判の有効期間は、その国司の任期中に限られたが、寺社や貴族は国司交替のたびに免判を申請して、代々の国司の免除を得て次第に既得権化していった。しかし国免荘の広範な成立が大きな社会問題となり荘園整理令が頻発された一一世紀半ば以降には、国司により停廃《ちょうはい》・収公《しゅこう》されることも多く、その領有は不安定であった。

立券（りっけん）

立券とは、土地の買得・譲渡・施入などの際にその事実を国郡や京職が証明するための文書を作成することで、律令制下より行われ、作成された文書を立券状・立券文と呼んだ。一〇世紀になると、立券は領主の所領認定手続きという性格をもつようになり、土地の移動に伴って、国・諸家が郡に対して立券命令を下し、それをうけて郡司・刀禰《とね》が公験《くげん》の坪付を確認しながら立券状を作成した。院政期になると、院庁下文《いんちょうくだしぶみ》などの命令をうけて荘園を立券することが多く行われるようになった。荘園を立券し、荘号を認めることを立券荘号といった。荘園の立券では、四至《しいし》に牓示《ぼうじ》を打って領域を画定し、坪付・地目を調査してそれを書き上げた立券状が作成された。

加納・余田（かのう・よでん）

延久《えんきゅう》荘園整理令により、寛徳《かんとく》二年（一〇四五）以前の公験にもとづいて、本免田のみを認定する原則が出されたことで、公験所載田以外の荘田は「余田」と呼ばれ、そのうち荘園領主に官物・雑役などが免除され本免田に「加え納められている」田地が「加納」と呼ばれた。以後の荘園整理令でも、加納・余田は荘園整理の焦点となり、国司はこれを収公して官物や臨時雑役などを賦課したが、現実には本免田の見作田《げんさくでん》（作付けされている田地）のみでは本免田数を満たせない荘園も多く、本免田の補塡として便宜的に加納が承認される場合もあった。保元《ほうげん》荘園整理令では、加納の停止の原則は変えられなかったものの、白河《しらかわ》・鳥羽《とば》院庁下文と後白河《ごしらかわ》宣旨を所持している場合には承認するという例外規定がなされ、承認を得て存続していった加納もあった。

（以上、鎌倉）

第3章　院政期の荘園

守田逸人

1 中世荘園の成立

（1） 中世荘園とは

院政期の荘園 本章では院政期の荘園について扱う。一一世紀末に白河《しらかわ》院政が始まると、王家（院・天皇・女院《にょいん》）・摂関家の主導で多くの荘園がつくられていった（立荘《りっしょう》）。立荘は一二世紀前半の鳥羽《とば》院政期をピークとし、おおよそ一三世紀前半頃まで行われた。この時期に立荘された荘園は、中央の人的ネットワークをもとにして立荘対象地が選定され、しばしば一郡に及ぶ広大な領域をもつなど前代の摂関期に多くを占めた国免荘《こくめんのしょう》や雑役免《ぞうやくめん》荘園とは形態と質の双方の面で明らかに異なるものであり、また数量的にも膨大な数にのぼった。

なかでも御願寺《ぎょがんじ》領荘園をはじめとする王家領荘園の立荘は多くを占めた。また摂関家と深く関わる持仏堂《じぶつどう》領などで構成された摂関家領荘園も院政期を通じて再編されていき、中世にわたる摂関家領荘園群の枠組みが形成されていった。さらに摂関期までに雑役免荘園などを保持していた寺社もそれらの荘園の不輸《ふゆ》認定をうけたり、新たな荘園の獲得などにより寺社領荘園群を再編していった。このように立荘が展開していくと王家・摂関家・寺社それぞれの荘園群が定まっていき、それぞれの社会集団（権門）は荘園を基盤とする体制に再編していった。

一方、立荘の展開によって領域的な荘園が展開していくと、荘園現地の地域社会も大きく変化していった。地域社会には荘園の「住人」が成立し、また荘園支配を現地で担う荘官《しょうかん》が編成されるなど、地域社会が荘園制に即応する形に再編成されていったのである。第1章で述べたように古代荘園は荘民不在の荘園であった。しかし院政期以降の荘園は郷（公領《こうりょう》）と並んで村落を基盤に生活する人々や村落そのものを含み込む行政単位所領になった。中世にはこうした領域的な荘園こそが荘園の一般的な姿となった。

　以上のように、院政期を通じて展開した立荘によって、日本列島は荘園を基礎とする社会へと大きく変わっていった。このような日本中世の社会制度を荘園制と呼ぶ。本章ではこうした院政期の荘園をめぐる主要な動向について、その成立のあり方やイメージについて概観したのち、摂関家領・王家領・寺社領荘園の諸形態を整理し、荘園現地の動向をみて荘園制がどのように成立していったのか論じていく。

（2）　立荘までの道のり——中世荘園のイメージ——

立荘をめぐる人的ネットワーク　立荘はどのように行われたのか、院政期の立荘で中心的位置を占めた王家領荘園を題材にみていきたい。まず立荘の対象地がどのように決定したのか、その過程について醍醐寺《だいごじ》円光院《えんこういん》領越前国《えちぜんのくに》牛原荘《うしがはらのしょう》の立荘をめぐる関係者の動きに焦点を絞ってみてみよう。

　醍醐寺円光院は、白河中宮藤原賢子《ふじわらのけんし》の発願による御願寺である。円光院領荘園の立荘に向けた動きは、まず賢子の実父右大臣源《みなもとの》顕房《あきふさ》が醍醐寺円光院の創建とともに立荘候補地の券契《けんけい》（土地証文）を集めたこと（＝「荘の券契を尋ねる」）からはじまった。立荘候補地となる荘の券契が権門側の働きかけによって集められていったのである。すると源顕房のもとには、義範なる人物を介して東大寺五師《ごし》忠範の私領《しりょう》が寄進《きしん》された。さらに越前国守源高実《たかざね》によって忠範の私領を核に二〇〇余町の荒野が囲い込まれて施入され、牛原荘を構成する所領が用意された。

　改めて関係者を振り返ってみよう。既述のように「券契を尋ねる」活動を行った源顕房は賢子の実父であった。また東大寺五師忠範の私領寄進を仲介した義範は初代円光院別当《べっとう》となる人物であり、二〇〇余町もの荒野を占定するなど重要な役割を果たした越前守源高実は故賢子と密接な関係があった。すなわち「券契を尋ねる」ことからはじまった立荘手続きはすべて故中宮賢子の周辺に連なる人物の連携により進められ、立荘対象となった領域は忠範の私領とは似ても似つかぬ広大な領域となったのである。

中世荘園の領域構成　ただし立荘された荘園がただちにすべて不輸の荘園となったわけではない。例えば仁平《にんぺい》三年（一一五三）に成立した金剛心院《こんごうしんいん》領越後国小泉荘《えちごのくにこいずみのしょう》は、一一世紀半ばに成立した中御門《なかみかど》家領の国免荘三〇町を核としつつも、磐船郡《いわふねぐん》のほぼ全域を包摂して成立した。荘園の領域は免田（不輸租）となった三〇町の本荘部分を核としながら牛屋郷などの国領を含み込んでいた。囲い込まれた国領の所当官物は、国衙《こくが》へ弁済することが義務づけられた。

小泉荘の場合のように、院政期には一部の免田を核としてしばしば一郡にも及ぶ広大な領域が囲い込まれ、負担体系の異なる領域が複合的に包摂されながら立荘された荘園が多かった。しかし時間の経過とともにこうした荘園は、荘園領主の一円化に向けた絶え間ない運動によって、その複合的な領域構造が解消されていくことになった。

中世荘園の認定　再び立荘手続きの問題に立ち返ろう。立荘対象地が決まってからの動きを円勝寺《えんしょうじ》領遠江国質侶《とおとうみのくにしどろの》荘《しょう》を題材にみてみよう。

待賢門院《たいけんもんいん》（女院）は藤原永範《ながのり》なる人物からの私領寄進をもとに自身の御願寺（円勝寺）領として遠江国質侶荘を立荘するに際して、院使を現地に派遣した。一方遠江国に対しては国使《くにのつかい》（在庁官人）とともに四至《しいし》の検注を行って荘園の「立券《りっけん》」を行い、待賢門院に報告することを命じた。ちなみにこのとき遠江守となっていたのは待賢門院司高《たか》階宗章《しなのむねあき》であった。現地では女院使・在庁官人・荘園の下司《げし》によって検注が行われ、彼らの連名で田畠・在家・山野などの目録が記され荘園の立券完了を報告する「立券言上状《りっけんごんじょうじょう》」が作成された。さらに、荘園領域の四至には牓《ぼう》示《じ》が打たれて領域が画定した。

質侶荘の場合のように、院政期になると立券を遂げ四至を画定して成立する荘園が展開していった。こうした立荘は院・天皇・摂関・女院といった限られた中央権力のみ命じることができた。

以上のような過程を経て、荘園の領域と免田の規模、負担体系が決まり立荘手続きが完了した。立荘の過程においては荘園領主と現地住人（具体的には預所《あずかりどころ》や下司などに就任する現地の領主層）との間で年貢・公事《くじ》の負担などさまざまな条件についての合意形成がなされた。荘園は人的ネットワークをもとにした中央による立荘手続きと国司の協力、現地での合意形成を経て成立した。かつて荘園は地域の領主による土地寄進の連鎖によって成立すると説明されてきた（寄進地系荘園論）。しかし、寄進はあくまでも荘園形成のプロセスの一つにすぎない。

（3）荘園制への転回

なぜ、荘園制か？　なぜ院政期になると立荘が展開していったのであろうか。前代の令制下において、寺社はおもに諸国に割り当てられた封戸《ふこ》を財源として運営していた。寺社は諸国司が毎年任国内から収取した税から定められた額の封戸を得る仕組みになっていた。しかし財政状況の悪化ともあいまって、寺社は諸国司から封戸を収納できなくなっていった。

例えば一〇世紀の時点で二一ヵ国にわたり一八〇〇戸の封戸を保持していた東大寺の場合、少なくとも一一世紀半ばには慢性的に未収納分を抱える状態になっていた。こうした状況に対して東大寺は朝廷に収納状況の改善を要求していたが、この時期に具体的な施策はなされなかった。

ところが一一世紀末になると大きな変化がみられる。この時期東大寺は伽藍《がらん》の大破に直面し、朝廷に修造用途の不足を訴え、低迷する封戸の収納状況の改善や支配の実態を失っていた荘園の復興・再認定、代替地となる新たな荘園の認定を強く要求していった。こうした要求に対応する形で未進が恒常化していた封戸が官使によって催徴されたり、三六〇町に及ぶ大和国香菜免田《やまとのくにこうさいめんでん》が寺家による検田権をも認められる形で封戸便補《べんぽ》地となったり（「平」一六六四号）、代替地となる荘園の立荘、退転した荘園の復興など中央の施策が展開していったのである。

財政構造の転換　このような施策の展開は、中央の財政政策が方向転換したことと大きな関係がある。朝廷は院政期に大規模に展開した御願寺などの寺社造営、あるいは修造用途のほか、伊勢神宮役夫工米《やくぶくまい》・造内裏役《ぞうだいりやく》・大嘗会役《だいじょうえやく》などの重要な国家的用途の確保に当たっては諸国司から毎年確保される官物《かんもつ》ではなく、成功《じょうごう》（料物の納入と引換に貴族へ官位・官職を与える制度）や一国平均役《いっこくへいきんやく》を主要な財源とするようになった。とりわけ一時に莫大な財が確保できる成功は財政の重要な位置を占めていった。こうして諸国司も成功・一国平均役を優先的に納入するようになると、ますます官物や封物の納入が形骸化していった。

以上のような財政構造の方向転換によって封戸に依存して運営されていた寺社などの存続がますます懸念されるようになり、朝廷は寺社の要求に応える形で荘園認定（立荘）を進めていったのである。立荘の展開は、成功制・一国平均役を軸とする国家財政構造への変化に対応しており、国家的給付の一環として寺社に荘園が設定されていった。

2　中世荘園の諸形態

（1）　摂関家領荘園群の再編

院政期に形成された荘園は、大まかに分けて摂関家領・王家領と寺社領で大別される。行論の都合上、まず摂関家領荘園についてみておこう。元来摂関家には摂関期以前から藤原氏の長者（藤氏長者《とうしちょうじゃ》）が執行する法会《ほうえ》・祭事《さいじ》以下の行事の費用負担や施設を提供する家領が存在し、道長《みちなが》の頃より代々氏長者《うじのちょうじゃ》が継承していた。院政期にはそれに加えて勧学院《かんがくいん》領や平等院領など、道長やその子たち（頼通《よりみち》・彰子《しょうし》）の持仏堂的な寺院などに付属する荘園が伝領されていった。

院政期に入って王家・摂関家が立荘を命じるようになると、院の動向に左右される政治的不安定性をもちながらも政治的安定期には摂関家にも寄進が集中することになった。特に一一三〇〜四〇年代に藤原忠実《ただざね》が安定的な権力を保持した時期は所領寄進のピークを迎えた。摂関家はこれらの寄進された所領を持仏堂などの荘園として立荘し、摂関家が一定の得分を有して管理下に置く荘園群が形成されていった。

ところが保元《ほうげん》の乱が起こり忠実・頼長《よりなが》父子が敗れると、摂関家領荘園群は没官《もっかん》の危機に直面した。忠実が保持していた摂関家領荘園群は乱の勝者となった忠通《ただみち》に相続されて没官の危機を免れたものの、摂関家では分立していた各家の存立基盤が問題となり、家領全体を氏長者領とその他の各家領とに分けて管理する必要に迫られた。さらに治承《じしょう》・寿永《じゅえい》内乱期における摂関家内部の分裂、鎌倉初期の五摂家分裂によってこうした区分が不可欠となっていった。

こうして一三世紀初頭には摂関家行事用途に充当する荘園と道長・頼通・彰子らの持仏堂領荘園が氏長者領となり、それ以外は各家の家領として相続されていくことになった。これ以降氏長者領は殿下渡領《でんかわたりりょう》と呼ばれ、代々藤氏長者に引き継がれていった。

（2）　王家領荘園群の形成

御願寺領荘園の立荘　院政期に入ると法勝寺《ほっしょうじ》・尊勝寺《そんしょうじ》・円勝寺・最勝寺《さいしょうじ》・成勝寺《じょうしょうじ》・延勝寺《えんしょうじ》（六勝寺）をはじめとした王家の御願寺が数多く造営された。そしてこうした御願寺には膨大な数にのぼる荘園が設定された。御願寺領荘園こそが王家領荘園の主要な位置を占め、院政期の立荘の中心的なものとなった。

御願寺領荘園群の形成のあり方についてみてみよう。立荘が展開していく一一世紀末から一二世紀初頭においては、御願寺領（尊勝寺）でも「先ず御封《みふう》を付し、相折《そうせち》を作らるの後、御寺不足の物注出《しるしいだす》の後、御荘《みしょう》を立てらるべき也」（『中右記《ちゅうゆうき》』康和《こうわ》四年〈一一〇二〉一〇月一五日条）というように、まず封戸を寺家に付与して財源の不足が生じた場合に荘園を立荘するという原則があった。

しかし現実に立荘が展開していく社会状況のなかでは、御願寺の創建にあわせて短期間のうちに多数の荘園が設定されていった。例えば鳥羽院発願の安楽寿院《あんらくじゅいん》は保延《ほうえん》三年（一一三七）に創建されたが、成立年代が判明する一八ヵ所の主要な安楽寿院領は康治《こうじ》二年（一一四三）までに設定されている（「平」二五一九号）。これまでにも鳥羽院政期が立荘のピークといわれてきたが、これは御願寺造営が鳥羽院政期にピークを迎えたことと密接な関係がある。

なお、御願寺領荘園の多くは王家が一定の得分を有して管理下に置いたが、とりわけ女院の管理下に置かれて女院領荘園群として編成されていくものが多かった。

例えば後白河法皇の持仏堂長講堂《ちょうこうどう》には、建久《けんきゅう》二年（一一九一）の段階で約九〇ヵ荘に及ぶ堂領が存在した。長講堂と長講堂領は後白河法皇の皇女宣陽門院《せんようもんいん》に譲られ、宣陽門院によって管理されることになった。また鳥羽院の皇女八条院《はちじょういん》は安楽寿院領を鳥羽院から譲られ、歓喜光院《かんぎこういん》領を母美《び》福門院《ふくもんいん》から譲られ、さらには自らの御願寺蓮華心院《れんげしんいん》の荘園をも管理するなどして自身の八条院領荘園群を構成していった。女院という地位は政争などの政治情勢に左右されない安定的なものであったため、こうした女院領荘園群は不分割なものとして継承され、王権の権力基盤となった。さきに述べた摂関家領荘園とともにこうした立場はしばしば本家と称され、荘園領主権が重層化していった。

王家領荘園・摂関家領荘園と貴族層　膨大な数にのぼる王家領荘園や摂関家領荘園が立荘されると、公家社会を活動拠点としたあらゆる貴族層は、公家社会における自らの政治的位置を背景として王家領荘園や摂関家領荘園の荘園所職《しょしき》を獲得して家領形成を行って経済基盤としていった。貴族たちの官職に対応した俸禄（給与）はすでに実体

表　藤原定家領の構成

荘　園　名	定家の保持した所職	上　級　領　主
播磨国細河荘	預　所	八条院領（王家領）
近江国吉富荘	預　所	新熊野社領（後白河院・後鳥羽院領／王家領）
播磨国超部荘	預　所	九条家領（摂関家領）
伊勢国小阿射賀御厨	預　所	伊勢神宮外宮領
下総国三崎荘	預　所	九条家領（摂関家領）
越後国莇羽郷	（不明）	九条家領（摂関家領）
越後国大社荘	（不明）	九条家領（摂関家領）
越前国小森保	（不明）	九条家領（摂関家領）
伊賀国大内東荘	（不明）	九条家領（摂関家領）
大和国若槻荘	（不明）	九条家領（摂関家領）
讃岐国讃岐多度郡仏田村	（不明）	九条家領（摂関家領）
尾張国山田荘	（不明）	九条家領（摂関家領）
下野国真壁荘	（不明）	？（西園寺公経より給与）
播磨国細河荘隣村	（不明）	院領？（院分国）

を失っていたため、王家領・摂関家領は公家社会そのものを支える経済基盤となっていったのである。こうした貴族たちの荘園所職の獲得に向けた努力は、荘園領主権の重層化を促した。

『明月記《めいげつき》』の記者で藤原北家御子《みこ》左家《ひだりけ》という中流貴族の家系に属し、歌人としても著名な藤原定家《さだいえ》の家領のあり方をみてみよう。表は定家の保持した荘園の一覧である。これらをみると藤原定家領は、ほぼ八条院領などの王家領や九条《くじょう》家領（摂関家領）で構成されていたことがわかる。藤原定家は貴族社会のなかで八条院・九条家という政治グループに身を置いて活動していたが、見事にこれに対応する形となっている。これらの荘園の経営に定家がどのように関わっていたのかは必ずしも明確でないが、預所職などの荘園所職を保持して一定の得分権をもちながら荘園経営に関わっていたと思われる。

こうした荘園諸職獲得の契機はさまざまなケースがあったはずである。主要なケースとして、立荘に際した寄進は一つの契機となった。例えばさきにみた金剛心院領越後国小泉荘の立荘は中御門家の保持した小規模な免田の寄進にはじまったが、中御門家は立荘後代々預所として荘務を担うことになった。なお私領寄進によって預所となった貴族層は、下司など現地の荘官になる領主階層とは一線を画した階層であった。

（3）寺社領荘園群の再編

寺社領荘園の再編　律令国家から封戸を給付されて運営していた寺社も、院政期以降荘園を基盤としていった。ただし王家領・摂関家領と寺社領では荘園群の形成・再編のあり方に根本的に異なる点があった。王家や摂関家が独自に立荘を命じて荘園群を形成・再編していったのと異なり、寺社の場合はさまざまな要求を中央権力に働きかけ、さまざまな形で荘園群を再編させていったのである。例えば東大寺の場合、①摂関期までに保持していた雑役免田などに対して改めて朝廷から不輸の荘園認定を獲得したり、②封戸制の衰退をうけて封戸の代替地を獲得したり、③かつて保持したものの経営が退転した荘園の再認定を得たり、④まったくの新しい荘園を獲得したりするなどにより荘園群を再編させていった。以下、東大寺の事例をもとに順を追って概観してみよう。

雑役免田から領域型荘園へ　中世を通じて伊賀国名張郡《いがのくになばりぐん》に存在した東大寺領黒田荘《くろだのしょう》は、もともと寺家修造料材を確保する「杣《そま》」に付属した荘園で、現地では「杣工《そまく》」が組織されていた。一一世紀半ばの段階では黒田本荘と呼ばれた二五町程度の免田部分に加えて四〇町程度の出作地が存在した。出作地は雑役免の認定を得た東大寺の杣工による公領への出作（雑役免田）であり、この雑役免田の官物は本来伊賀国が東大寺へ負担すべき封戸に充当された。

ところが天治《てんじ》二年（一一二五）の段階になると寺院伽藍修造活動の活発化に伴って出作地は二四七町となり、一一世紀前半に五〇人であった杣工は一二世紀前半になると百余人に増大していった。すると出作地や杣人の増大によって、東大寺と国司は出作地の支配と官物の収納をめぐって争うようになった。争いはときには武力衝突を起こしながら長期化し、一進一退の攻防が展開するという不安定な状態が続いた。このような経緯を経て承安《じょうあん》四年（一一七四）にこの出作地は時の東大寺別当顕恵と密接な関係をもっていた後白河院《ごしらかわいん》の認定により、東大寺が本来伊賀国から得るべき封戸の代替地として一円不輸の東大寺領となった。

前代から免田・雑役免荘園を保持した荘園領主は、絶えず一円不輸化への転化を企図しており、こうしたものの多くはさまざまな政治的契機を経て一円不輸の荘園化していった。

便補保の形成　封戸の代替地という点では便補保《べんぽのほ》*がある。ちょうど立荘が展開していく一一世紀末頃から封戸などの代替地として国司の認定による保《ほ》（「ほう」とも）*が形成されるようになった。これを便補保という。

例えば応保《おうほ》二年（一一六二）に成立した下野国薗部保《しもつけのくにそのべのほ》の場合、国司が留守所《るすどころ》に対して薗部保を「東大寺御封便補保」とし、「万雑事《まんぞうじ》」を停止《ちょうじ》するよう命じている（「平」三一九四号）。なお便補保は寺社の封戸のみならず、諸省司寮への納物などさまざまな納官封家済物の代替地として一一世紀末以降設定されていった。これはさきに示したように一一世紀末の財政構造の転換により納官封家済物《のうかんふうけさいもつ》の収納状況の悪化が懸念されたためで、おもに納官封家側からの要求に対応したものと考えられる。

東大寺領の再編と旧領復興　東大寺の場合、一二世紀以降すでに経営が退転した古代荘園などの復興を朝廷に申請し、荘園を再度獲得していった。

例えば長承《ちょうしょう》二年（一一三三）、時の東大寺別当定海《じょうかい》は、経営が退転していた越後国石井荘《いしいのしょう》・土井荘《どいのしょう》の復興を朝廷に申請した。この両荘は国府近辺の要地にあったためにそのまま復興されることはなかったが、それら旧領の代替地として長承四年には越後国豊田荘《とよたのしょう》が立荘された。

また同じく東大寺別当定海の任中には越中国入善荘《えっちゅうのくににゅうぜんのしょう》が「寺領越中国転倒荘々」の代替地として大治《だいじ》年間（一一二六〜三一）に立荘された（「東大寺未成巻文書」一―一七―七〇）。東大寺別当定海は鳥羽院・待賢門院《たいけんもんいん》の帰依《きえ》を集めた僧であり、このとき越中守となっていた藤原顕長《あきなが》とは血縁関係にあった。入善荘の立荘はこうした人的ネットワークを背景に実現しやすいタイミングを図って手続きが進められ、旧領復興がなされたと考えられる。

以上の一連の事例からは、封戸の代替地といい、旧領復興といい寺家の要求によって旧来の国家的給付や旧来の寺領の枠組みを基準に荘園が認定されていった様相をうかがい知ることができる。

新しい荘園の獲得　東大寺の場合、治承・寿永内乱で焼失した伽藍復興の気運が高まるなか、内乱後には経営が退転した荘園の復興や新しい荘園の立荘が行われた。

伊賀国山田《やまだ》有丸《ありまる》・阿波《あわ》・広瀬荘《ひろせのしょう》・周防国宮野荘《すおうのくにみやののしょう》が立荘され、また一二世紀半ばに経営が退転していた古代荘園の代替地として一度立荘されたものの直後に不知行化してしまった播磨国大部荘《はりまのくにおおべのしょう》が再度立荘された。これらは「勧進《かんじん》（重源）上人《しょうにん》大和尚、或いは顚倒《てんとう》の寺領を申し直し、或いは没官《もっかん》の地を申し賜り、或いは私の寄進文書を以て建立《こんりゅう》する所の寺領也」（「鎌」一六一三号）というように東大寺大勧進重源《だいかんじんちょうげん》の尽力によって平家没官領《へいけもっかんりょう》・私人の寄進所領をもとに立荘あるいは再立荘されたものであった。寺社はさまざまな政治的契機によりまったくの新しい荘園も獲得していったのである。

家政組織の整備　寺社は荘園を経済基盤とするようになると、その家政組織を荘園制に即応したものへと再編成していった。東大寺の場合、寺内組織に「荘園司《しょうえんし》」なる役職が設置されたり、各荘園の預所などのポストに寺僧が就いた。こうした寺僧は年貢確保などをはじめとして荘園支配を一任され、寺家の利害を担う存在となっていった。また各寺社は荘園認定をめぐる朝廷の交渉を有利に進めるため、政治的位置の向上をめざして王権など中央権力と密接に関わる貴種僧を家政組織に迎え入れて中央との連携を図り、こうした人物がしばしば各寺社の別当を担った。立荘が展開していくなか、組織の再編は院政期以降の寺社に共通する課題となっていたのである。

3　中世荘園の現地と経営

（1）　荘園経営と領主

都鄙で広がる領主の舞台　荘園現地に視点を移してみよう。立荘が展開する社会状況のなかで、中央とのネットワークを保持する中下級官人層や京都に拠点を有した武士層（京武者）たちは積極的に自己の私領を寄進し、王家や摂関家の荘園認定を得ようとした。院政期にはこうした動きが社会的ブームになった。領主たちは自己の私領を寄進して荘園化に成功すると預所や下司など荘園経営を担うポストに就いた。

例えば平清盛《たいらのきよもり》の祖父平正盛《まさもり》は院近臣としてのネットワークを頼りに伊賀国に所持した自身の私領を白河院皇女郁《いく》芳門院《ほうもんいん》の菩提《ぼだい》を弔《とむら》う御堂（六条院）に寄進し、阿拝郡鞆田荘《あべぐんともだのしょう》など五〜六ヵ荘の立荘に成功した。これらの荘園の荘務は、平正盛→忠盛《ただもり》と代々平氏によって継承されていった。正盛・忠盛は現地の経営の拠点となる「政所《まんどころ》」に平家《いえ》貞《さだ》などの家人《けにん》を配置して「下文《くだしぶみ》」によって命を下し、現地での活動を指揮して荘園を支配した。平正盛・忠盛は、一族で役割分担をしながら都鄙《とひ》双方にわたり活動を展開させていったのである。

なお有力な私領主のなかには、荒廃地などの開発申請を行って国から一部の税が免除される「別府《べっぷ》」や「別名《べつみょう》」の認定をうけて所領経営を展開させる者もあったが、こうした別府・別名も上位者へ寄進されることによって荘園化していく傾向にあった。

（2）荘園経営と預所・荘官編成

荘園経営と預所　立荘が展開した頃から荘園領主と荘園現地を行き来して荘園領主の利益を担って荘務を代行する「預所」の活動がみられるようになる。預所は年貢の収納などの責任を負い、給免田などの得分が与えられた。王家領荘園の場合、立荘手続きの際に私領を寄進した私領主（貴族）が就くことが多かったが、寺領荘園の場合その寺僧が務める場合が多かった。

一二世紀半ばに東大寺領伊賀国黒田荘の預所を務めた覚仁《かくにん》の場合、黒田荘出作地の帰属をめぐる東大寺と国衙の相論に際して東大寺の利害を担う存在として郡司と武力衝突を起こすなど、東大寺側の権益の保全と拡大を企図してさまざまな活動を行っていた。覚仁は当時「南京悪僧」として広く名の知れた東大寺僧であり（「平」二九一九号）、のちには東大寺三綱《さんごう》（上座）を務めた（「平」三一〇一号）。とりわけ重要な荘園や経営上の問題を抱えた荘園には、荘園支配を強化するために覚仁のような実力を備えた人物が預所に任じられたのであろう。

荘官とは　荘園現地では有力者が荘官の職＊に任命されて荘園経営を担った。荘官には下司・公文《くもん》・田所《たどころ》・惣追《そうつい》捕使《ぶし》などと呼ばれる職があった。全体を指す「荘官」という呼称は一二世紀以降に多用されるようになった。いうまでもなく現地の荘園管理者は前代の荘園にも存在したが、院政期を分かれ目としてその呼称にやや時代差が見受けられる。おもに院政期以前の現地荘園管理者の総称は「荘司《しょうじ》」と呼ばれることが多く、「専当《せんとう》」・「別当」・「惣検《そうけん》校《ぎょう》」などと呼ばれた「荘司」がいた。

例えばちょうど移行期に当たる保《ほ》安《あん》五年（一一二四）の伊賀国黒田荘には下司・専当・頭領《とうりょう》といった荘官がいたが（「平」二〇〇七号）、一三世紀に入ると下司・公文・惣追捕使といった荘官が「三職《さんしき》」と呼ばれて荘内を支配した（「鎌」六二一六号）。

さまざまな荘官　荘官はその名称といい、職掌といい一様ではないが、おおよそ一般的なあり方を概観してみよう。下司は現地の特に有力な者が任命された。「下司」の呼称は「預所」が「上司《じょうし》」と呼ばれたのに対応したものであろう。下司は荘園経営に携わりながら給免田をはじめとした自己の所領を保持し、政治的にも現地の人々を統括する存在となった。こうした荘園所職をもとに活動する現地の領主を在地領主*と呼ぶ。在地領主は、しばしば下級官人としての官職と都での拠点をもちながら都鄙を往来して広域的に活動した。

公文は文書の管理や文書作成に携わり、あるいは田畠の検注を行う場合もあった。また田所は公文と同様な役割を果たしたものとみられ、年貢の散用状を作成・送付するなどの役割も果たした。惣追捕使は警察権を担った。ただし惣追捕使なる職名はおもに一三世紀に入ってから多く出現する。

以上、中世荘園によくみられた荘官について概観した。荘官に任命された者には荘内に給免田が与えられた。さきの伊賀国黒田荘では「下司給《きゅう》一町・公文給五段・惣追補使給五段・専当七人七段を募る」となっていた（『鎌』二一〇七号）。黒田荘の場合、下司の立場が他を抜きんでていたことがうかがえる。荘官は荘内の有力者一族ですべて独占される場合もあった。

（3）　住人の成立

住人とは　一一世紀後半から一二世紀にかけて荘園内の居住者を意味する「住人」なる語が史料上多くみられるようになる。「住人」の登場は、一一世紀半ば以降の領域的な雑役免荘園や一一世紀末以降の立荘の展開によって村落を含み込む荘園領域が形成されていったことと密接な関係がある。古代荘園には存在しない住人編成を伴う荘園支配こそが中世荘園の特徴である。

またこの時期の「住人」なる語の用例には、国司との役の負担をめぐる相論や他領との所領の帰属をめぐる相論に際して、訴えを起こす側の人々が荘園の「住人」であることを自称したというところに特徴がある。

例えば一一世紀半ば頃には領域的な雑役免荘園となっていた東大寺領美濃国大井荘《みののくにおおいのしょう》では、天喜《てんき》三年（一〇五五）「住人」らが国司から先例のない課役を賦課されたため、「住人等解《じゅうにんらげ》」（「解」とは、下位の機関や人が上位の機関や人に上申《じょうしん》する文書様式の呼称）という上申文書を作成し、荘園領主東大寺に対して国司の非法な賦課を止めさせるよう訴え出ている（『平』七四八号）。荘園内の「住人」は荘園領主が「住人」の権利を守ることを責務と認識しており、この責務が果たされない場合「御荘住人等、東西南北逃散《ちょうさん》已に畢《おわんぬ》」（『平』九一五号）、あるいは「寺家雑役等例勤に能《あた》わず」（『平』八九〇号）となり、荘園領主の実効支配が機能しなくなった。こうした相互の契約関係を前提として、荘園領主は「住人」を支配していった。

なお「住人」を自称した人々は、一二世紀に入る頃から「御荘百姓」を自称するようになる。このことは「住人」支配を伴う領域型荘園が成立してから、さらに荘園領主の人身支配が深化したことを意味するのかもしれない。

4　荘園と公領

（1）　荘園と保元の荘園整理令

保元の荘園整理令　ここまで院政期以降荘園領主の運動を基礎としながら立荘が展開し、荘園を基礎とする社会が形成されていったことをみた。しかし院政期には立荘だけが推し進められてきたわけではない。朝廷は荘園の認定基準を明確にして不当な荘園を停廃《ちょうはい》するため、断続的に荘園整理を発令していた。一方の荘園領主たちはこうした荘園整理を乗り切ることで荘園領有の正当性の由緒を重ねていったのである。

延久《えんきゅう》の荘園整理令で「寛徳《かんとく》二年（一〇四五）以降の新立《しんりつ》を停止する」という原則が示されて以降、天永《てんえい》・保元・文治《ぶんじ》・建久などと断続的に荘園整理令が発令され、その実務を担う場として記録所が設置された。記録所では荘園領域をめぐる国司と荘園領主の相論や荘園領主間の相論が持ち込まれて審議された。それぞれの整理令にはその規模や実効性において相違がみられるが、もっとも大きな影響を与えたのが保元の荘園整理令である。

保元の荘園整理令は、保元の乱に勝利した後白河天皇が「九州の地は、一人の有なり、王命の他、何ぞ私威を施さんや」（『兵範記《ひょうはんき》』保元元年〈一一五六〉閏九月一八日条、以下同）という王土思想とともに自らの王権の指針を表明した保元新制の第一条・第二条として現れる。この新制で定められた保元の荘園整理令では、記録所の構成員も天永の記録所と比して二倍とするなどの充実をみせ、さまざまな活動が展開した。

保元荘園整理令の特質　保元の荘園整理令の内容をみてみよう。保元新制の第一条では「諸国司に下知《げち》し、且《かつ》うは停止に従い、且うは状を録《ろく》し、神社・仏寺・院宮《いんぐう》・諸家新立荘園を言上《ごんじょう》せしむべき事」を定め、「久寿《きゅうじゅ》二年七月廿四日以後、宣旨《せんじ》を帯びず、若し荘園を立てれば、且うは停廃に従い、且うは国宰《こくさい》に注進せしむべし」としている。ここでは後白河天皇が践祚《せんそ》した久寿二年（一一五五）七月二四日以降に宣旨を帯びずに立てられた荘園を停廃することが定められている。ただし延久の荘園整理令で定められた「寛徳二年（一〇四五）以降の新立を停止する」という原則が崩れたわけではない。それまでの荘園整理令で定められた設置基準を保ったまま、新たに後白河天皇の宣旨による新立荘園を認めたのである。

つぎに第二条では「同じく諸国司に下知し、同社寺・院宮・諸家本免外《ほんめんのほか》、加納《かのう》・余田《よでん》并荘民濫行《らんぎょう》を停止せしむべき事」と定め、本免田のほかの加納・余田と荘民の濫行停止を命じている。ただしここでも「宣旨并白川・鳥羽両院庁下文を帯びれば、領家くだんの証文《しょうもん》を進《まい》らし、宜しく天裁《てんさい》を待つべし」としているように、白河・鳥羽院庁下文および後白河院の宣旨による「加納」の存在を認める姿勢をとっている。すなわち保元の荘園整理令では、延久の荘園整理令の原則を保ちつつも、王権の認定に限って認めるという荘園認定の基準を明確にしていったのである。

さらに保元新制では第六条「諸社司に下知し、社領幷神事用途を注進《ちゅうしん》せしむべき事」、第七条「諸寺司に下知し、寺領幷仏用途を注進せしむべき事」を定めた。伊勢神宮以下の諸社は「社領・神事用途」、東大寺など諸寺は「寺領幷仏事用途」を報告することを命じたのである。寺社が保持する荘園と経営上必要な経費とを書き上げた帳簿（相折帳《そうせちちょう》などと呼ばれる）を提出することで、記録所（朝廷）は各寺社がどの程度の財源（荘園）を保持しているか、把握していったと考えられる。こうした帳簿は、一二世紀後半に強化された一国平均役など国家的賦課の台帳となった可能性が高い。

（2）一国平均役の展開

一国平均役賦課の強化　荘園・公領が定まっていく過程で国家的課役（一国平均役）の負担のあり方も徐々に定まっていった。

一一世紀末以降に伊勢神宮役夫工米が荘公を問わずに「一国平均役」として賦課されるようになった。その後徐々にその品目が増えて一二世紀半ば頃になると、大嘗会役・造内裏役・造伊勢神宮役夫工米・造野宮役《ぞうののみややく》など主要な一国平均役の品目が定まっていった。また一一世紀前半以降、国司が独自に朝廷から認可を得て国内に賦課していた一国平均役は、一二世紀半ば以降になると賦課と収取に朝廷が積極的に関わるようになっていった。

一方一国平均役を賦課された寺社側は、抵抗して役の免除を朝廷に働きかけた。もともと一一世紀末以降に展開した王家領の場合は荘園群に対する諸々の一国平均役が一括して免除された。しかし寺社領の場合は荘園群に対する諸々の一国平均役が一括して免除されず、免除を獲得するにはその都度独自の努力を要した。一三世紀前半まで寺社は賦課を強化する朝廷と断続的に争い、一国平均役の免除を繰り返し訴えていた。

一国平均役の定着　建久四年（一一九三）になるとそれまでの免除実績にかかわらず、全国すべての「神社仏寺権《けん》門勢家《もんせいけ》荘園并公田《こうでん》」に役夫工米・宇佐《うさ》神宮造営役《じんぐう》が賦課されることになった。その後、承元《じょうげん》三年（一二〇九）の内宮、建暦《けんりゃく》元年（一二一一）の外宮遷宮を前にして建永《けんえい》元年（一二〇六）に原則的にすべての荘園・公領に役夫工米が賦課されるようになると、この「建永の済例《さいれい》」が後々の役夫工米賦課の基準となった。一国平均役のなかでも重要な位置を占めた役夫工米に限っては、原則としてすべての荘園・公領が負担することになった。さらに一二世紀後半に激しさを増していた一国平均役の負担をめぐる荘園領主と朝廷の相論も一三世紀前半にはおおよそみられなくなる。荘園における国家的負担が定まっていったのである。

（3）　荘園と公領の画定

荘園公領制　既述のように立荘はとりわけ一二世紀前半〜半ばの鳥羽院政期をピークとし、一三世紀前半頃まで行われた。その過程で立荘時に複合的領域構造となった荘園も荘園領主の絶え間ない努力により、一円荘園化して解消に向かっていった。また荘園領主は荘園整理令を切り抜けることで、個々の荘園領有の正当性の由緒を重ねた。さらに個々の荘園の国家的課役（一国平均役）の負担のあり方も定まっていった。

こうして日本列島の土地の帰属が荘園と公領に分かれ、荘園と公領が定まり、荘園・公領の単位所領は政治的に区分けされた統治領域となった。それぞれは国単位で荘園・公領単位所領の領主と規模を記録した「大田文《おおたぶみ》」*という帳簿に登録され、それは国家的課役の賦課基準にもなった。

現存し、かつ全体像がある程度把握できる淡路国《あわじのくに》大田文・若狭国《わかさのくに》大田文・常陸国《ひたちのくに》大田文などをみると、荘園・公領の比率はおよそ一対一となっている。このことは一三世紀前半頃までに全国の約半分が荘園になったことを意味している。このような荘園と公領に分かれた中世の土地制度を荘園公領制*と呼んでいる。

家領と荘園帳簿　それぞれの荘園領主は、自らが支配する各荘園からの年貢収入高と年中行事などの支出を「寺領注文」「社領注文」、「相折帳」などという帳簿としてまとめた。荘園領主はこうした帳簿を定期的に作成していたと考えられるが、なかでも中世にわたって依るべき帳簿として各荘園領主のもとで長く保管されたものは、おおよそ一三世紀前半頃につくられたものが多い。これらは長く諸寺社に保管されるだけではなく、各寺社の編纂物などにも収載されていった。

現在確認できる代表的なものとしては、鎌倉後期編纂の「東大寺続要録《とうだいじしょくようろく》」に収載された建保《けんぽう》二年（一二一四）東大寺領田数所当等注進状《でんすうしょとうとうちゅうしんじょう》（『鎌』二一〇七号）、「西大寺領諸荘薗現存日記」（『鎌』五三四号）、「神宮雑書《じんぐうざつしょ》」に収載されている建久三年（一一九二）伊勢神宮領注文（『鎌』六一四号）、おなじく建久四年作成の伊勢神宮「神鳳鈔《しんおうしょう》」（『鎌』三二八六六号）、鎌倉前期編纂の宇佐神宮の「宇佐宮神領大鏡《おおかがみ》」（『到津文書《いとうづもんじょ》』二―四六八号）などが挙げられる。

一三世紀前半に作成された帳簿が各寺社においてのちにも依るべき帳簿として編纂物などに収載されていったことは、この時期に立荘が終息し、各家領の枠組みが定まっていったことと無関係ではなかろう。

荘園制と中世社会　次章で詳述するように武家政権（鎌倉幕府）が成立すると軍役の負担が義務づけられる「武家領」という土地区分が新たに出現する。武家領は、戦争において敵方の所領を没収してそこに地頭を補任《ぶにん》するという治承・寿永内乱時の鎌倉軍のあり方が重要な起点となり確立していった。そして武家領が確立すると武家領とそれ以外の「本所一円地《ほんじょいちえんち》」という土地区分が出現し、武家領・本所一円地の枠組みが荘園・公領と並ぶ中世の土地区分となり、のちに荘園制を再編していく要素となった。一〇〇年以上もかけて形成された荘園制は、時間の経過とともにさらに形を変えながら中世を通じて存続していくことになるのである。

【参考文献】

網野善彦『日本中世土地制度史の研究』（塙書房、一九九一年）
上島　享『日本中世社会の形成と王権』（名古屋大学出版会、二〇一〇年）
鎌倉佐保『日本中世荘園制成立史論』（塙書房、二〇〇九年）
川端　新『荘園制成立史の研究』（思文閣出版、二〇〇〇年）
木村茂光「成立期『住人解』の性格について」（『研究と資料』九、一九九一年）
木村茂光「中世百姓の成立」（阿部猛編『日本社会における王権と封建』東京堂出版、一九九七年）
小山靖憲「荘園制的領域支配をめぐる権力と村落」（『中世村落と荘園絵図』東京大学出版会、一九八七年）
佐藤泰弘『日本中世の黎明』（京都大学学術出版会、二〇〇一年）
島田次郎「百姓愁訴闘争の歴史的性格」（『日本中世の領主制と村落　下』吉川弘文館、一九八六年）
高橋一樹『中世荘園制と鎌倉幕府』（塙書房、二〇〇四年）
竹内理三『竹内理三著作集第三巻　寺領荘園の研究』（角川書店、一九九九年）
橋本義彦『平安貴族社会の研究』（吉川弘文館、一九七六年）
守田逸人『日本中世社会成立史論』（校倉書房、二〇一〇年）

コラムⅠ　描かれた荘園

「桛田荘絵図」を読む

荘園絵図の世界

領域的な荘園が広範に出現すると、荘園の領域構成を記した荘園絵図が作成されるようになった。荘園絵図は荘園が認定された時点で荘園領域を明示するために作成されたり、荘園領域をめぐる堺相論に際して自己の主張を表現するために作成されたり、あるいは相論の結末を記録するために作成されたりと、その経緯は一様ではない。また初度の目的を果たしたのちに、再び堺相論などが発生して再利用されたりする場合も多い。こうしたケースではもともとの絵図に改竄《かいざん》が施されることも少なくない。ここで紹介する神護寺《じんごじ》所蔵の紀伊国桛田荘絵図《きいのくにかせだのしょうえず》も荘園の領域構成を示す代表的な荘園絵図である。

紀伊国桛田荘は現在の和歌山県伊都郡《いとぐん》かつらぎ町の西北地域（高田・移・背山・窪・萩原・笠田中・笠田東）に所在した荘園である。もともと久安《きゅうあん》三年（一一四七）以前には崇徳上皇《すとくじょうこう》領として成立していたが、平治《へいじ》の乱で没収されて一時国衙《こくが》領となった後今度は蓮華王院《れんげおういん》領となり、さらにその後寿永《じゅえい》二年（一一八三）神護寺に寄進《きしん》され、神護寺領荘園となった。絵図は、平安末期から鎌倉前期にかけて作成されたと考えられ、現在に至るまで神護寺に所蔵されている。

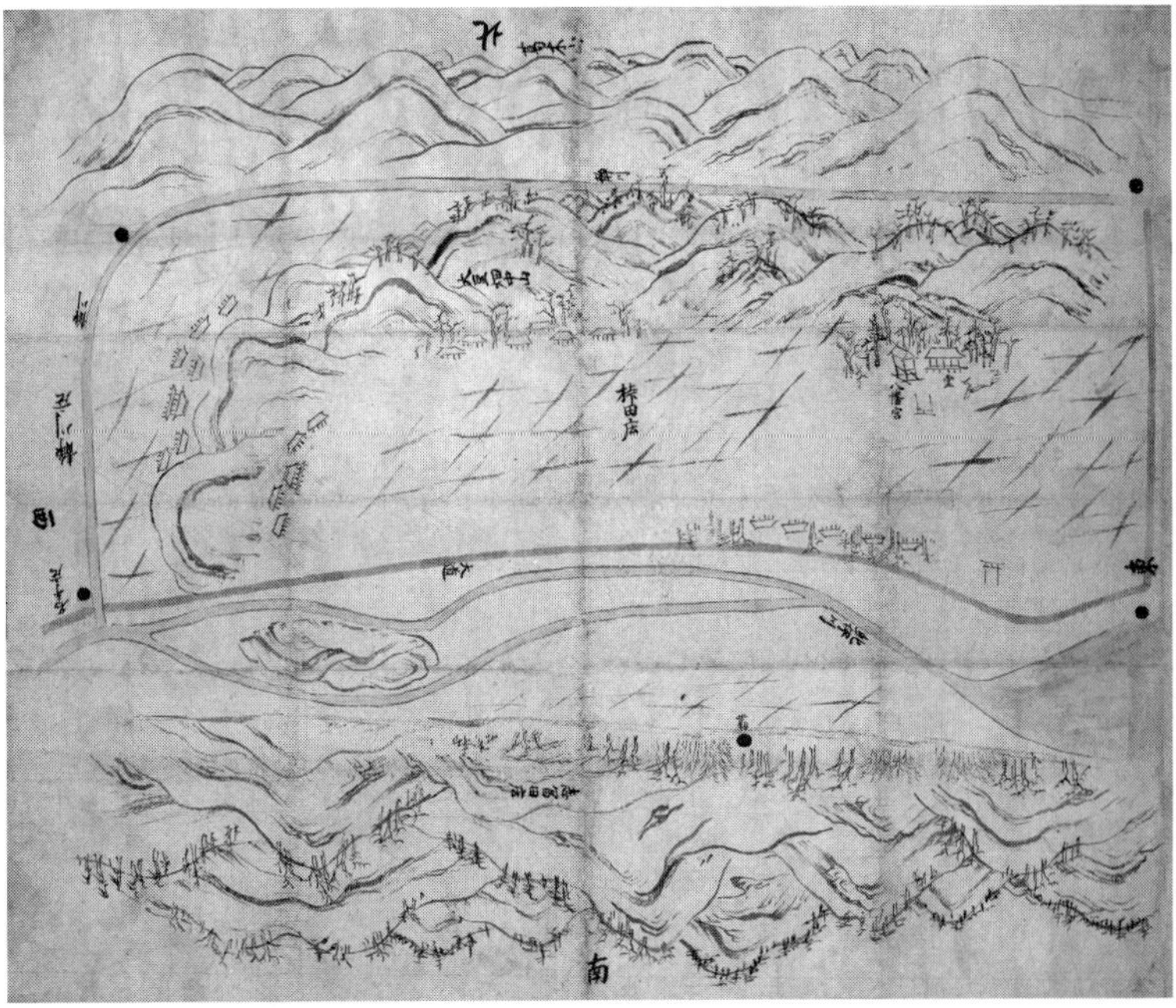

図　「紀伊国桛田荘絵図」（神護寺所蔵）

桛田荘絵図

絵図を見ていくとまず中央に桛田荘と描かれていることが注目される。そしてこれを中心として四隅に桛田荘の領域を示す黒点（牓示《ぼうじ》）が記されている。絵図中央の南側にはさらにもう一つ牓示が描かれている。この絵図の作成目的は、桛田荘の領域を明確に示すことであったと考えられる。

改めて牓示を見ると絵図中央の南側だけに「牓示」という文字による注記がある。さらに四隅以外の箇所では、この箇所のみ牓示が記されている。なぜであろうか。

じつは桛田荘は、一二世紀中頃から南に隣接する志富《しぶ》田荘《たのしょう》（渋田荘）と堺相論を抱えていた。さらにその後もしばしばこの付近の土地の帰属が問題になった。こうしたことから桛田荘の南側のこの地点は紛争が発生しやすい地点であったため、特別に牓示が作られ絵図に描かれたと考えられる。こうして補足的に描かれた牓示を脇牓示《わきぼうじ》という。この脇牓示は付近一帯に広がる水田の最南端に位置して山裾まで及んでおり、これらの水田を桛田荘内と主張して描いていることになろう。

桛田荘絵図に見える景観

さらに絵図の内容に踏み込んでみよう。領域内には水田景観が、大きく分けて四ヵ所のまとまり（中央部・静川《しずかわ》付近の北西部、東方部、紀伊川（現紀ノ川）南脇牓示付近一帯）となって展開している。中央部、静川付近の北西部地域、東方の地域には水田景観とセットとなるかのように集落も描かれている。なかでも中央部の水田のやや左に描かれた集落とそこから山を越えて静川付近に広がる水田地帯に描かれた集落には礎石を伴うような一段床が高い在家が描かれている。領主級の人物の屋敷を描いたのかもしれない。

桛田荘の水田の広がり方については鎌倉初期の文治《ぶんじ》元年（一一八五）に作成された検注帳《けんちゅうちょう》の分析と比較することによってやや具体的にわかる。検注帳によると、少なくとも文治元年には絵図中央部（現在の窪・萩原・笠田中地区）に比較的規模の大きい領主級の人物の水田が展開していたが、この地帯は満作が困難な不安定耕地であった。一方西部地域（現移地区）では生産力の高い水田が展開していたと推定されている。なおこの絵図には描かれていないが、絵図中央部の地区（現在の窪・萩原・笠田中）には少なくとも近世までに絵図上部静川から文覚上人《もんがくしょうにん》掘削伝承を持つ「文覚井《もんがくゆ》」と呼ばれる井堰《いぜき》が三本にわたって流れ込み、この地区を潤していたと考えられている。この井堰がいつ頃掘削されたものなのか、中世まで遡るものか論争となっている。「文覚井」は桛田荘の歴史的展開を考えるうえで重要なカギとなっている。

中央やや左には八幡宮・堂・鳥居と社がセットで描かれている。この八幡宮は現在も存在する宝来山《ほうらいさん》神社であり、堂は神願寺《じんがんじ》である。水田を挟んで南側にも鳥居が描かれている。堂はさきに領主級の屋敷と想定した在家の描写と同様、礎石を伴うような一段床が高い建物になっている。

このように桛田荘の領域は山野や河川・幹線道路を包み込み、水田・集落が展開し、信仰の対象となる社・堂が存在し、領域の四隅などに牓示が打たれて成り立っていた。このような領域的まとまりをもつ荘園こそが中世荘園の特徴である。本絵図は中世荘園の特徴を一目瞭然に描いたものであるからこそ、代表的な荘園絵図として教科書などにもしばしば採りあげられてきたのである。

もうひとつの桛田荘絵図

じつは絵図中央部に描かれた宝来山神社には、もうひとつの桛田荘絵図が伝来している。神護寺本との関係をめぐっては諸説あるが、両者はほぼ全体の構図を同じくするものの細部の描写には多くの相違点があり、少なくとも同時期・同一人物によって二セット作られたものではない。宝来山神社本は、神護寺本を模写したものと考えられる。

なお宝来山神社本の各所には、料紙の一部が切り貼りされたうえに追筆が施されるなど改竄が認められる。隣接する静川荘と堺相論が発生した際、この絵図は桛田領域を明らかにするものとして再利用され、訴訟を有利に進めるために改竄が施されたと考えられる。こうした改竄は多くの荘園絵図にみられるものだが、桛田荘絵図の場合、神護寺本によって改竄前の姿が明らかになるのである。

（守田）

【参考文献】

海津一朗編『紀伊国桛田荘』（同成社、二〇一一年）
木村茂光「荘園の四至と牓示」（『絵図にみる荘園の世界』東京大学出版会、一九八七年）
黒田日出男「荘園絵図と牓示」（『中世荘園絵図の解釈学』東京大学出版会、二〇〇〇年）
小山靖憲「桛田荘絵図と堺相論」（『中世村落と荘園絵図』東京大学出版会、一九八七年）
西岡虎之助「神護寺領荘園の成立と統制」（『荘園史の研究　下巻一』岩波書店、一九五六年）

コラムⅡ　史料の読み方

紀伊国留守所符

○康治二年（一一四三）二月一六日紀伊国留守所符（「早稲田大学所蔵文書」）

「立券文□〔御カ〕寄文□〔等カ〕」

留守所符　那賀郡司

可レ令下早任二　院庁下文旨一、御使相共、堺二四至一／打二牓示一、立券言上上神野・真国山地弐箇所事、

御使

国使　成長朝臣　基定朝臣

右、去年十二月十三日　院宣、今年二月十六日／到来云、権中納言兼皇后権大夫侍従藤原／朝臣十一月三日寄文

偁、件所領者、当国□□〔住人カ〕／長依友、先祖相伝私領也、者任二寄文之旨一／御使相共行二向地頭一、堺二四至一打二牓

示一、可レ令レ／言二上立券一之状、依二御庁宣一、所レ仰如レ件、宜承知／依レ件行レ之以符、

散位　□□朝臣（花押）

散位　藤原朝臣（花押）

執行散位□□（花押）

散位紀朝臣（花押）
目代散位藤原朝臣（花押）
康治二年二月十六日

（斜線は原史料の改行を示す）

ここに挙げた康治《こうじ》二年（一一四三）二月一六日紀伊国留守所符《きいのくにるすどころふ》は、本章で論じた荘園の立券《りっけん》手続きのひとコマを示す史料である。現在、本史料の原本は、単体にて軸装された状態で早稲田大学図書館の所蔵となっている。端裏書《はしうらがき》には詳らかでないところもあるが、判読可能な部分からこの文書は立券文《りっけんもん》（立券言上状《ごんじょうじょう》）や寄文《よせぶみ》などとセットで保管されていた可能性がある。

ところで紀伊国神野真国荘《こうのまくにのしょう》は本文書で手続きが進められて鳥羽《とば》院領として立券されたものの、いくつかの段階を経て鎌倉期には神護寺《じんごじ》領となった。その段階で神野真国荘に関する土地証文は神護寺に伝えられたと考えられる。現在に至るまで神護寺に神野真国荘関係史料が伝わっているように、本史料ももともとはそのまとまりを構成した文書のひとつで、それ以降現代に至るまでの間に何らかの理由により神護寺から流出したものである可能性が高い。

史料の内容についてみていこう。ここでは紀伊国留守所が神野真国荘の所在する那賀郡司《なかぐんじ》に対して院庁《いんちょう》の使者とともに神野真国荘の四至《しいし》の境界を定めて牓示《ぼうじ》を打ち、その旨を言上することを命じている。この手続きこそ、まさに立券の作業である。

右の段階に至る手続きの過程も示されている。神野真国荘の立券に至る過程は、①「権中納言兼皇后権大夫侍《ごんのちゅうなごんけんこうごうごんのたいふじ》従《じゅう》藤原朝臣《ふじわらのあそん》」による「去年（康治元年）十一月三日寄文」がもとになり、②それをうけて同一二月一三日に院宣（院庁下文《くだしぶみ》）が発給された。本史料は紀伊国留守所から那賀郡に対して院庁下文の命を伝えているが、通常の手続きをふまえると、そこに至る前段階として院庁下文はまず紀伊国司宛に発給され、そしてそれをうけて在京する紀伊国司が院庁下文の命を紀伊国留守所へ伝える国司庁宣が発給されたと考えられる。なお詳細は参考文献を参照されたいが、その康治元年一二月一三日院庁下文に相当する文書の写が現在高野山に伝わっている（『平』二四九一号）。

（守田）

【参考文献】

高木徳郎「紀伊国神野・真国荘の立券と在地の動向」（『よみがえる荘園』勉誠出版、二〇一九年）

用語解説

不輸不入（ふゆふにゅう）

不輸とは租《そ》や官物《かんもつ》が免除された特権で、不入とは国使《くにのつかい》など国司や官人の使者の入部を拒否できる特権である。

元来不輸は寺田《じでん》・神田《しんでん》などの不輸租田に限られていたが、一〇世紀以降には太政官符《だじょうかんぷ》と民部省符《みんぶしょうふ》によって官物が免除されるものが現れた（官省符荘《かんしょうふしょう》と呼ばれる）。一方一〇世紀には「公田不交」の不輸租田には国使の入勘が停止され、不入権が形成されていった。さらに一一世紀半ばになると臨《りん》時《じ》雑役《ぞうやく》免除が認定された荘園には領域内への国使の入部が停止される特権（不入権）が与えられるようになり、領域型荘園が展開していくきっかけとなった。

雑役免荘園（ぞうやくめんしょうえん）

臨時雑役が免除された荘園を指す。一〇世紀以降、租税体系が官物と臨時雑役で構成されるようになると、荘園領主に対して臨時雑役のみが免除される雑役免荘園が出現した。

その後一一世紀半ばに国家的賦課が強化されると荘園領主たちはその免除を強く求めていき、領域内への国使不入権が伴う領域的な雑役免荘園が展開していった。こうした雑役免荘園は、立荘が展開する一一世紀末以降には荘園領主の運動によって臨時雑役をも免除され、不輸不入権を伴う荘園に転化していくものも多くあった。

権門（けんもん）

史料上「権門勢家《けんもんせいけ》」などとして一〇世紀頃から現れ、おもに院宮王臣家《いんぐうおうしんけ》あるいは五位以上の権勢のある家を指した。学術用語としては王家（天皇家）・摂関家その他の公家諸家、南都《なんと》・北嶺《ほくれい》をはじめとする諸大寺社、武家（幕府）などをも含めて呼ぶことが多い。

寄進地系荘園（きしんちけいしょうえん）

中田薫によって注目され、西岡虎之助によって概念化された荘園類型の一つ。

寄進のもとになる土地の所有者が領有を強力化して国衙《こくが》の収奪から逃れるために上位者に土地を寄進して成立したタイプの荘園で、現在の教科書でも中世荘園の典型として記述されている。しかしながら本章で示したように、実際は寄進によって荘園が成立するのではなく、寄進は一つのプロセスに過ぎない。

一国平均役（いっこくへいきんやく）

平安時代後期〜中世を通じて荘園・公領《こうりょう》を問わず一国内に一律に賦課した臨時課税の総称である。その品目は、造《ぞう》内裏《だいり》役《やく》・造《ぞう》伊勢《いせ》神宮役夫《じんぐうやくぶ》工《く》米《まい》・大嘗会役《だいじょうえやく》・造興福寺役・公《く》卿勅使役《ぎょうちょくしやく》・造野宮役《ぞうののみややく》などがあった。特に一二世紀後半以降、勅事《ちょくじ》・院事《いんじ》とも呼ばれるようになった。

成立の諸段階を示そう。まず一一世紀前半にのちに一国平均役の品目となる造内裏役が荘園・公領を問わず賦課されるようになった。ただしこの時期にはあくまで「臨時雑役」と認識されていた。また荘園・公領を問わず役を賦課するに際しては、一二世紀前半までは国司が独自に朝廷に申請し許可を得て賦課していた。

その後一二世紀半ばになると朝廷が荘・公を問わない役の賦課に積極的になり、おおよその一国平均役の品目が出揃うなど、一国平均役は大きく展開をみせた。ただしこの時期には未だ朝廷と各荘園領主は一国平均役の賦課と免除をめぐって断続的に争っており、役の確保は安定していなかった。

一三世紀前半になると伊勢神宮役夫工米を原則すべての荘園・公領が負担することになり、また朝廷と荘園領主による役の負担をめぐる相論もおおよそみられなくなり、課役としての一国平均役は定着していったと考えられる。南北朝時代以降には天皇即位・譲位用途や将軍拝賀《はいが》・元服用途などの臨時課役が段米《たんまい》・段銭《たんせん》の形で一国平均役として賦課された。

便補保（べんぽのほ〈ほう〉）

国司が中央諸省司寮や寺社などへ納める納物（納官封家《のうかんふうけ》済《さい》物《もつ》）の納入を停止するかわりに任国内に設定した代替地の総称である。

一一世紀末以降、国司の負担が大きくなり、定期的な納物の納入を維持できない国司が納官封家側の要求をうけて設定していったと考えられる。史料上、明確な形で「便補保」が設定されたのは一二世紀頃からである。ただし、「保」という形はとらないものの、それ以前にも国司が封物などの支払いに際して国衙を経由せず、任国内の郡・郷などから直接納官封家に納入する慣行がみられた。こうした納官封家済物の支払い方法は、史料上「弁補」とか「便補」などと呼ばれた。

便補保はこうした慣行を引き継ぎつつ、一一世紀末以降「保」という所領単位が出現するに伴って成立したものと考えられる。なお便補保のなかにはその後荘号認定を獲得して不輸の荘園へと転化するものもあった。

保（ほ〈ほう〉）

一一世紀後半の郡郷制の再編過程において設定された荘・郷・別名《べつみょう》と並立する中世の所領単位である。国司が未墾地の開発申請に対して「保」として認可し成立した。

開発申請者は保司《ほうし》となり、勧農・収取をはじめとする所領支配を行った。保は在地領主層、寺社あるいは寺僧、中下級官人層など多様であった。保のなかでも官物が国衙に納められた保を「国保」といい、一方官物が免除されて権門寺社や中央諸省司寮などに納められたものを「京保」といった。諸省司寮や寺社などの納官封家済物の代替地として設定された便補保は京保の代表的なものである。

職（しき）

職権と得分権を併せて指す用語。一〇世紀以降に官職が世襲され、それに伴う権能と得分が「職」として私財化されるようになっていった。

職は、天慶《てんぎょう》九年（九四六）八月二六日伊賀国神戸《いがのくにかんべ》長部解案（「平」二五五号）の「太神御領名張山預職」が早い例で、一〇世紀以降その用例は広がっていく。

荘園制が成立すると、個別荘園には本家職・領家職・預所《あずかりどころ》職・下司《げし》職などの職が出現し、公領では郡司《ぐんじ》職のほか郷司《ごうし》職・保司職などの職が出現した。所領単位に重層的に存在した領有権を示す職の体系を「職の体系」と呼ぶ。なおかつては寄進の連鎖によって荘園および「職の体系」が形成されると考えられてきたが、成立期にみられる職は預所職や下司職で、本家職などは成立時点では存在しないことが明らかになっている。

在地領主（ざいちりょうしゅ）

農村を中心とした生産の場に根拠をもち、現地を支配した中世の領主の呼称で、戦後以降学術用語として広く使用された。「地頭」「下司」「公文《くもん》」「開発領主」「根本領主」などと呼ばれるものが相当する。

在地領主の用語はあくまで学術用語であり、この呼称が使われた当初は荘園領主などの都市領主と区別するために呼称された。そこでは在地領主は古代貴族の基盤となった荘園制支配を克服し、古代から中世社会への変革主体と位置づけられてきた。

現在の研究段階においては、在地領主は農村のみに基盤をもっていたわけではなく、京都や鎌倉などにも拠点を保持して都鄙《とひ》間ネットワークに立脚しながら広域にわたって活動していたことが属性と考えられている。

大田文（おおたぶみ）

鎌倉時代を中心に各国ごとの荘園・公領単位の水田面積を記載した台帳を指す。図田帳《ずでんちょう》・田数帳・惣田数帳・田数目録・作田惣勘文《さくでんそうかんもん》などとも呼ばれた。

大田文には国衙が作成したものと、鎌倉幕府の命令にもとづいて各国の守護が中心となって作成したものがあった。前者の場合、伊勢神宮役夫工米に代表される一国平均役などの賦課・徴収の基本台帳となり、後者は幕府による国内統治のための資料となり御家人役の賦課基準などにも利用されたと考えられている。

荘園公領制（しょうえんこうりょうせい）

網野善彦が提唱した日本中世の土地制度を示す学術用語。網野善彦は、大田文などの分析から一国別に荘園・公領のあり方を検討し、中世の土地は荘園・公領が約半数ずつの割合となっていたこと、荘園・公領は異質な対立するものではなく、本質的に同質で国家的性格は荘園・公領に共通していたことを明らかにし、日本中世の土地制度を「荘園制」と呼ぶのは不十分として、「荘園公領制」概念の有効性を論じた（本書「荘園史の名著」同氏『日本中世土地制度史の研究』参照）。その後荘園公領制概念は学界に浸透し、高校の教科書にも使われるようになった。

ただし「荘園公領制」概念はあくまで中世の土地制度を示す用語として限定して用いられることが多く、中世の社会体制を示す用語としては、「荘園制」概念が使われることが多い。

（以上、守田）

第4章　鎌倉期の荘園

佐藤雄基
伊藤瑠美

1　鎌倉期の荘園の特徴

荘園制の展開　院政期に国家支配層の経済基盤として創出された荘園制は、一二世紀末に成立した鎌倉幕府（武家政権）の成立の影響をうけ、新たな展開を遂げる。まずは院政期からの流れをふまえて、鎌倉期の荘園の特徴を三点ほど指摘したい。

立荘の終息　第一の特徴は、立荘《りっしょう》の終息である。鎌倉前期（後鳥羽《ごとば》院政期）にも畿内近国で小規模な立荘が散見されるものの、承久《じょうきゅう》の乱後には立荘はほぼ姿を消す（文暦《ぶんりゃく》元年〈一二三四〉の九条《くじょう》家領和泉国《いずみのくに》日根荘《ひねのしょう》の立荘が最後）。

立荘の終息については、かつては鎌倉幕府の成立に要因を求める理解が主流であった。寄《き》進地《しんち》系《けい》荘園の理解では、在地領主の利害を代表した幕府が成立すると、在地領主が貴族・寺社に保護を求めて所領を寄進することはなくなると考えられていたからである（永原慶二など）。だが、第3章でみたように、一九九〇年代以降、寄進地系荘園の考え方は見直され、立荘は支配層の側からの財政基盤の設定として位置づけ直されている。こうした財政史的観点からは、荘園が公領《こうりょう》とともに国家的財政の基盤として確立することで、新たな立荘が行われなくなるという見通しが示されている。

鎌倉幕府　第二の特徴は、鎌倉幕府と荘園制との関わりである。古典的な学説では「地頭《じとう》*の荘園侵略」といわれるように、鎌倉幕府・武家政権と荘園制とは対立的なものとして語られがちであった。

だが、地頭は荘園領主への年貢納入などを義務づけられており、地頭が違反した場合、荘園領主は幕府に訴え、地頭職停止《しきちょうじ》などの処分を求めることができた。地頭は実質的に荘官《しょうかん》化しており、鎌倉幕府地頭制度自体は荘園制を否定するものではなかった。立荘論が登場したのと同じく九〇年代以降、荘園制が幕府の存在を組み込みつつ安定化していく国制史的側面に注目が集まっている。

何よりも幕府自身が最大級の荘園領主であった点に注意したい。先行する武家政権である平氏政権が、院近臣《いんのきんしん》たちと同じように、後白河院《ごしらかわいん》らと結んで立荘を行ったのに対して（例えば備後国太田荘《びんごのくにおおたのしょう》や肥後国球磨臼間野荘《ひごのくにくまうすまののしょう》）、鎌倉幕府は立荘ではなく「謀叛人《むほんにん》所領没収」と地頭職設置（後述）を通して荘園制のなかに経済基盤を得たのである。

職の分化・流動化　第三の特徴は、職の変容である。近年の研究では、荘園の職は立荘時点では本所＊（荘園領主）—預《あずかり》—下司《げし》（現地管理者）という単純な構造をとっていたが、鎌倉後期には職の分化・流動化が始まり、職が重層化・複雑化したことが明らかにされている。この動きに対応して、公家・武家両政権による「徳政《とくせい》」＊に象徴されるさまざまな政治改革が行われるようになる（3節で後述）。

本章の2節では鎌倉幕府を中心にして鎌倉前期を（特徴第一・第二）、3・4節では視点を朝廷に移しつつ鎌倉後期の荘園制（特徴第三）をみていきたい。

2　鎌倉幕府と荘園制

（1）　治承・寿永の内乱と荘園の復興

治承・寿永の内乱　治承《じしょう》・寿永《じゅえい》の内乱とは、治承四年（一一八〇）五月の以仁王《もちひとおう》の挙兵に始まり、元暦《げんりゃく》二年（一一八五）三月の平氏一門滅亡に終わる全国的な争乱であり、源頼朝《みなもとのよりとも》による鎌倉幕府の成立という結果をもたらした。

内乱当初は寺社勢力をはじめとして多様な勢力が反平氏を掲げて蜂起しており、一般に語られるような「源平合戦」として始まったわけではない。

従来は、「国には国司に従ひ、庄には預所《あずかりどころ》に召使はれ、公事《くじ》雑事《ぞうじ》に駆り立てられ」（『平家物語』）ていた在地領主たちが頼朝のもとに結集して蜂起した内乱であるとも説明されてきた。だが、この内乱は地域社会の在地領主同士の競合関係とも結びついて拡大していた。それ以前の保元《ほうげん》・平治《へいじ》の乱とは異なり全国規模に内乱が広がった背景には、平氏政権の地方支配（平氏知行国《ちぎょうこく》の急激な拡大）への反発や荘園制の都鄙《とひ》間ネットワークの発達という問題を考える必要があるが、荘園制の支配体制自体への反逆ではないことには注意したい。

本領安堵と敵方所領没収　こうした内乱状況のなか、源頼朝の勢力は反乱軍として出発するが、成立当初から本領《ほんりょう》安堵《あんど》および新恩給与というかたちで荘園支配に関与していた点が重要となる（以下の記述は主に川合康の研究による）。

まず頼朝が御家人所領に行った本領安堵は、戦争状況のもとで頼朝軍の攻撃対象としないという保証の意味を有していた。職の補任《ぶにん》（任命）権をもつ荘園領主とは別に御家人所職の安堵を行うことで、既存の荘園領主―荘官の関係を崩すことなく、荘園支配に関わることが可能となった。

それ以上に重要となるのは、頼朝が敵方所領を軍事占領・没収し、御家人に新恩給与として与えたことである（川合康）。例えば、元暦二年（一一八五）六月に伊勢国《いせのくに》波出御厨《でのみくりや》（御厨＝伊勢神宮領荘園）の地頭職に惟宗《これむねの》（島津《しまづ》）忠久《ただひさ》が補任されたが、この御厨は鎌倉方に追討された平信兼《たいらののぶかね》の家人《けにん》の所領であった。敵方所領の没収とその給与という方式は、頼朝の挙兵直後から始まっていたが、波出御厨の事例を初見として、地頭職補任という形式に統一される。

敵方所領没収は頼朝軍の戦線の拡大とともに広がる一方で、頼朝軍に参加した在地領主が自らの敵対者に独自にとった軍事行動（私戦）を追認する意味合いをもった。平氏方の源貞弘《さだひろ》と競合関係にあった石川義兼《いしかわよしかね》は、貞弘の死後その所領であった河内国長野荘《かわちのくにながののしょう》・天野谷《あまのだに》を没収し、のちに地頭職に補任されている。頼朝による敵方所領没収は、それ以前からの領主間競合を前提にして、それに一定の決着をつける性格をもっていた。

このようにして敵方所領没収によって生まれた地頭職が制度化して定着するプロセスは、反乱軍として出発した頼朝の権力が、朝廷との交渉を通じて国家体制に組み込まれる動きと軌を一にしていた。

寿永二年一〇月宣旨　第一の画期は、寿永二年（一一八三）一〇月宣旨《せんじ》（朝廷の命令文書）である。朝廷はこの宣旨によって、東海・東山道の荘園・公領の回復（具体的には京都の荘園領主への年貢納入の実現）を頼朝に命ずるかわりに、東海・東山道への頼朝の行政権を承認した。頼朝軍の行った敵方所領没収もまた謀叛人所領の「没官《もっかん》」（没収）として追認された。本来「没官」とは律《りつ》にもとづいた国家的刑罰であり、その執行と没官地の配分は朝廷が主体となるものであった。だが、頼朝軍は反乱軍として出発したために、既成の没官刑のシステムにとらわれることなく、自ら敵方没収地の給与を行うことができた。このように鎌倉幕府の地頭制は、私戦と公戦の論理、すなわち反乱軍の軍事体制と没官刑という国家的刑罰の論理とが結びつくことによって成立した。

　かつては諸国の地頭職設置は、文治《ぶんじ》元年（一一八五）の「文治勅許《ぶんじのちょっきょ》」によって頼朝に認められたという「公権委任」的理解が一般的であった。だが、荘園や公領（郷など）に設定された荘郷《しょうごう》地頭は、治承・寿永の内乱という大規模内乱の所産であり、文治元年以前には成立していたと考えられる。

文治二年一〇月太政官符　こうして成立した荘郷地頭制が国制上の位置づけを得るのが、第二の画期となる文治二年（一一八六）一〇月八日の太《だ》政官符《じょうかんぷ》である（『吾妻鏡《あづまかがみ》』同年一一月二四日条）。これは地頭職の得分・権利を謀叛人の有していたもの（謀叛人跡《あと》）に限定し、それ以外の加徴・課役徴収を禁じ、謀叛人跡以外への地頭職設置を制限するものであった。

　こうして荘郷地頭制が公認される過程において、荘園制（具体的には京の荘園領主に年貢を納入するシステム）の維持が幕府に求められるようになる。その役割を担うことで、戦時に成立した地頭制・幕府権力は、内乱終結後も国制上の位置づけを得たのである。

荘園復興　荘郷地頭制の成立と定着と軌を一にして、内乱と大飢饉によって荒廃した荘園の復興も始められていく。戦線が西国に移った寿永三年（一一八四）の段階で、頼朝は東国・北陸諸国において内乱で離村した民衆の帰住と勧農《かんのう》を実施し、「鎌倉殿勧農使《かまくらどのかんのうし》」比企《ひき》朝宗《ともむね》を北陸道に派遣している。内乱終結後には、国衙《こくが》（国司の役所）在庁《ざいちょう》官人《かんじん》への指揮権にもとづいて、幕府が大田文《おおたぶみ》作成に関与するようになる。

勧進上人・聖　鎌倉初期の荘園の復興には、勧進《かんじん》＊上人《しょうにん》・聖《ひじり》の活動も重要な役割を果たした。例えば、東大寺大仏の再建は、朝廷と幕府の協力のもとで実現したが、再建を担った大勧進の重源《ちょうげん》は、造営料国《りょうごく》（その租税を特定の経費に充てた国）として与えられた周防国《すおうのくに》の経営再建に乗り出すほか、播磨国大部荘《はりまのくにおおべのしょう》に別所《べっしょ》を置いて東大寺復興の財源とした。また、西国各地の荘園では、検注帳《けんちゅうちょう》（徴税のための土地台帳）が作成され、荘園の復興が図られていた。

建久の荘園整理令　そして建久《けんきゅう》年間には、一国平均役《いっこくへいきんやく》をめぐる荘園公領制の枠組みが定まる。保元二年（一一五七）の内裏《だいり》造営より、朝廷が一国平均役の賦課に積極的に関わるようになると、荘園領主は一国平均役の免除を求めるようになり、鎌倉初期の建久年間まで荘園公領間での調整が続いていた。建久二年（一一九一）には建久の荘園整理令が出され、宣旨・院庁下文《いんちょうくだしぶみ》による立荘を認可し、国免荘《こくめんのしょう》を停止するという方針が示された。これ以降、荘園・公領はともに朝廷の財源として国家的な位置づけを得ることになる。白河《しらかわ》・鳥羽《とば》・後白河によって立荘された荘園は「三代御起請《きしょう》之地」とされるが、「三代起請」の語の初見は後白河院没後の建久四年であり、この頃に荘園制の枠組みが定まったとみられる。

　この動きの背景に、建久元年に源頼朝が上洛した際、頼朝が九条兼実《くじょうかねざね》を介して朝廷財政の再建に梃入《てこ》れを行ったと想定する見解もある（上杉和彦）。建久年間における立荘の終息と荘園公領制の定着という動きは、一国平均役をめぐる制度史の流れとともに、治承・寿永の内乱後の荘園の復興という動きとも切り離せないように考えられる。内乱後の復興のために、公家・武家・寺家の協力体制が築かれた点に、この時期の大きな特徴がある。

（2）　鎌倉幕府の経済基盤

鎌倉幕府の経済基盤には、一般的には関東御領《かんとうごりょう》と呼ばれる荘園所領と、関東御分国《ごぶんこく》と呼ばれる知行国が挙げられるが、最近の研究では御家人役にも注目が集まっている。

関東御領　まず関東御領は、主に東国領と平家《へいけ》没官《もっかん》領からなる。東国領とは、治承・寿永の内乱の過程において頼朝が実力によって支配権を握った荘園である。頼朝は下野国中泉《しもつけのくになかいずみ》・中村《なかむら》・塩谷《しおや》などの荘園を指して「件の所々、没官注文《もっかんちゅうもん》に入らず候《そうろう》と雖《いえど》も、坂東《ばんどう》の内として、自然知行《じねんちぎょう》し来《きた》り候」（『吾妻鏡』文治四年〈一一八八〉三月一七日条）と語っている。これらは寿永二年一〇月宣旨によって、年貢を荘園領主に納めるかわりに、頼朝の知行が認められたものと考えられる。その後も「東国武蔵《むさし》・相模《さがみ》をはじめて、申請《もうしょう》くるままに給《たま》ひてけり」（『愚管抄《ぐかんしょう》』）と語られるように、幕府の申請によって関東御領となった所領もあり（後白河院領相模国山内荘《やまのうちのしょう》など）、東国に広範に関東御領が成立したと考えられる。

平家没官領　平家没官領とは、広義には官に没収された平家一門および与党の所領である。そのうち、下司職などが荘郷地頭職として御家人に給与されたことは前述したが、幕府財政にとって重要となるのは、寿永二年（一一八三）の平氏西走後に作成された「平家没官領注文」（注文＝リスト）に載せられた平家一門の所領である。元暦元年（一一八四）正月の源義仲《よしなか》・行家《ゆきいえ》の没落とともに、これらのすべてが頼朝の手中に入る。内乱終結後も鎮西《ちんぜい》（九州）を中心にして没官領の調査・掌握は続けられており、後述する承久の乱などの折にも一定数の没官領が加わった。

このようにして鎌倉幕府は、多くの荘園の領家職・預所職を掌握し、最大規模の荘園領主となった。関東御領には信濃国春近領《しなののくにはるちか》のような国衙領も含まれていた。関東御領は幕府政所《まんどころ》（家政機関）が統括して、年貢・公事を徴収し、御家人を預所に任命しており、原則として守護の関与は禁じられていた。鎌倉中期以降、関東御領の実質的な支配権は北条氏《ほうじょうし》が掌握し、幕府滅亡後はいわゆる「元弘《げんこう》没収地」として建武《けんむ》政権に没収された。

関東御分国　これに対して、関東御分国とは、将軍家＝鎌倉殿の知行国であり、幕府は知行国主として源氏一族や有力御家人を朝廷に推挙して名国司《みょうこくし》（名義上の国守）とし、目代《もくだい》（代官）を派遣して国衙を支配した。頼朝が平家没官領を得たのと同じ元暦元年（一一八四）に三河《みかわ》・駿河《するが》・武蔵の三ヵ国を与えられたことに始まり、翌文治元年（一一八五）には九ヵ国に拡大した。建久元年（一一九〇）には七ヵ国のちに四ヵ国に減少する。これ以降は、承久の乱後、一時的に西国の備前・備中《びっちゅう》を加えて六ヵ国になるなど細かな変動はあったものの、相模・武蔵・駿河に越後《えちご》を加えた四ヵ国でほぼ推移した。また、知行国ではないものの、東海道・東山道のいわゆる「東国」には、寿永二年一〇月宣旨によって幕府の特殊権限が認められており、史料上「関東御分国」と称された。奥州藤原氏滅亡後は、陸奥《むつ》・出羽《でわ》二国に郡地頭を設置して地下《じげ》管領《かんれい》権を掌握した。これらの国々では、知行国主の年貢徴収を幕府が保証する体制がとられていたと考えられる。

鎌倉幕府の性格　このように鎌倉幕府（鎌倉殿）が最大級の知行国主・荘園領主であったことは、平氏政権と同様であり、鎌倉幕府を荘園公領制に立脚する権門としてみなす根拠ともなる。だが、その由来を考えたとき、関東御領が立荘ではなく実力支配によって集積された荘園群であることには留意したい。関東御分国の場合、頼朝挙兵以来の幕府の勢力基盤であった相模・武蔵・駿河の三国が恒久的な知行国となったように、内乱期に幕府の行った東国国衙の実力支配という現実を追認する性格をもつ。鎌倉幕府は荘園公領制の枠組みを否定はしなかったが、他の知行国主・荘園領主とは必ずしも同質とはいえない実力支配を展開した点に特徴をもつ。

御家人役　最後に御家人役の問題にもふれておきたい。御家人役とは、鎌倉殿の御恩（本領安堵と新恩給与）に対する御家人の奉公であり、主従制の論理によって賦課されるものであった。だが、幕府が国制上の位置づけを得て朝廷などに対してさまざまな国家的負担を負うようになると、京都大番役《おおばんやく》（内裏の警護）や内裏・院御所の造営役などのさまざまな負担が、幕府から御家人に賦課されるようになる。鎌倉中期以降の幕府が、御家人役の確保という見地から御家人所領の保護政策に乗り出すと、幕府が上級所職を保持していない御家人所領も「関東御領」と史料上表現されるようになる（清水亮）。武家領・御家人領の問題を軸にして鎌倉中期以降、荘園制の再編が行われる（3節で後述）。

（3）承久の乱と承久没収地

承久没収地　鎌倉幕府と荘園制の関わりを考える際、治承・寿永の内乱とともに、承久の乱と承久没収地が重要となる。承久の乱とは、承久三年（一二二一）に後鳥羽院が幕府執権《しっけん》である北条義時《よしとき》の追討を命ずる官宣旨《かんせんじ》（太政官の命令文書）を発給して挙兵したものの敗れた兵乱である。乱自体は僅か一ヵ月ほどで幕府方の勝利に終わったが、幕府が後鳥羽院以下三上皇を「謀叛人」として配流《はいる》に処し、王家領荘園を「謀叛人跡」として没収したことは、治承・寿永の内乱以上に中世の政治文化に大きな影響を与えた。

承久の没収地は、「叛逆の卿相雲客《けいしょううんかく》ならびに勇士所領などの事、武州〔北条泰時〕尋ね註《しる》す分凡《およ》そ三千余箇所なり」（『吾妻鏡』承久三年八月七日条）といわれるように膨大であり、院近臣の領家職・預所職から京方武士の地頭職・下司職まで没収所職も多様であった。

王家領荘園への鎌倉幕府の関与　そのうち、後鳥羽上皇管領の八条院《はちじょういん》領は、幕府に一度没収されたものの、後《ご》堀河《ほりかわ》天皇《てんのう》の父後《ご》高倉院《たかくらいん》に寄進された。だが、そのときに幕府が必要なときには返付するという条件が付されていたという（『武家年代記』裏書）。このように返付された王家領荘園に幕府の進退権が留保されていたことは、荘園をめぐる公家社会の紛争に幕府裁判を引き込む原因となり、鎌倉後期の公武関係を規定する一要因となる（高橋一樹）。

新補率法　一方、鎌倉幕府は没官地への地頭職補任という形式で御家人に新恩給与を行った。荘郷地頭の職務・

得分（収益）は、没官された本司《ほんし》跡《あと》（京方武士の下司職などの権利内容）を引き継ぐものであったが、本司跡の得分の乏しい、あるいは先例のない地頭には新補《しんぽ》率法《りっぽう》の適用が認められていた。新補率法とは、地頭の得分を当該荘郷の総収益高に対する比率をもって法定する方式であり、貞応《じょうおう》二年（一二二三）六月一五日の官宣旨にもとづいて同年七月六日の関東御教書《みぎょうしょ》（幕府の命令伝達文書）によって定められた。新補率法の適用された地頭は新補地頭と呼ばれたが、その得分は、田畠《でんぱく》一一町《ちょう》ごとに一町の給田畠《きゅうでんぱく》、一段《たん》ごとに五升《しょう》の加徴米《かちょうまい》、山野《さんや》河《か》海《かい》の所出物の半分、犯罪者の没収財産（検断得分《けんだんとくぶん》）の三分の一であり、原則として下地《したじ》進止権を認められなかった。本補地頭が新補率法を採用する「両様兼帯《りょうようけんたい》」は禁じられたものの、のちになし崩し的に広まった。

西遷御家人　承久没収地への地頭職補任に伴って、多くの東国武士が西国荘園に入部した。東国の武士社会の慣行が西国社会に持ち込まれて摩擦を引き起こすこともあれば、備中国新見荘《にいみのしょう》では、地頭新見氏が関東から新しい農業技術を持ち込み、地域社会と協調して開発を行ったことが指摘されている。承久の乱後の御家人の西遷は、「民族移動」にたとえられ、人や技術などさまざまなものの移動を伴い、地域間の交流を促進した（海津一朗）。

それまで荘園の荘官職は、公文《くもん》・田所《たどころ》・案主《あんじゅ》・惣追捕使《そうついぶし》など「所《ところ》に随ひて或《ある》いはこれ在り、或いはこれ無し、必ずしも一様に非ず」（鎌倉幕府追加法一二条）といわれるように多様であり、荘園ごとの個別事情に左右されていた。新補率法が一律の基準を明示し、幕府の任免権に服して荘園の個別事情に依拠しない新補地頭が全国の荘園に広がったことは、多様で混沌としていた荘園現地の秩序に一定の基準を生む効果をもたらしたと考えられる。

鎌倉幕府の裁判制度発展の背景　こうした背景のもと、院政期に頻発していた国衙・荘園間相論にかわって、鎌倉期、特に承久の乱以降は、荘園支配をめぐる預所—地頭間あるいは領主—百姓間の相論が増加する。新たな地頭制の成立によって引き起こされた混乱を背景にして、地頭御家人への処分権（安堵あるいは安堵解除）をもつ鎌倉幕府に地頭御家人をめぐる多くの訴訟が持ち込まれるようになると、幕府は裁判制度を整備して対応していく。貞永《じょうえい》元年（一二三二）の「御成敗式目《ごせいばいしきもく》」に代表される幕府法は幕府法廷に訴えを寄せようとする人びとに受容され、本来の幕府法圏をこえた社会的な広がりをみせ、鎌倉後期のいわゆる「永仁《えいにん》の徳政令」の下地となる。

このように鎌倉幕府の承久没収地は荘園領主・公家社会のみならず、荘園現地の秩序にも大きな影響を及ぼし、荘園制の展開に一定の方向づけを与えたと考えられるのである。

（1節・2節、佐藤）

3　荘園制の構造

（1）荘園の支配構造

荘園領有の重層構造　次に荘園の領有構造を、公家領荘園を例にみてみよう。

肥後国の鹿子木荘《かのこぎのしょう》の関係史料である「鹿子木荘事書《ことがき》」（「鎌」八四二三号）は、自らの荘園の成立を次のように語っている。当荘は、開発領主である沙弥寿妙《しゃみじゅみょう》の子孫中原高方《なかはらのたかかた》が、権威を借りるために大宰大弐《だざいのだいに》であった藤原実政《ふじわらのさねまさ》に年貢四〇〇石を納めるという条件で寄進し、実政を領家と仰いで自らは預所職となった。その後国衙の乱妨《らんぼう》を防げなくなった実政の子孫願西《がんさい》は、得分のうち二〇〇石を高陽院内親王《かやのいんないしんのう》に寄進し、内親王の没後仁和寺御室《にんなじおむろ》に継承されて、これが本家となった、と。下からの寄進の連鎖によって「本家―領家―預所職」という重層的な構造をもつ荘園が成立したとする、寄進地系荘園形成論のもととなった史料であるが、第3章で述べたように現在ではこの理解は否定され、この史料も鎌倉後期の訴訟に際して作成されたもので、荘園の成立実態を記したものではないことが明らかにされている。よって、ここに記された「本家―領家―預所職」という構造も鎌倉後期の荘園の領有状況を反映したものである。

院政期に立荘された荘園は、当初は権門が「本家」として荘園知行者を「預所職」に任命するという、「本家―預所職」という単純な領有構造であった。しかし院政期末～鎌倉期を通して、継承・寄進・権益の分割などが行われるなかでしだいに得分権が分化するとともに、それぞれの地位に付随する権能・権益が徐々に物権化されて職として確立し、「本家職―領家職―預所職」という重層構造（「職の体系」＊と呼ばれる）が形成されていった。これは、一つの土地からの富を分け合う仕組みといえる。

領主間紛争　本家と預所（領家）の関係は、当初は主従関係と関わって設定されたものであった。公家領荘園の場合、荘園領有者である公家は、院や女院《にょいん》＊、摂関家などに荘園を寄進するとともに、院司《いんじ》や女院司《にょいんじ》、また摂関家の家政機関職員として人的な奉仕も行っており、その関係のなかで預所への補任や荘園の安堵が行われていた。

しかし世代を重ねるにしたがい、主従関係と荘園知行の間に齟齬が生まれる。貴族・権門の家は、本家＝権門も、預所・領家＝奉仕者もともに家の分立を繰り返しており、また主従関係も多元的・非固定的であって、分割相続の際に必ずしも知行関係と奉仕関係とが一致するとは限らなかった。多くの場合、領家・預所の側は本家に対して人格的主従関係とは切り離された経済的関係のみを望んだのに対し、本家の側は継続的な人格的奉仕関係を期待したため、自らに奉仕しない領家・預所を改替して別の人物に恩給として与えることも多かった。また本家が荘園を寺社に寄進したために領家・預所が改替されたり、本家の後継者が領家・預所の荘務権を認めないなどのケースもあった。その結果、改替された領家・預所は先祖伝来の所領の返還を求めて、自らが仕える権門への嘆願・提訴や他の権門への口入《くにゅう》の要請、さらにその所職《しょしき》を第三者に寄進して対抗する寄沙汰《よせざた》など、さまざまな方法で抵抗することとなった。

こうして荘園領主権力が動揺すると、公家社会内部でも道理にもとづいた裁判を求める動きが起こり、一三世紀後半に裁判機構の整備が行われることとなった。治天の君である院の法廷が本家・領家間相論のような上部の所職に関する訴訟を、諸権門・荘園領主の法廷がそれ以外を、というように管轄が分担され、幕府の裁判制度とともに充実していった。こうした動きは、のちに述べる徳政の一環であった。

沙汰人・雑掌　ここで荘務経営を担った階層についてもみておこう。荘務を担う預所は、実際の荘務運営を沙汰人《さたにん》や雑掌《ざつしょう》と呼ばれる事務や経営に堪能な専門家に請け負わせていた。彼らの多くはその実務能力を買われて任用された中央下級官人であり、中央で年貢・公事を代納しつつ、都鄙間を往復して年貢収納などの荘務に当たった。彼らはまた国衙の目代や国雑掌《くにざつしょう》なども務める人物が多かったが、これは中世荘園が国衙領を含み込んでいたため、年貢・公事や一国平均役のほか国衙の官物《かんもつ》納入の義務も負っており、双方に通じた人材が求められたからである。彼らのなかにはその利潤を元手に借上《かしあげ》など金融業を行う者もおり、鎌倉後期〜室町期には、商人や金融業者が多く沙汰人・雑掌の担い手となっていった。

（2）地頭の展開

地頭の動き　前節で述べたように、鎌倉幕府は闕所《けっしょ》となった平家没官領や承久没収地に御家人を地頭として補任した。地頭は荘園領主にかわって年貢徴収や警察業務などの荘務を担い、一定の得分を保証される一方、所領規模に応じて幕府から御家人役が課せられていた。この時期、朝廷は財政の逼迫《ひっぱく》から、内裏や寺社の再建などにかかる費用の助成を幕府に依頼し、御家人はこれらの費用も工面することとなった。

下総《しもうさ》を本拠とした千葉氏《ちばし》を例にとると、治承・寿永内乱で数々の勲功を上げた千葉常胤《つねたね》は、東北から九州まで列島各地に散在所領を獲得した。それらの所領は子孫に分割相続されたが、嫡流である千葉介《ちばのすけ》家は、本拠である上総《かずさ》・下総両国内の所領のほか、肥前国《ひぜんのくに》小城郡《おぎぐん》の惣地頭職《そうじとうしき》や伊賀国《いがのくに》の守護職《しゅごしき》を保有し、鎌倉や京にも拠点を構えていた。これに関して、千葉県の中山法華経寺《なかやまほけきょうじ》に伝来した日蓮直筆《にちれんじきひつ》の聖教《しょうぎょう》の紙背文書《しはいもんじょ》の分析から、千葉介家がおもに西国出身の事務能力に長けた吏僚《りりょう》を雇い、一族とともに各所領に派遣して経営に当たらせていたこと、彼ら御家人や吏僚自身も頻繁に所領間の移動を繰り返すとともに、鎌倉・京都・九州など各地を結ぶ借上などの金融業者を介して、苦しい経営のなか必死に資金繰りを行っていたことが明らかにされている。御家人は、金融・物流のネットワークを駆使し、鎌倉や京の拠点をセンターとして収納物の集積や決済を行いつつ、散在所領を維持していたのである。

荘園領主との対立　ではこうした地頭は現地ではどのような存在であっただろうか。西国に下向《げこう》した地頭は、現地で新田開発や勧農を進めた。新たに開発された土地は、検注によって公田《こうでん》に組み込まれれば年貢が賦課されたが、検注が行われない限り地頭の独占的な支配地となったため、検注を実施しようとする荘園領主とそれを阻止しようとする地頭との間に対立が絶えなかった。そのほか、年貢の対捍《たいかん》・抑留《よくりゅう》、諸課役《しょかやく》の未進・難渋、百姓に対する新たな課役賦課や在地・京での百姓の使役などをめぐって、地頭と荘園領主は対立した。しかし荘園領主は、幕府の許可なく地頭を解任することができなかったため、地頭の非法を幕府に訴えた。こうした地頭の行為は、幕府法廷においても「新儀非法《しんぎひほう》」（先例を破る不法行為）とされ、地頭を抑える判決が下されることが多かった。

地頭請・下地中分　しかし地頭と荘園領主との紛争は長年にわたって継続されることが多く、特に権利や得分を侵略されていく荘園領主側は、地頭請《じとううけ》や下地中分《したじちゅうぶん》を要求するようになった。地頭請は、地頭が荘園領主に対して一定額の年貢納入を請け負うもので、東国では鎌倉初期から行われていたが、しだいに西国へも拡大した。下地中分とは、「田畠山河《でんぱくさんが》以下《いげ》之《の》下地」を「中分」し、「各々一円《いちえん》に所務《しょむ》を致す」（行盛《ゆきもり》・助景連署和与状案《すけかげれんしょわよじょうあん》、「鎌」二六五五四号）ことするもの、つまり耕地・山野などの領地を荘園領主と地頭の間で分割し、両者がそれぞれを一円的に支配する仕組みである（コラムで扱う「東郷荘《とうごうのしょう》下地中分絵図」は、領家と地頭による下地中分の取りきめを図示した代表的な絵図である）。一二三〇年代から西国を中心に展開したこの下地中分は、モンゴル戦争以降いっそう盛行することとなった。

（3）武家領と本所一円地

幕府は地頭の非法を抑える一方で、前節で述べたように、御家人役確保のため御家人所領の保護政策も進めた。御家人役の多くは、御家人の得た得分のなかから負担すべきものとされ、在地に賦課することを禁じられていた。しかし大番役のみは、「天福《てんぷく》・寛元法《かんげんほう》」と呼ばれる鎌倉幕府追加法六八条・二一〇条（天福二年〈一二三四〉・寛元元年〈一二四三〉発令）を契機として在地への賦課が認められはじめ、文応《ぶんおう》元年（一二六〇）に全面的に公認された。「天福・寛元法」は、下司などの荘園下職《かしき》にある御家人が大番役などの軍役《ぐんやく》をつとめていた場合、荘園領主がその御家人を勝手に改替することを禁止したものである。この法令の趣旨が社会に広がった結果、御家人が知行する所領は幕府の軍役賦課対象として「武家領」と呼ばれ、一方、御家人が所領や権益を持たない土地は「本所一円地《ほんじょいちえんち》」と呼ばれて、理念上、幕府の軍役賦課対象外とされた。こうして全国の本所進止下《ほんじょしんしか》の所領（「関東御領」や地頭職設置所領以外の荘園公領）は、幕府の軍役負担の有無を基準に「武家領」と「本所一円地」の二つに分類して把握されるようになるが（この構造を「武家領対本所一円地《ぶけりょうたいほんじょいちえんち》体制《たいせい》」と呼ぶ）、さらに鎌倉末期には、御家人の知行する所領が「武家領」、それ以外の土地が「本所領」と呼ばれるようになる。この所領区分は、室町期の「寺社本所一円領《じしゃほんじょいちえんりょう》・武家領体制《ぶけりょうたいせい》」へと継承されていくことになる。

4　荘園制の再編

（1）両統迭立と王家領荘園

両統迭立　本項では、京の公家社会の動きと荘園の関係をみていこう。承久の乱後、天皇を出す皇統《こうとう》は後鳥羽院の系統から後高倉院の系統に移っていたが、四条天皇《しじょうてんのう》が夭折して断絶したため、後鳥羽の系統である土御門院《つちみかどいん》の子・後嵯峨天皇《ごさがてんのう》が即位した。後嵯峨は、寛元四年（一二四六）に子の後深草天皇《ごふかくさてんのう》に譲位して院政を開始したが、正元《しょうげん》元年（一二五九）、後深草を譲位させて、寵愛していた弟の亀山天皇《かめやまてんのう》を皇位につけ、その子世仁親王《よひとしんのう》（のちの後宇多天皇《ごうだてんのう》）を東宮に立てた。文永《ぶんえい》一一年（一二七四）、後宇多天皇が践祚《せんそ》して父である亀山が院政を開始すると、不満をもつ後深草は太上法皇《だじょうほうおう》の尊号《そんごう》を辞退して出家しようとした。この状況を憂慮した幕府は、翌年朝廷に要請し、後深草の子熙仁親王《ひろひとしんのう》（のちの伏見天皇《ふしみてんのう》）を東宮に立てさせたが、これにより二つの皇統はいっそう対立を深めることとなった。弘安《こうあん》一〇年（一二八七）、幕府の口入により伏見天皇が践祚して皇統が後深草系統に移ると、二年後に伏見は子の胤仁親王《たねひとしんのう》（のちの後伏見天皇《ごふしみてんのう》）を東宮に立てた。しかし伏見天皇の親政・院政が動揺すると、幕府は後宇多の子邦治親王《くにはるしんのう》（のちの後二条天皇《ごにじょうてんのう》）を東宮とする方針を打ち出し、正安《しょうあん》三年（一三〇一）に後二条が践祚することとなった。以後、後深草皇統の持明院統《じみょういんとう》と亀山皇統の大覚寺統《だいかくじとう》から交互に東宮を出すことが定められ、本格的に両統迭立《りょうとうてつりつ》が始まったのである。

大規模荘園群の構造　この両統の分裂・対立のなかで大きな問題となったのが、経済基盤となる荘園である。鎌倉初期に後鳥羽院が所持していた膨大な荘園は、承久の乱後いったん幕府に没収され、のちに後高倉院に返付されたため、その後即位した皇統の異なる後嵯峨天皇は経済基盤をほとんどもっていなかった。

この時期、王家内でもっとも多くの荘園を領有していたのは女院である。後高倉院に返付された荘園のうち、旧八条院領（院政期の鳥羽院と美福門院《びふくもんいん》の娘である八条院の所領であった荘園群）については後高倉の娘の安嘉門院《あんかもんいん》が、それ以外の所領については同じく後高倉の娘の式乾門院《しきけんもんいん》が継承していた。また後白河院の持仏堂《じぶつどう》である長講堂《ちょうこうどう》に所属する長講堂領は、後白河の娘の宣陽門院《せんようもんいん》が継承しており、これらが最大規模の荘園群をなしていた。こうした女院領の内実は、長講堂領や、八条院領の中核をなす安楽寿院《あんらくじゆいん》領などにみるように、大部分が院政期に立てられた御願寺《ごがんじ》領《りょう》であり、安楽寿院領は鳥羽院と美福門院の、長講堂領は後白河院の菩提を弔う費用を調達する荘園であった。そのために王家内で父祖の菩提を弔う役割を担った女院が管領していたのであり、女院は自身に仕える女院司に荘園を知行させ、女院司は女院の主催する仏事に従事する構造になっていたのである。なお、この時期の女院は治天の君（政務の実権を握っている院もしくは天皇）からの自立性を有しており、自らの死後の所領譲与先を自らの意思で決めることができた。

図　王家系図

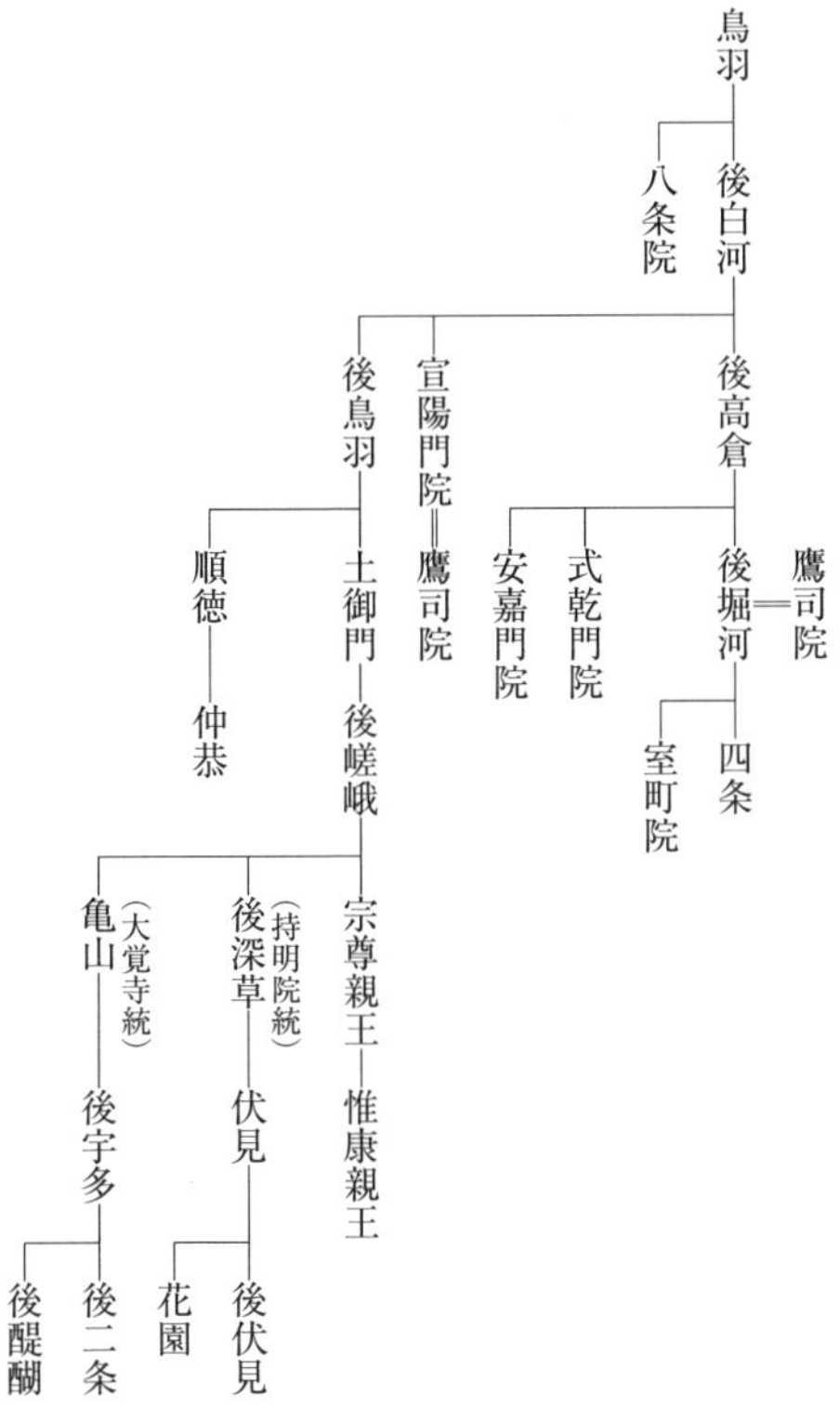

両統の荘園集積　しかし後嵯峨院政期以降、状況は大きく変化する。宣陽門院は自身の所領を養女である鷹司院《たかつかさいん》に譲与する予定で

あったが、後嵯峨院の説得をうけ、建長《けんちょう》四年（一二五二）に後深草天皇に譲与した。安嘉門院は、姪である室町院《むろまちいん》に全所領を譲与し、室町院の死後に自身の猶子《ゆうし》であった亀山院に伝領するよう定めていたが、弘安六年（一二八三）に安嘉門院が没すると、亀山院は即座に幕府に訴え、室町院の一期分《いちごぶん》（その人物一代限りの権利）を否定して強引に安嘉門院遺領を手に入れてしまった。また室町院は、叔母の式乾門院から譲られた所領を有していたが、後嵯峨院や後深草院からの強引な働きかけをうけて、最初は亀山院へ、のちに伏見天皇へと譲与先を変更し、正安二年（一三〇〇）に室町院が没すると、幕府の調停により両統が遺領を折半して伝領することが決められたのである。

両統がこのような強引な荘園集積を行ったのは、経済基盤の確保とともに、御願寺領を手に入れて父祖の菩提を弔う権利を継承することで、自身が正当な皇位継承者だと主張するためでもあった。こうして鎌倉後期に女院領が消滅し、両統は公家政権最大の荘園領主となった。以後、両統の家長たる院は自統の王家構成員に広く所領を譲与するものの、それらは一期分が基本とされ、死後には院もしくは次代の家長に返付することが定められて、王家領は基本的に院が管領権を掌握することとなった。この背景には、自統が政権担当でない時期に対立統から所領侵害をうけた場合、対抗できるのは自統の院を本所とする所領に限られるという両統迭立期固有の状況があった。このなかで、王家構成員は自身の所領を独自に相伝することができなくなり、王家領は両統の家長のもとに一元的に集約されることになったのである。

なおこうした動向は、王家内部だけでなく、公家社会全体の動きとも連動している。公家の家では、分割相続・婚姻・寄進などによって庶子家や他家・寺社に所領が流出することがままあったが、一三世紀中頃から、分割相続した庶子家の所領についても嫡流家が管領・確保しようとする傾向が現れる。荘園の維持が困難となり公家社会の経済基盤がしだいに逼迫するなかで、王家も公家も、嫡流家が一門全体の財産を管理して権益の維持・立て直しを図ろうとする方向へとシフトしていったのである。

（２）モンゴル戦争と寺社領興行

モンゴル戦争と西遷御家人　文永一一年（一二七四）・弘安四年（一二八一）の二度のモンゴル戦争とその後の軍事的緊張のなかで、多くの東国御家人が西国に拠点を移した。地頭（西遷御家人《せいせんごけにん》）自身が西国の所領と正面から向き合うようになると、荘園領主の干渉を排除して開発・再生産の仕組みを独占し、人々を主従制下におさめて領域支配を進めようとする地頭と、荘園領主との間の対立が深刻化し、西国で下地中分が本格的に展開することとなった。下地中分の結果、分割された土地はそれぞれ地頭あるいは荘園領主の支配をうけるようになり、入り組んだ所有構造が整理されて、「武家領」と「本所領」に区分されていった。

寺社領興行　この頃朝廷では亀山院が、幕府では執権北条貞時《さだとき》の伯父安達泰盛《あだちやすもり》が中心となって、訴訟制度の整備・法の制定・寺社の復興などの諸政策を打ち出していた。朝廷と幕府で同時期に推進されたこの積極的な政治路線は「弘安徳政」と呼ばれるが、その重要な一つが寺社領興行《じしゃりょうこうぎょう》である。

モンゴル戦争に際し、幕府・朝廷は各地の寺社に異国降伏《いこくちょうぶく》の祈禱を行わせた。その結果、この戦争を神々の戦争と理解し、日本の神々が大風などに化身して異《い》敵《てき》を追い払ったという「神風《かみかぜ》」認識が広まり、神社は戦場で異敵と戦った自社の神の戦功を訴えて自らの権利の回復を求めた。幕府・朝廷は、宇佐《うさ》八幡宮《はちまんぐう》・伊勢神宮をはじめとする神社領に対して、弘安年間（一二七八―八八）・正安年間（一二九九―一三〇二）・正和《しょうわ》年間（一三一二―一七）に神領興行《しんりょうこうぎょう》法《ほう》を発令し、御家人やその他の人々に売却・相伝されていた神領の取り戻しを認めた。このうち、幕府にいったん没収されて御家人に給付された土地（新補地頭の所領など）や、先述した天福・寛元法にもとづき、寛元以前から御家人に売却され御家人役を勤めている土地に関しては御家人の権利が認められたが、それ以外は充分な審議なく神社側の主張が認められ、かつての神領は大幅に回復された。また神社内部では複数の神官家がそれぞれ所領を知行していたが、この機に乗じて神官同士の訴訟も多く行われ、伊勢外宮の度会氏《わたらいし》や宇佐宮の大宮司《だいぐうじ》宇佐公世の勢力など勢いに乗った特定の神官家が他家の権利を否定して勢力を拡大し、その一方で所領を奪われ没落する神官家が生まれた。こうして有力寺社領では、それまでの入り組んだ所有権が、多くの矛盾を孕みつつ整理されていったのである。

悪党の出現　以上の徳政訴訟においては、譲与や売買など正当な手続きを経て権利を獲得していたにもかかわらず、そうした所領が徳政の名のもとに強引に没収されるケースが多発した。これらの裁判では、当該荘園を知行する能力・権利があるとみなされた人物が「器量《きりよう》の輩《ともがら》」と呼ばれ、相手方は「非器《ひき》の輩」（知行不適格者）とされた。さらに、知行を否定された「非器の輩」が判決に背いて現地で自らの権利を回復しようとすると、「悪党《あくとう》」と呼ばれた。職を解任された者による既得権回復のための抵抗を、幕府や荘園領主は「悪党」と呼んで犯罪人として扱ったのである。悪党に関する史料は一三世紀末から多くみられるようになるが、これは、この時期に集中的にみられる荘園領主権力の動揺と荘園現地における沙汰人や名主《みょうしゅ》・百姓の対立・競合が連動し、領主側が在地の一方の勢力と結びついて、もう一方に「悪党」というレッテルを貼った結果であった。

以上、鎌倉後期は荘園制の成熟に伴い、継承・売買・譲渡などによって複雑化・分散化した権利関係を整理・再編しようとする動きが、寺社領に限らず多くの荘園で集中的にみられた。しかしこの過程で生じた矛盾や軋轢《あつれき》は在地の混乱を招き、結果的に荘園制の動揺を引き起こすこととなったのであり、このうえに第6章で述べる本格的な荘園制の再編が行われていくのである。

（3節・4節、伊藤）

【参考文献】
赤松俊秀「雑掌について」（『古代中世社会経済史研究』平楽寺書店、一九七二年）

網野善彦『日本中世土地制度史の研究』（塙書房、一九九一年）
石井　進『日本中世国家史の研究』（岩波書店、一九七〇年。のち『石井進著作集1』岩波書店、二〇〇四年）
市沢　哲『日本中世公家政治史の研究』（校倉書房、二〇一一年）
井上　聡「神領興行法と在地構造の転換」（佐藤信・五味文彦編『土地と在地の世界をさぐる』山川出版社、一九九六年）
井上　聡「御家人と荘園公領制」（五味文彦編『日本の時代史8　京・鎌倉の王権』吉川弘文館、二〇〇三年）
上島　享『日本中世社会の形成と王権』（名古屋大学出版会、二〇一〇年）
上杉和彦「国家的収取体制と鎌倉幕府」（『鎌倉幕府統治構造の研究』校倉書房、二〇一五年、初出一九九四年）
大山喬平『日本中世農村史の研究』（岩波書店、一九七八年）
海津一朗「鎌倉時代における東国農民の西遷開拓入植―西遷武士所領における下人の性格―」（中世東国史研究会編『中世東国史の研究』東京大学出版会、一九八八年）
海津一朗『中世の変革と徳政』（吉川弘文館、一九九四年）
海津一朗『神風と悪党の世紀』（講談社、一九九五年）
筧雅　博「関東御領考」（『史学雑誌』九三―四、一九八四年）
金井静香『中世公家領の研究』（思文閣出版、一九九九年）
川合　康『源平合戦の虚像を剝ぐ―治承・寿永内乱史研究―』（講談社、一九九六年、二〇一〇年に講談社学術文庫）
川合　康『鎌倉幕府成立史の研究』（校倉書房、二〇〇四年）
川合　康『源平の内乱と公武政権』（吉川弘文館、二〇〇九年）
五味文彦「武家政権と荘園制」（『講座日本荘園史2　荘園の成立と領有』吉川弘文館、一九九一年）
五味文彦『武士と文士の中世史』（東京大学出版会、一九九二年）
五味文彦「転換期の土地所有」（渡辺尚志・五味文彦編『新体系日本史3　土地所有史』山川出版社、二〇〇二年）
近藤成一「モンゴルの襲来」（『鎌倉時代政治構造の研究』校倉書房、二〇一六年、初出二〇〇三年）

坂本賞三「鎌倉時代に入ると荘園の増加がとまる」(『史学研究』二五三、二〇〇六年)
佐藤泰弘「荘園制と都鄙交通」(歴史学研究会・日本史研究会編『日本史講座3　中世の形成』東京大学出版会、二〇〇四年)
佐藤泰弘「領家職についての基本的考察」(『日本史研究』五六一、二〇〇九年)
島田次郎『日本中世の領主制と村落　上巻』(吉川弘文館、一九八五年)
清水　亮『鎌倉幕府御家人制の政治史的研究』(校倉書房、二〇〇七年)
高橋一樹『中世荘園制と鎌倉幕府』(塙書房、二〇〇四年)
高橋一樹「荘園制の変質と公武権力」(『歴史学研究』七九四、二〇〇四年)
高橋典幸「荘園制と悪党」(『国立歴史民俗博物館研究報告』一〇四、二〇〇三年)
高橋典幸『鎌倉幕府軍制と御家人制』(吉川弘文館、二〇〇八年)
立花信彦「関東御分国と守護に関する一考察」(『書陵部紀要』四五、一九九三年)
永原慶二『荘園』(吉川弘文館、一九九八年)
七海雅人『鎌倉幕府御家人制の展開』(吉川弘文館、二〇〇一年)
西谷正浩『日本中世の所有構造』(塙書房、二〇〇六年)
野口華世「中世前期の王家と安楽寿院」(『ヒストリア』一九八、二〇〇六年)
野口華世「中世前期公家社会の変容」(『歴史学研究』八七二、二〇一〇年)
野口　実『中世東国武士団の研究』(高科書店、一九九四年)
伴瀬明美「院政期〜鎌倉期における女院領について」(『日本史研究』三七四、一九九三年)
伴瀬明美「鎌倉時代の女院領に関する新史料」(『史学雑誌』一〇九―一、二〇〇〇年)
村井章介「正和の神領興行法をめぐって」(『中世の国家と在地社会』校倉書房、二〇〇五年)
安田元久『地頭及び地頭領主制の研究』(山川出版社、一九六一年)
湯浅治久『中世東国の地域社会史』(岩田書院、二〇〇五年)

コラムⅠ　描かれた荘園

「東郷荘下地中分絵図」を読む

本章では、鎌倉期における荘園制の展開の様相をみてきた。とりわけ鎌倉幕府の地頭《じとう》が荘園に設置されたことは、荘園内部の権利関係を複雑化させ、荘園領主（領家）と地頭の権利争いを招いた。その争いの解決方法の一つが、現地の支配地を分割（折半することが多い）する「下地中分《したじちゅうぶん》」であった。その結果、現地の地図上に朱線で境界線を引いた「下地中分絵図」といわれるタイプの荘園絵図が数多く作られた。

ここで取り上げるのは、正嘉《しょうか》二年（一二五八）に作成された伯耆国東郷荘《ほうきのくにとうごうのしょう》（現在の鳥取県湯梨浜《ゆりはま》町）下地中分絵図である。これは領家（京都の松尾《まつお》神社）と地頭東郷氏との下地中分の結果を記したものである。東郷氏と松尾神社の相論は、鎌倉幕府の法廷で争われたが、裁判の途中で和解（「和与《わよ》」）が成立した。この絵図には朱線の中分線が四本書き込まれているが、その両脇には当時の鎌倉幕府の執権北条長時《ほうじょうながとき》と連署北条政村《まさむら》の花押《かおう》が据えられており、この和解が鎌倉幕府から認められたものであることを示している。絵図は二部作成され、双方が持ち寄ったと思われるが、現存する絵図は松尾神社の神官の東家《ひがしけ》に伝わったものである。現在は個人蔵となっており、東京大学史料編纂所所蔵の模写がよく紹介されている（現在同所サイトでオンライン公開されている。本書付論2の3参照）。

本図は南を上に描かれている。東郷荘は原則として東西に二分され、東方を地頭領、西方を領家領とした。道

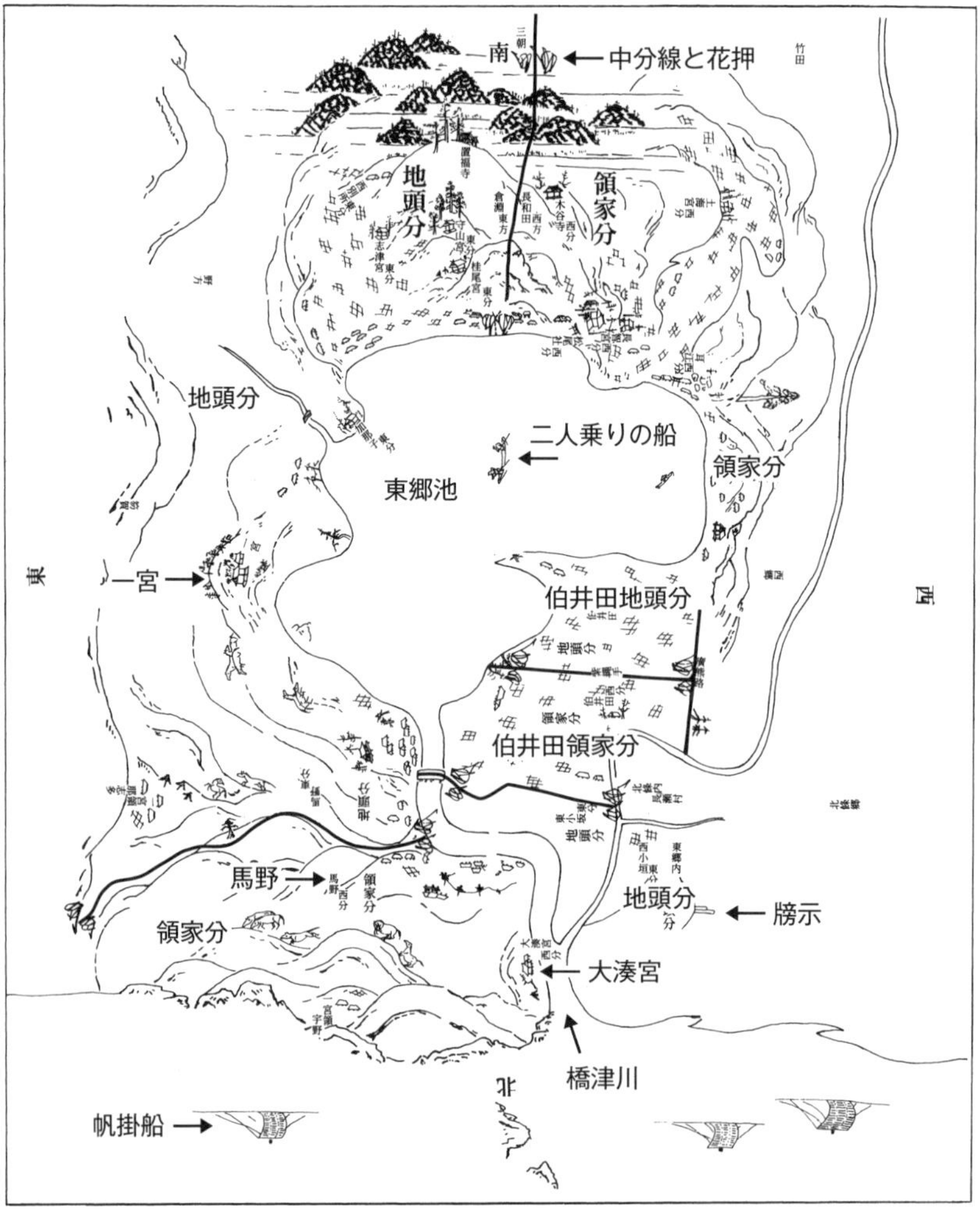

図1　東京大学史料編纂所所蔵「伯耆国東郷荘絵図写」トレース図（国立歴史民俗博物館編『荘園絵図とその世界』〈1993年〉より）　太線は絵図に朱線で描き込まれた中分線、ゴシック文字は筆者の加筆。南が上となっている。

路のある部分は道路を境界として、道路のない部分については、絵図上に朱線を引いた箇所に両者が寄りあって掘割《ほりわり》などの溝を掘り通す、と決められた。南側の深山は直線の線を通して東西で分割されている。また、等分に分けるという原則に従って、西方にある伯井田《ははいだ》の「田」、港湾施設である「橋津」や馬を飼う「馬野」も東西方で等分している。その結果、荘園内に地頭分、領家分、さらに伯耆国一宮《いちのみや》（倭文《しとり》神社。東郷荘内に存在したが、領家・地頭の支配外にあった）の所領が混在して、この絵図は複雑な境界線をもつようになった。

朱線で明示された境界線以外にも、荘園の境界や空間的広がりを強調するほかに、荘園内部の田畠や用水・堤、山野河海、宿や津・湊《みなと》、家あるいは寺社などの建造物などをこまめに描くという特徴をもつ。東郷荘の湖水から日本海へそそぐ橋津川《はしづがわ》が、東西の中分線であり、大きく描かれている。黒田日出男は東郷荘絵図に細かく描き込まれた神社・寺院、領主層の家や一般在家の数を分析し、例えば池の東北の「馬野」に遊ぶ馬一二頭の頭数が地頭分五頭・領家分五頭と同数になるように描かれていること（一宮社分二頭も描かれている）、東郷池の湖上に浮かぶ二人乗りの船は、中分のための測量士を描いており、舟の動き自体が池を分割する「動く中分線」であることなどを指摘している。沖の日本海には帆を張った大型の帆掛船三隻が描かれている。「三隻」という数字もまた、荘内に権益をもつ領家方・地頭方・一宮の三者に対応したものと考えられている。

荘園内の中分線だけではなく、荘園自体の境界としては南側（絵図では上辺）の山地が濃い緑青色で描かれ、西側の境界では北条川のライン、東側の境界では山の稜線が明示されている。また、西北部の砂丘地帯では、朱色の杭が大きく描かれており（境界を示すために四至《しいし》〈＝南北東西の角〉に打たれた杭を「牓示《ぼうじ》」という）、西南部の境界には巨大な一本杉が描かれている。南側の深山以外の山々は樹木が描き込まれていないが、裸山であるというわけではなく、深山や目印としての樹木を目立たせる工夫だったのであろう。

図２　中分線と執権・連署の花押

図３　馬野

図４　測量士の乗る舟

図５　牓示

図６　一般の住家と礎石・縁のある家

図２〜６　「伯耆国東郷荘絵図写」（東京大学史料編纂所所蔵）より部分拡大図

これらの情報は、下地中分という荘園絵図の作成目的に沿って描き込まれたものであるが、そのうえでなお当時の生活や生業、自然環境の様子を具体的に知りうる史料として絵図は重要である。百姓の暮らす掘立柱《ほったてばしら》の在家《ざいけ》と、礎石つきで縁のある大型の家屋（領主の館？）が描き分けられているほか、土海宮《はなみのみや》のように現在まで伝わる神社を含めて寺社も多く描かれており、荘園現地の信仰空間や建築の歴史を考える材料になる。また、中央の東郷池には、笠をかぶって漁を行う人物の乗った船が描かれており（現代ではシジミ漁が有名）、沿岸の帆掛舟は日本海交通の様相を示している。

絵図の描く地形と現代の地形や景観とを比べてみると、それほど大きな違いがない。絵図上で境界として描かれている紫縄手は、条里の坪界であり、現在も水田地帯に一直線に伸びる農道がその跡であるといわれている。「羽合」（ハワイ）のように現在の地名も、絵図上の「伯井田」（ハハイダ）としてみえるなど、歴史地理学の観点からも重要な史料である。

鎌倉時代の荘園風景を知るためだけではなく、今に残る地域の歴史を知るためにも貴重な絵図である。

（佐藤）

【参考文献】

太田順三「伯耆国河村郡東郷荘下地中分絵図」（荘園絵図研究会編『絵引荘園絵図』東京堂出版、一九九一年）

黒田日出男『姿としぐさの中世史―絵図と絵巻の風景から―』第四部「荘園絵図は語る」（平凡社、一九八六年、のちに増補版が平凡社ライブラリー〈二〇〇二年〉として発行）

東郷町誌編さん委員会編『東郷町誌』（東郷町、一九八七年）

羽合町史編さん委員会編『羽合町史　前編』（羽合町長　故島賢市、一九六七年）

羽合町史編さん委員会編『新修　羽合町史』（羽合町、一九九四年）

湯梨浜町教育委員会企画・発行『東郷荘絵図　徹底解説ガイド』（二〇〇九年発行、http://www.yurihama.jp/manor/index.html、二〇二三年一二月二六日最終確認）

コラムⅡ　史料の読み方

鹿子木荘事書

○年月日未詳肥後国鹿子木荘条々事書案（「大日本古文書」『東寺百合文書』し函三〇九）

鹿子木事

一、(1)当寺相承者、開発領主沙弥寿妙嫡々相伝之次第也、

一、(2)寿妙之末流高方之時、為レ避二権威一、以二実政卿一号二領家一、以二年貢四百石一割二分之一、高方者為二○《庄家》領掌進退之預所職一、

一、(3)実政卿作二証文一賜二高方一、其意云、於二預所職并庄務領掌一者、一向高方之末流可二進退一、若背二此義一者、我末流不レ可レ為二領家一云々、

一、(4)実政之末流願西微力之間、不レ防二国衙之乱妨一、是故願西以二領家得分二百○《石》一、寄二進高陽院内親王一、件宮薨去之後、為二御菩提一被レ○《立》二勝功徳院一、被レ寄二彼二百石一、其後為二美福門院御計一、被レ進レ付二御室一、是則本家之始也、

一、(5)領家願西之末流《嫡子》寛杲阿闍梨、以二代々文書一○《賜》二預所高方之末葉賢勝一、剰作二証文一重賜レ之、其意云、於二預所職一、若為二違乱一輩者、非二我末流一、頗不レ知レ恩之人也、不レ可レ為二領家一云々、

一、寛杲(6)之末流覚暹上座背二寛杲之契状一、預所職三方之内、以二西庄一方一押三取之二了、実政卿・寛杲等之契状分明也、違背▨此之上者、覚暹何可レ為二領家職一乎、▨於レ今者▨預所可二一円領掌一之条、道理顕然也、（以下略）

これは、本章3節でふれた「鹿子《かのこ》木荘事書《ぎのしょうことがき》」である。鹿子木荘は肥後国飽田《ひごのくにあきた》郡《ぐん》にあった荘園で、本史料は「東《とう》寺百合文書《じひゃくごうもんじょ》」（し函三〇九）のなかに伝来した。高校教科書では、寄《き》進地《しんち》系《けい》荘園の成立過程を知ることのできる史料として摂関期の部分で取り上げられることが多い。

その内容は、当寺の相承の権利は開発領主沙弥《しゃみ》寿妙《じゅみょう》から代々相伝されてきたものである（1）、寿妙の子孫中《なか》原高方《はらのたかかた》は、権威を借りるために年貢四〇〇石を納めるという条件で藤原実政《ふじわらのさねまさ》に当荘を寄進し、実政を領家と仰いで自らは預所職《あずかりどころしき》となった（2）、実政は、預所職と荘務はすべて高方とその継承者が行うこと、これに背いた場合、自分の末流は領家の資格を失うとの証文を高方に与えた（3）、その後国衙《こくが》の乱妨《らんぼう》を防げなくなった実政の子孫願西《がんさい》は、得分のうち二〇〇石を高陽院内親王《かやのいんないしんのう》（鳥羽院《とばいん》の娘）に寄進し、内親王の没後は仁和寺御室《にんなじおむろ》に継承されて、これが本家となった（4）、願西の子寛杲阿闍梨《かんこうあじゃり》は、高方の子孫賢勝《けんしょう》に対し、預所職に不当な介入を行った場合、自分の末流は領家の資格を失うとの証文を与えた（5）、寛杲の継承者覚暹上座《かくせんじょうざ》は、寛杲の契状に背いて預所職三方のうち西荘を押し取った。これは契約に違反したことになるため、覚暹は領家の資格を失い、鹿子木荘はすべて預所が支配するべきである（6）、というものである。なお本史料に年月日の記載はない。

この史料に最初に注目した中田薫は、本史料の成立を建久《けんきゅう》年間（一一九〇—九九）前後と考え、書かれている事実は平安末のことと理解した。中田はこの史料から、開発領主が自分の所領を保護するため、有力者に領主権を寄進して名目上の所有者とし、実際には従来通り自らが所領を支配する第一次寄進（高方から実政への寄進）と、領家がさらに上部の有力者に年貢・所当の一部を寄進して名義上の支配者に戴く第二次寄進（願西から高陽院内親王への寄進）があると整理し、最初の寄進者である開発領主の権利の強さを見出した（3・5・6など）。この中田の理解が、高校教科書における寄進地系荘園の説明のもとになっている。

しかしその後、石井進は、東寺に伝来した他の鹿子木荘関係文書を詳細に検討し、当荘は鎌倉期には領家が実際の支配を担っていたと推測した。そして本史料は、支配の実権を失っていた開発領主の子孫（預所職）が、鎌倉後期に至って権利を回復しようと東寺に働きかけ、勝訴の際には東寺と権利を折半するという約束のもと、法廷に提出する証拠文書として永仁《えいにん》二〜三年（一二九四〜五）頃に作られたものであることを明らかにした。中田の認めた寄進者側の権利の強さは、東寺が訴訟に当たって自らを有利にするために作った虚構だったというのであり、石井は本史料の内容を荘園成立時の実体と考えてはならないと指摘した。

現在では、寄進を荘園成立の起点とする理解そのものが否定され、本史料にもとづく寄進地系荘園理解は根本から見直されている。また、開発領主が取得した年貢の一部を納めるという、本史料に記された寄進の構造自体も虚構であることが明らかにされている。よって本史料は、寄進地系荘園の成立経緯を示す史料として用いることは今日では難しいが、鎌倉末期の荘園認識に関わる史料として分析が進むことを期待したい。（伊藤）

【参考文献】

石井　進「荘園寄進文書の史料批判をめぐって」（『中世史を考える』校倉書房、一九九一年、初出一九七〇年）

石井　進「荘園の領有体系」（網野善彦ほか編『講座日本荘園史2　荘園の成立と領有』吉川弘文館、一九九一年）

鎌倉佐保「『寄進地系荘園』を捉えなおす」（『歴史評論』七一〇、二〇〇九年）

中田　薫「王朝時代の庄園に関する研究」（『法制史論集　第二巻』岩波書店、一九三八年、初出一九〇六年）

永原慶二「荘園制の歴史的位置」（『日本封建制成立過程の研究』岩波書店、一九六一年、初出一九六〇年）

用語解説

地頭職（じとうしき）
鎌倉幕府が荘園公領に設置した所職《しょしき》であり、一般的には荘園領主（本所《ほんじょ》）ではなく、幕府が補任《ぶにん》権（任命権）をもつ。職務内容は一定ではないが、幕府法には現地管理や警察裁判に関する規定がある。地頭職の成立については文治《ぶんじ》元年（一一八五）一一月の朝廷による勅許《ちょっきょ》の意義・役割をめぐって学説が分かれているが、それに先立って源頼朝《みなもとのよりとも》勢力は謀叛人《むほんにん》所領跡《あと》に荘郷《しょうごう》を単位として地頭職を設定しており、幕府の地頭制は荘郷地頭を基本に展開した。

国地頭　文治勅許によって公認された「地頭」は従来、漠然と荘郷地頭を指すと理解されていたが、石母田正によって国単位に設定された「国地頭《くにじとう》」である可能性が指摘された。源義経《よしつね》と源行家《ゆきいえ》が補任された「九国・四国地頭」なども含めて、鎌倉初期の占領行政・戦後処理において現れた広域軍政官の名称であり、兵粮《ひょうろう》米《まい》の徴収・田地の知行権・国内武士の動員権などをもったとされるが、国地頭は定着せず、知行国制や守護制度との関係についても史料上の制約から不明の点が多い。

荘郷地頭の諸類型　御家人の本領を安堵《あんど》する方法として補任された本領安堵地頭、平家没官《もっかん》領・承久《じょうきゅう》没収地などの恩賞として敵方所領を与えられた新恩地頭の区別に加えて、権限・得分は先例によるという本補《ほんぽ》地頭、承久の乱後に宣旨によって法定された「新補《しんぽ》率《りっ》法《ぽう》」にもとづいた権限・得分を得る新補地頭という区別もあった。また、九州のように東国御家人を惣《そう》地頭に補任し、その下に現地の御家人を安堵して小《こ》地頭と称する場合、地頭職の分割相続によって一分《いちぶ》地頭と惣《そう》領《りょう》地頭の区別が生ずる場合などもあった（惣領地頭が幕府に対する御家人役の集約・納入を行った）。

地頭代　一人の御家人が諸国に散在する数ヵ所の地頭職をもつ事例が多かったので、しばしば現地には代理人（地頭代）が派遣された。建長《けんちょう》五年（一二五三）に鎌倉幕府は地頭代を対象にして撫民《ぶみん》法令を出すなど、政策上・幕府法上における地頭代の位置づけを図っていた。

地頭の語源　本来、現地を意味する言葉であり、院政期には荘園の職の名称の一つとして地頭・地頭人の語が現れていた。平氏政権は国衙《こくが》領・荘園において家《け》人《にん》を地頭に補任して組織化を図り、鎌倉幕府地頭制度の先駆となった。

南北朝期以降は、地頭職の実態的意義は失われていくが、地頭の語は近世にも領主一般を指すものとして残った。

本所（ほんじょ）

一般的な用法としては中世の荘園領主を指す。本家・領家のいずれを指すかなど、具体的な定義については必ずしも統一的な理解はなされていないが、荘園公領の上級所職を指す語として漠然と考えられている。史料用語としての「本所」は、もともと「元のところ」「本来の場所」という意味であり、人（寄人《よりうど》）や土地（荘園）の帰属先、すなわち座や荘園の本所を指すようになった。一一世紀半ば以降、国司（国衙）に対置して荘園領主を指す用語として用いられ、鎌倉期以降は武家政権の伸張に伴って、地頭職の設置された武家領との対比において、国司・領家を含めた上級所職一般を指す語となり（早い例は「御成敗式目」第六条）、やがて武家に対する公家を指す語となった。実際の研究用語としても、平安期の研究では国衙との対比、鎌倉期では武家・朝廷との対比で用いられる傾向がある。

勧進（かんじん）

人に勧めて仏道に入らせ、作善《さぜん》をなさせる意味から発展して、堂塔復興や仏像修造などのために寄付を募ることを意味した。平安末期の勧進は民間の勧進聖《かんじんひじり》によって担われたが、平氏によって焼失した東大寺の復興のために養和《ようわ》元年（一一八一）に重源《ちょうげん》が東大寺大勧進職《しき》に任じられて以降、国家的な大寺社の修造請負事業に組み込まれ、一国平均役《いっこくへいきんやく》や棟別銭《むねべっせん》、あるいは関料・津料（交通税）として強制的に徴収されるものに性格が変化した（勧進の体制化）。

（以上、佐藤）

徳政・徳政令（とくせい・とくせいれい）

古代中国の政治理念である天人相関説《てんじんそうかんせつ》は、為政者が善政を行えば天は賞賛して祥瑞《しょうずい》を下し、悪政を行えば譴責して災害や怪異《かいい》を下すと考え、天災や戦乱などの災異に際しては為政者は自己の不徳を謝し、仁政を行わなければならないと説いた。この思想にもとづく仁政が日本中世では特に徳政と呼ばれ、具体的施策として、華美な行事・服装の禁止、荘園をもとの公地に戻す荘園整理令や寺社・御家人の所領回復、裁判制度の整備・拡充などが行われた。

鎌倉後期には、朝廷・幕府ともに徳政のための施策が頻繁に行われている。そのなかで幕府が発布した有名な永仁《えいにん》の徳政令は、売却・質入れ後二〇年未満の御家人所領は無償で取り戻せるとしたものであるが、これは、モノはあるべき姿（本来の持ち主）に戻すのが正しいあり方だと考える古代以来の人々の観念にもとづいたものであった。この徳政令は波乱を含みながらも人々に受け入れられ、以後、土地の取戻し・債務破棄を内容とする徳政令が、徳政として定着していくこととなった。

職の体系（しきのたいけい）

本家職《ほんけしき》・領家職《りょうけしき》・預所職《あずかりどころしき》・下司職《げしき》・公文職《くもんしき》などによって構成される、荘園制下の重層的土地所有の体系のこと。本文中で述べたように、かつては、荘園成立時に下からの寄進に応じて寄進主を預所職・領家職などに補任することが繰り返され重層化したと考えられてきた。しかしその後の研究で、立荘時に成立するのは「本家―預所職」という単純な構造であること、本家職が成立するのも鎌倉後期であることなどが明らかにされ、寄進地系荘園理解とともに職の体系そのものにも否定的な見方がなされるようになった。

なお、本家・領家・預所の関係については以下のような見解が示されている。立荘時の荘園は、多くの場合、荘園の領有者（＝領家）が本家に荘園を寄進すると預所職に補任され、本家の庇護を得て荘園を知行した。領家とは補任される職ではなく、土地の所有者を表す言葉であって、寄進主として強固な権利をもつ場合が多かった。一方、預所は荘務を執行する職であるから、この時点の荘園知行体系は「本家―預所職（＝領家）」と表すことができる。彼らは荘園を子孫に相伝する際にも、そのつど本家から預所職に補任されるという手続きを踏み、これを介して本家と領家は関係を設定し直していた。しかし本家と領家の関係が円満で安定している場合、本家はしだいに預所職への補任という手続きを踏まずに荘園の知行を領家に委ね（安堵）、自らは訴訟における支援を行うかわりに得分（年貢・公事《くじ》）を受け取るようになる。また領家も、別の人物を預所職に補任して荘務を担わせ、得分を収取するようになる。この、預所職を補任して得分を収取するという荘園の所有権が物権化したものが領家職であり、ここに「本家―領家職―預所職」という重層的な知行体系が成立していったのだ、という。

女院（にょいん）

平安時代中期に創設された後宮《こうきゅう》の身分の一つ。三后《さんごう》（太皇太后・皇太后・皇后）・女御《にょうご》・准三宮《じゅさんぐう》・内親王などで、院号《いんごう》（居所や内裏諸門の名称が選ばれた）を宣下された女性。男性の上皇に準ずる待遇をうけるものとされ、家政機関・職員が附置された。正暦《しょうりゃく》二年（九九一）に院号宣下された東三《ひがしさん》条院《じょういん》藤原詮子《ふじわらのあきこ》（一条天皇母）を初例とし、以後明治《めいじ》時代に廃止されるまで、一〇七人が存在する。終例は、嘉永《かえい》三年（一八五〇）の新待賢門院《しんたいけんもんいん》藤原雅子《なおこ》（孝明天皇母）。初期の女院は、国母《こくも》（天皇の生母）でありかつ后位にある女性に限定されていたが、しだいに国母でない后や、天皇と配偶関係のない不婚内親王などにも対象が拡大した。摂関～鎌倉期には、上東門院《じょうとうもんいん》・美福門院《びふくもんいん》・八条院《はちじょういん》など大きな政治的影響力をもつ女院が少なくない。また全国二三〇ヵ所に及ぶ巨大荘園群を所持した八条院のように、膨大な女院領を有するケースがみられる。これは女院が王家内で自らの皇統の菩提を弔う役割を担っており、その仏事主催の費用として、御願寺《ごがんじ》に付属する荘園を管理していたからだとされる。

（以上、伊藤）

第5章　中世荘園の構造

木村茂光

1　荘園の土地構成

(1)　田と畠

完成した中世荘園は、平安京周辺の一部の荘園で耕地が散在しほかの荘園の耕地と入り組む場合があったのを除くと、その多くは領域をもった領域型荘園であった。その領域は「四至《しいし》」＝東・西・南・北の地点と「牓示《ぼうじ》」＝四隅の四点の計八点で表され、隣接荘園と境相論などが生じた場合はその境界を明示するために「脇《わき》牓示」が設定されることもあった。すなわち、中世荘園は四至と牓示で囲まれた領域内にある家や田畠、林、さらに池・原・野などすべてを領有することを意図していたのである。

具体例をみてみよう。表1は、遠江国池田荘《とおとうみのくにいけだのしょう》の平安時代末期の土地構成を示したものである。田・畠・野・河・浜・河原そして在家(百姓の居住地)などが含まれていたことがわかる(「平」三五六九号)。ほかに池・林・山などが記された荘園もある。

このように中世荘園は多様な要素から成り立っていたがその中心的な耕地は田と畠であった。池田荘では、田三八五町余に対して畠は一六四町余で、畠は田の二分の一以下しかないようにみえるが、実際に耕作されていた田＝「見《げん》(現)作《さく》」は二六一町余とあるから、畠の割合が結構高かったことがわかる。

これは池田荘だけでなく、平安末期の他の荘園でも確認できる(表2)。意外に畠が多いといえよう。古代の土地制度は班田制といわれ、中世では一国別の土地台帳として大田文《おおたぶみ》が用いられ、近世の租税制度が石高制といわれるように、なにか日本の耕地を田＝水田だけで理解するような風潮があるが、これは大きな間違いであり、訂正されなければならない。中世の耕地は少なくとも田と畠から成り立っていたのである。

さらに、

畠を検注され年貢を賦課されれば土民はどこに居住したらよいか。

（播磨国小犬丸保《はりまのくにこいぬまるのほう》、「鎌」九一二号）

作麦（畠作）をもって農業を遂行するのは諸国がみな例とするところである。

（若狭国太良荘《わかさのくにたらのしょう》、「東寺百合文書《とうじひゃくごうもんじょ》」ハ一三―二〇号）

という百姓たちの主張がたびたびみられるように、実は畠こそが百姓たちが生活していくための基盤であったのである。

（2）定田と除田

定田―除田体制　一方、荘園領主が支配の基盤にしたのは田であった。そのため、田については細かな区分が施されていた。表1の池田荘の田のところに記されていた「見作」「年荒《ねんこう》」「田代《たしろ》」などもそうだが、別の史料からその実態をみることにしたい。

表3をみてほしい。同じ池田荘なので紛らわしいが、これは大和国《やまとのくに》の池田荘の土地台帳を整理したものである（「鎌」二〇一号）。

①は池田荘全体の田畠面積、②は現在耕作している面積、③の「除《じょ》」とは荘園経営に必要な経費のた

表1　遠江国池田荘の土地構成

田	385町4段1丈	51.6%
見作	261町2段3丈	(67.8)
年荒	60町　2丈	(15.6)
田代	64町1段1丈	(16.6)
畠	164町3段2丈	22.0%
常荒	49町1段3丈	6.6%
野	58町1段3丈	7.8%
河	30余町	4.0%
浜	20余町	2.7%
河原	40余町	5.4%
在家	50宇	

表2　荘園の田と畠の比率

荘園名（国名）	田	畠
名手荘（紀伊）	41町	82町
質侶荘（遠江）	210町	126町
岡田荘（紀伊）	14町	40町
仲村郷（讃岐）	20町	39町

表3　大和国池田荘の土地構成

合　田畠荒熟	36町　　180歩	①
見在田畠	30町5段 40歩	②
除	12町7段 13歩	③
定得田畠	17町7段270歩	④
田	17町2段270歩	⑤
畠	5段	⑥

表4　大和国池田荘の除田

①	堂屋敷	1段180歩
②	常楽会仏供免	1町
③	御倉敷地	1段
④	御佃	6段
⑤	房官田	1町1段
⑥	預所給	2町6段
⑦	人給	8段
⑧	番小童給	5段
⑨	上番法師給	3段
⑩	田堵屋敷	1町1段

めに年貢が免除された面積。

したがって、その除田を除いた④の「定得《じょうとく》田畠」が年貢が賦課される田畠の面積で、⑤・⑥はその内訳となる。池田荘は奈良盆地の中央に所在したこともあって、大部分が田地であった。

このような構成をみると、荘園の土地構成の基本は②の「見在《けんざい》田畠」であり、それは「除田」と「定得田畠」から成り立っていたことがわかる。「定得田畠」は「定田《じょうでん》」*と称されることが多いので、以下「定田」という。

この表からわかることは、除田の多さである。「見在田畠」の四〇%を占め、定田面積と比較しても七〇%にも及ぶ。私たちは、荘園制というと名田《みょうでん》体制であり、名田を経営する百姓から年貢・公事《くじ》を収取する体制と理解しているが、その名田面積に匹敵するほどの除田が存在したことは注目しなければならない。除田の内容は次にみるとして、まず、荘園は定田—除田体制ともいうべき構造をとっていたことを確認しておこう。

定田と除田の負担　定田は年貢が賦課される基本的な耕地であり、それらはいくつかの名田に分割されていた。池田荘では末貞名《すえさだみょう》以下一一の名田に分割されていたから、一つの名田は平均すると二町弱の面積であった。名田には、段別三斗の分米《ぶんまい》=年貢と町別二疋《ひき》の絹、町別三両の紅花《べにばな》、すなわち公事が賦課された。ちなみに、畠には段別一斗五升の分米が賦課されることになっていたが、実際は油で代納された。その換算値は分米一斗五升別に油一升と決められていた。

　一方、除田は先述のように、荘園経営に必要な費用を捻出するための田地のことであるが、池田荘の場合、表4のような内容であった。使途の不明なものもあるが、大きく区分すると、寺院の敷地や運営の費用（①・②）、荘園の倉庫や領主の直営地（③・④）、僧や荘官らの職務費用（⑥・⑦・⑧・⑨）と百姓の屋敷地（⑩）に区分することができる。池田荘においては、これらが荘園を経営するために必要な経費であったのである。

なかでも、⑥預所給《あずかりどころきゅう》から⑨上番法師給《じょうばんほっしきゅう》まで、荘園の経営に携わる人々のための費用に用いられる田（人給《にんきゅう》）が多いことが注目される。実はこの除田のなかに人給が多いことも中世荘園の特徴なのである。池田荘では荘官らの人給しか記されていなかったが、ほかの荘園ではそれに加えて手工業者の人給も確認できる。

（3）給免田と手工業者

給免田の種類と性格　先に「池田荘では荘官らの人給しか記されていなかったが、ほかの荘園ではそれに加えて手工業者の人給も確認できる」と記したが、鎌倉時代に入ると手工業者に与えられた除田＝給免田《きゅうめんでん》が確認できる荘園が増加してくる。表5をみていただきたい。

　平安時代末期の武蔵国稲毛荘《むさしのくにいなげのしょう》をはじめに、鎌倉時代になって全国的に手工業者の給免田が確認できることがわかろう。皮古作《かわごづくり》は革製品製造者、土器造りはいうまでもない。備中国新見荘《びっちゅうのくににいみのしょう》は、後述のように、鉄を年貢として負担していた荘園であるが、それにふさわしく工《たくみ》免・鍛冶《かじ》給・番匠《ばんしょう》給・鋳物屋《いものや》など、鉄製品の生産に関わる手工業者の給面田が確認できる。伊予国《いよのくに》の例は象徴的である。これは荘園ではなく国衙《こくが》に属した手工業者であるが、経師《きょうじ》（表具《ひょうぐ》職人）免から紺掻《こうかき》（藍《あい》の染色職人）免まで多様な職人が国衙のもとに編成されていたことがわかる。

　このように、中世荘園や国衙領では、必要に応じて手工業者が領主に編成され、その製造品を荘園領主や国衙に納入していたのである。しかし、伊予国の例を除いて、その面積はそれほど大きくないことから、これら手工業者

表５　除田の主な種類と面積

所在地	除田の名称	面　積	出　　典
武蔵国稲毛荘	皮古作免	5反	承安元年稲毛荘検注帳
肥前国	土器作	1	承元2年源壱譲状
同	土器細工作	1（?）	同　上
相模国早河荘	伴細工	?	寛元2年藤原重俊寄進状
安芸国沼田新荘	革染給	5	仁治4年正検注目録
同　沼田本荘	白皮造給	3	建長4年御正検目録写
伊予国国衙領	経師免	7	建長7年伊予国免田注文
（部分）	織手免	25町	同　上
	紙工免	2	同　上
	傀儡免	1	同　上
	銅細工免	1	同　上
	ロクロ師免	1	同　上
	紺掻免	1	同　上
備中国新見荘	番匠免	約9反	文永8年（？）同荘東方地頭方山里畠内検取帳
	工免	1	文永8年地頭方東方田地実検名寄帳
	鍛冶給	1	同　上
	番匠給	1	同　上
	鋳物屋（？）	1、10代	同　上

（横井 1975 より抜粋）

は領主に全面的に編成されていたわけではなく、荘園の外部との交易による収入を前提に経営を成り立たせていたと考えられる。

遍歴する手工業者　その点、興味深いのは朝廷の蔵人所《くろうどどころ》に属していた鋳物師《いもじ》たちの活動である。建暦《けんりゃく》三年（一二一三）の史料には、次のように鋳物師たちの活動が記されている（「鎌」一二〇六三号）。

諸道の細工人《さいくにん》（手工業者）がいろいろな私物を売買交易するのは常例である。したがって、鋳物師も全国を往反して「鍋・釜以下打鉄《うちてつ》、鋤《すき》・鍬《くわ》」を売買している。しかし平安時代末期よりは、それに加えて「布絹類・米穀以下大豆・小豆」も売買している。

この史料はこのような鋳物師たちの交易活動に対して守護や地頭が新たに税を賦課するのを禁止したものであるが、この史料から以下のようなことが判明する。まずは、全国を往反して作った製品を売買する手工業者が存在したことであり、次は、平安時代末期からは、自分たちが作った製品以外の品目（布絹類・米穀以下大豆・小豆など）をも扱うようになっていたことである。前述の給免田を与えられ荘園制に編成されていた手工業者が自立していく姿を読みとることができよう。

2　年貢と公事

（1）年貢の多様性

さまざまな年貢　荘園領主が名田を経営する百姓から収取する年貢が米であったことは常識になっているが、1節の「（2）定田と除田」で紹介した大和国池田荘の名田に賦課されていた年貢に分米のほかに絹と紅花があったように、年貢＝米という常識は単純に成り立つわけではない。

後白河法皇《ごしらかわほうおう》が平安時代末期に集積した厖大な荘園群として長講堂《ちょうこうどう》領荘園＊があるが、その年貢の内容を整理すると表6のようになる。

すべてで九六ヵ所の荘園のうち米を年貢としているのはわずか三一ヵ荘で、全体の三分の一にもならない。それに対して、絹・糸・布など繊維製品を年貢とする荘園が三〇ヵ荘もある。それに、油や紅花を年貢としている荘園を加えると三八ヵ荘にも及び、米を年貢とする荘園数を超えてしまう。さらに、紙やお香そして炭・薪・続松《つぎまつ》（松明《たいまつ》）、榑《くれ》（薄い板）・材木など木を材料とする年貢を出す荘園が多いのも注目される。このように、長講堂領荘園の例だけをとってみても、年貢＝米という常識がすぐさま成立しないことは明らかである。

また、塩を年貢とする東寺領伊予国弓削島荘《ゆげしまのしょう》や、「鉄」を年貢とする安芸国《あきのくに》三角野《すみの》村《むら》や備中国新見荘吉野《よしの》村《むら》の例

紙	香	莚	炭・薪・続松	榑・材木	紅花	鯛	その他	年貢未定荘園	不明
	1	1	1			1	2	1	
1								1	
	1						2		
1	1		2	1			1		
2		1		1			1		1
			1	1	1				
								1	
4	3	2	4	3	1	1	6	3	1
（帖） 12,500 （枚） 429 （両） 50	（石.斗） 8	（枚） 300	炭（籠） 176 薪（束） 4,100 続松（把） 1,000	榑（寸） 13,000 78寸木 200支 枝木物 2,000	（両） 1,000	（喉） 月 90			

（永原 1998 より）

が紹介されていることを考えると（「鎌」補一三四八号、「鎌」一〇八五七号）、絹・布などの繊維製品、炭や薪・榑などの木を材料とする年貢がそれほど突飛なこととはいえないであろう。

年貢の西重・東軽　このような多様性と同時に、年貢で注目されるのは、分布の地域的な偏りである。ふたたび表6をみていただきたい。まず、米であるが、米は五畿内・東海道・東山道の比率が低いのに対して、山陽道・西海道《さいかいどう》が高い。一四ヵ荘のうち一ヵ荘が米の東山道と五ヵ荘すべてが米という西海道の違いは象徴的である。これから判断する限り、年貢としての米は西国から運ばれることが多く、東海道・東山道など東国からはあまり運ばれなかったということができよう。

それに対して絹・布などの繊維製品は、米年貢とはまったく逆で、東海道・東山道に多く、山陽道・南海道・西海道ではこれらを出

表6　長講堂領荘園の年貢の負担形態

	全荘の分布	米	絹・糸・綿・布	油
五畿内	14	4	1	2
東海道	13	2	8	1
東山道	14	1	13	
北陸道	12	5	4	
山陽道	14	7		1
山陰道	16	5	4	1
南海道	7	2		2
西海道	5	5		
不明	1			
荘園数計	96	31	30	7
収納額計		（石） 6, 141	絹（疋） 1, 462 糸（両） 5, 676 綿（両） 19, 256 布（反） 2, 820	（石. 斗） 20. 5

す荘園がまったくない。ここでも、一四ヵ荘のうち一三ヵ荘が繊維製品を出している東海道と、五ヵ荘のうちそれを出す荘園がまったくない西海道との相違は象徴的である。

　このような東国と西国における年貢品目の違いは長講堂荘園だけではない。すでに東国——美濃《みの》・尾張国《おわりのくに》以東の国々では米年貢の方が例外的で、ほとんどが絹・糸・棉《めん》（きわた）・布などが年貢になっていることが指摘されている。実際、美濃国の場合、一八ヵ所の荘園・国衙領の年貢がすべて「八丈絹《はちじょう》」であって、米年貢を出している荘園は皆無であること、尾張国でも三〇ヵ所のうち二七ヵ所が、多少ほかの品目を含むものの、絹・糸を年貢としていることが明らかにされている。年貢の「西重《せいじゅう》・東軽《とうけい》」という特徴は長講堂領荘園だけのものではなく、中世荘園一般の特徴であったのである。

　では、このような年貢の西重・東軽という際だった特徴が生じたのはなぜであろうか。それはいまのところ、生産地の問題もあるが、輸送手段と関係があると考えられている。すなわち、山陽道・南海道・西海道は瀬戸内海などの内海《うちうみ》を利用し、舟を輸送手段として活用できるのに対して、東海道・東山道などは海路を十分利用することができず、陸路＝牛・馬ないし馬車を輸送手段とすることが多かったために、西国は重量の重い米を、東国は軽い繊維製品を年貢として出すことになった、というのである。このように、年貢は米だけではなかったこと、その品目も生産地によって規定されるよりも輸送手段によって規定される側面があったことは注目してよい。

以上のように実際に出された年貢は多様であったが、年貢体系の原則は米の収取であったことを最後に指摘しておきたい。例えば、先に安芸国三角野村では年貢として鉄を出していたことを紹介したが、その史料を細かくみると、そこには「二斗代五町　分《ぶん》鉄百斤」という記載がある。これは「年貢として段別米二斗を賦課される所領が五町あるが、それを鉄に代えて出すと一〇〇斤である」という意味である。すなわち、原則は段別二斗の米が年貢であったが、それを鉄で代納する、というのである。

（2）公事と農事暦

1節の「（2）定田と除田」で説明したように、大和国池田荘では年貢＝分米のほかに公事として絹と紅花が賦課されていた。公事には、荘園領主が行う年中行事、節句《せっく》や盆など定期的に行われる行事の費用として使用されるものや、荘官《しょうかん》や地頭など現地の荘園管理人の名田などを耕作するための労働力提供、さらに領主の使者が現地に下ってきたときの饗応《きょうおう》など、多様な形態があった。

例えば、鎌倉時代中期の東寺領丹波国大山荘《たんばのくにおおやまのしょう》では、年貢として米・麦以外に、苧《からむし》・移花紙・布・麨《しょう》（むぎこがし）・菓子・搗栗《つきぐり》・麨麦《いりむぎ》・節料米・漆・盆供米《ぼんくまい》など多様な内容の品物が賦課されていたが、それ以外に「済物《さいもつ》」＝公事として表7のようなものを負担しなければならなかった（「鎌」九五〇二号）。

栃《とち》・栗・柿など丹波地域の季節の土産から始まって桶《おけ》や折敷《おしき》などの日常使用の木製品、さらに薦《こも》・松明まで、まさに雑多な日常品が公事という名のもとに賦課されていたことが理解できよう。これらを季節ごとに丹波から京都（東寺）まで運搬するのも百姓の仕事（公事としての夫役《ぶやく》）であったのである。

いま、季節ごとに公事が運ばれたと記したが、その実態は大山荘ではわからない。そこで、興福寺領大和国楊《やなぎ》

表7　丹波国大山荘の済物（公事）

餅・栃・甘栗・生栗・串柿・薯蕷《しよよ》（いも）・野老《ところ》（いも）・牛蒡《ごぼう》・蒟蒻《こんにやく》・土筆《つくし》・干蕨《ほしわらび》・胡桃《くるみ》・零余子《むかご》・胡麻・平茸・梨子・桶・足桶・杓・呂子・餅櫃・折敷《おしき》・薦《こも》・続松（松明）・差糸・汲

本荘《もとのしょう》の例を挙げてみよう（『三箇院家抄《さんかいんけしょう》』）。そこには預所《あずかりどころ》分として一八種類の公事が書き上げられているが、そのなかに次のような記載がみられる。

五月五日雑粽六十把一庄惣五節供五ケ度分二貫分

九月九日セムカウ六十合一庄　酒直二斗下司役

十二月節季セムカウ六十合一庄

歳末薪一駄名別三十束也四百文十月成初

柴毎月三荷五荷

五月の端午の節句には「雑（いろいろな）粽《ちまき》」が、九月の重陽《ちょうよう》の節句と一二月の節句には「セムカウ」＝線香が、歳末には燃料の薪が公事として納入されていたことがわかる。他の荘園ではこれ以外に、正月には餅、七夕（七月七日）には索餅《さくべい》（素麺）、お盆（七月一五日）には茄子《なす》や瓜《うり》が納入されていたから、節句をひとつの基準に、その季節季節に応じた公事が賦課＝納入されていたことがわかる。

また、索餅の原料である麦は六月前後の収穫であり、茄子や瓜は夏に収穫される畠作物であるから、興福寺領の近郊荘園では、当時の百姓の農事暦を反映した、逆にいえば農事暦に規定された、季節ごとの公事の収取が実現されていたということができよう。

3　開発と勧農

（1）　開発と再開発

鎌倉時代末期に成立した訴訟手続きの解説書である「沙汰未練書《さたみれんしょ》」に、御家人のことを

> 往昔以来、開発領主として、武家の御下文《くだしぶみ》を賜る人の事なり、開発領主トハ、根本私領《しりょう》ナリ、又本領トモ云フ

と規定されていることから（『中世法制史料集』第二巻）、中世社会の根幹を形作っていた御家人＝武士はなによりも開発領主でなくてはならなかった。しかし、これは法観念上の「理念」であって、すべての武士が領地の開発を通じて成長してきたわけではない。

実際、なにもない原野を大規模に耕地化するのは現代社会においてもそれほど簡単な技術ではない。中世成立期の領主の開発を示す事例としてよく紹介される秦為辰《はたのためとき》の播磨国赤穂郡久富保《あこうぐんひさとみのほう》の場合も、延べ五〇〇〇人もの労働力を動員して荒田《こうでん》五〇町余を開発したというが、その前提には「当作《とうさく》」＝現作田が五町余があったし、開発に用いた用水も「旧跡」のある荒井溝＝荒れた井溝、であった（『平』一〇五九号など）。また、丈部為延《はせつかべのためのぶ》が開発を任された伊《い》賀国簗瀬郷《がのくにやなせごう》が「見（現）作田」一七町余と「無数荒野」から成り立っていたことも同様の事態を示している（『平』一〇〇二号）。そしてなによりも、一一世紀初頭、和泉国守《いずみこくしゅ》が大小の田堵《たと》らに開発を命じた対象が「古作（＝見作）のほかの荒田」であったことがよく示している（『平』四六二号）。

すなわち、これらに共通しているのは、「当作」「見作」「古作」という既存の現作の田地を基点にしてその周囲の荒田を再開発することが「開発」と呼ばれていたことである。いい換えると「開発」といいながらその実態は再

開発が中心であったのである。詳しくは述べられないが、平安時代中後期の開発の対象はそのほとんどが「荒田」と表現されており、「無《む》主《しゅ》の荒野」（所有者のいない原野）を開発する、という表現が現れるのは一二世紀も後半のことであることもそれを裏づけていよう（「平」三三七一号など）。

（2）開発から勧農へ

勧農とは？　荘園の立荘が鎌倉時代に入ると減少することなどから、耕地の大規模開発も鎌倉時代には落ち着いてくるといわれる。そのような事態に対応して、領主層の間でも「開発」よりも「勧農《かんのう》」＊という行為が領主権との関わりで問題になってくる。

勧農の具体的な内容については後述するとして、典型的な例を挙げると、嘉応《かおう》三年（一一七一）中原頼貞《なかはらのよりさだ》が板津《いたづ》荘《しょう》（所在国名不明）に近接する重友村《しげともむら》を「介次郎殿」に譲り、この村は「みな損亡《そんぼう》仕り、荒廃の地」なので「浪人《ろうにん》らを招き寄せ」開発せよ、というべきところを、「勧農あるべき也」といっているのがそれである（「平」三五七〇号）。さらに鎌倉時代に入ると、死亡逃亡した百姓跡《あと》の荒田を沙汰人《さたにん》・百姓らに「彼の□〔跡カ〕を勧農し、年貢所当を全うせよ」と命じている例も散見する（「鎌」二七四二五号）。これも本来なら「開発」と表現されるところであろう。

では、このように開発に代わって使用されるようになった勧農とはどのような内容をもっていたのであろうか。勧農は古代においても使用された用語で、読んで字のごとく「農業を勧める」ことであり、簡単にいうと支配者階級（朝廷・国衙・荘園領主・幕府）による農業生産奨励であるが、中世ではより限定されて春（旧暦の三月頃まで）における農業奨励のことであった。具体的には、毎年春に灌漑施設を整備し、斗代《とだい》（年貢高）を決めて田地の耕作責任者を決定（＝散田《さんでん》）し、耕作者に種子・農料《のうりょう》を下行《げぎょう》するという領主側の行為であった。すなわち春の勧農行為を無事遂行することが秋の収穫＝年貢の取収を確実にするものだったのである。

勧農と下地進止権　このように重要な行為であるから、鎌倉時代に入り荘園ごとに地頭が補任《ぶにん》されると、勧農権をめぐる地頭と荘園領主の対立が生じた。弘長《こうちょう》二年（一二六二）、越中国石黒荘《えっちゅうのくにいしぐろのしょう》で雑掌《ざっしょう》（荘官の一種）と地頭が二六ヵ条にわたって相論をしているが、その一ヵ条は「勧農田」をめぐるものであった。そこで、雑掌は「預所（荘官の一種）の進止（権限）として作人を付すの条、先例なり」と主張したのに対し、地頭は「地頭・公文《くもん》ら勧農の沙汰を致す事、先の傍例なり」と反論している（「鎌」八七七五号）。雑掌は「作人を付ける」こと（勧農）は荘園領主側の権限だといい、地頭は「勧農」権は自分たちに属す、というのである。

また、宝治《ほうじ》元年（一二四七）には若狭国太良荘でも東寺雑掌と地頭若狭氏の間で「勧農の事」が訴訟になっている（「鎌」六八九三号）。この時は、雑掌の「満作《まんさく》せしめんがため、預所農料を下し、斗代を減じ、勧農を遂げおわんぬ」という主張が通り、荘園領主側に勧農権があることが認められたのだが、この判決が、約八〇年後の正中《しょうちゅう》二年（一三二五）の相論では次のようにいわれていることは注目しなければならない（「東寺百合文書」ヒ）。

> （勧農権が）領家の進止でないのであれば、どうして満作のために預所が農料を下し、斗代を減ずることがあろうか。これを遂行するために地頭の違乱が停止されているのである。（中略）御下知に載せられているうえは、預所が下地《したじ》を進止することはどこに不審があるだろうか。

鎌倉時代末期に勧農をめぐる相論がふたたび起き、勧農権が荘園領主側（預所）にあることが再確認されただけでなく、その勧農権が中世的な土地所有権を示す「下地を進止（支配）する」＝「下地進止権」*として解釈し直されているのである。勧農権は具体的には春に農業遂行を実現するための行為であったが、その内実としては中世社会の土地所有をめぐる重要な権限を含んでいたのである。

（3）用水とため池

用水の開発　中世における勧農の重要性を指摘したが、その中心的な一つに灌漑施設の整備があったように、水田への引水は農業を遂行するうえで不可欠の農作業であった。中世全体を見渡した時、引水のための施設として井溝の開削と池の築造があったことは間違いない。本節「(1)開発と再開発」でも紹介したように、秦為辰の久富保の開発には荒井溝の修復を伴っていた。また、時代は下るが、南北朝・室町期の紀伊国荒川荘《きいのくにあらかわのしょう》、遠江国蒲御厨《かばのみくりや》、山城国上野荘《やましろのくにかみののしょう》などの再開発も旧水路を復旧して実現されたのである。

そして、これらに共通するのは、旧水路を復旧し再開発を請け負ったのが土豪層であったことである。例えば、紀伊国荒川荘の場合、旧路であった「大井」を修復して「島」（旧河道の微高地で「島田」といわれた）の開発を目指したものであったが、それを申請したのは「コウタ」「ウエノ」「カウノムラ」の三ヵ村の村名を名乗る三人の土豪層であった。これはやや趣を異にするが、暦応《りゃくおう》年間（一三三八〜四二）、南山城の「桂河《かつらがわ》要（用）水今井」の管理を請け負い、その契約書に署名したのは、その用水を利用している上久世村《かみくぜむら》・河嶋村《かわしまむら》・寺戸村《てらどむら》を代表する「上久世季継／河嶋安定／寺戸親智」の三人の土豪であった。

これらのことを考え合わせると、旧水路の復旧や新しい水路の開削という村を越えた広域的な用水路の確保と開発・再開発は、土豪など領主階級に属する者によって主導されたということができよう。

池の築造　一方、池の築造は村や百姓らが主体となって行っていたといえそうである。例えば、有名な事例であるが、鎌倉時代初期の播磨国小犬丸保の百姓らの主張によると、この保は水不足であったので、「往古土民ら、計略を廻《めぐ》らし功力《こうりょく》を尽くして、さらに池を構築して作田に漑《そそ》ぎ入れ、年貢を備進」してきた、という（「鎌」九一二号）。また鎌倉時代後期の和泉国《いずみのくに》池田荘では、以前からあった梨本池《なしもといけ》が池水不足になったため、池田荘上方箕田村《みのだむら》の沙汰人・百姓は永仁《えいにん》二年（一二九四）に新たに「梨本新池」を築造したと伝えている（「鎌」一八四五八号）。さらに、鎌倉時代後期から南北朝期にかけて、紀伊国粉河寺《こかわでら》領東村《ひがしむら》では半世紀の間に十数個の堰止《せきと》め池が築造されたが、それを示す史料の一つに「東村の人に池代（池の予定地）を永代売り渡すこと実正なり」と記されていた（「鎌」一九二三三号）。この池の築造主体は「東村の人」＝惣村《そうそん》であったことがわかる。

これらの池と用水路との関係を示すよい事例ではないが、荘園絵図で有名な紀伊国桛田荘《かせだのしょう》では、その初期、山裾の池群が用水源として利用されていた可能性が高いが、それを克服して笠田地区の開発を実現するために開削されたのが「文覚井《もんがくゆ》」であったと考えられるし、これも有名な和泉国日根荘《ひねのしょう》でも、初期の用水源は荘園の北に連なる丘陵の麓に築造された「十二谷池《じゅうにだにいけ》」を中心とするため池群であったと考えられるが、中央部の「荒野」を開発するために、樫井川《かしいがわ》の上流に堰を構築し引水されたのが「ゆ川」であったと推定される。

4 宿と市

(1) 宿の構造

いままで荘園内部に限って、その構造的な特質について記してきたが、当然、荘園が周囲の荘園と隔絶した孤立的な存在であったわけではない。街道や河川交通、さらには用水や山野などをめぐって周囲の荘園とさまざまな関係を取り結んできた。ここではその周囲との関係を作りだしていた宿《しゅく》と市の存在形態について、簡単にみておきたい。

宿はいうまでもなく交通路上に設置された施設であるが、それは自然発生的に成立するものではなく、幕府や戦国大名、地域の領主などの意志にもとづいて設置される場合が多いことが指摘されている。例えば、鎌倉幕府はたびたび東海道沿道の宿の新設を命じており、建久《けんきゅう》五年（一一九四）段階では宿ごとに早馬《はやうま》が置かれ、宿の規模に応じ二～八人の人夫が常駐することになっていた（『吾妻鏡《あづまかがみ》』同年一一月八日条）。このようにして、一三世紀半ばには室町時代まで続く東海道の宿はほぼ出そろうことになったという。

したがって、宿には必要な施設がはじめから作られていた。まずは馬とそれを引く疋夫《ひきふ》が配備された。それに伴って、厩《うまや》や疋夫の居住施設である在家があり、近くに馬市《うまいち》をもつ宿もあったという。それに倉も付置されていた。食料や物資の収納施設であったと思われる。

肝心の宿泊施設としては、旅館や民家など多様な施設が利用されたことが確認できるが、幕府の使者や上級武士などの宿泊施設として注目されるのが寺院であった。荘園絵図として著名な「円覚寺領富田荘絵図《えんがくじりょうとみたのしょうえず》」に記載された尾張国萱津宿《かやつのしゅく》には多数の寺院が存在しているが（図1、円覚寺文書）、それらが宿泊施設として利用された可能性は高い。例えば、管領細川政元《ほそかわまさもと》の越後下向の際多くの宿で寺院が利用されたことがわかるし、室町幕府将軍足利義持《あしかがよしもち》が伊勢参詣の際、伊勢《いせ》国安濃津《あのうつ》で宿泊したのは時宗《じしゅう》の念仏道場であった。

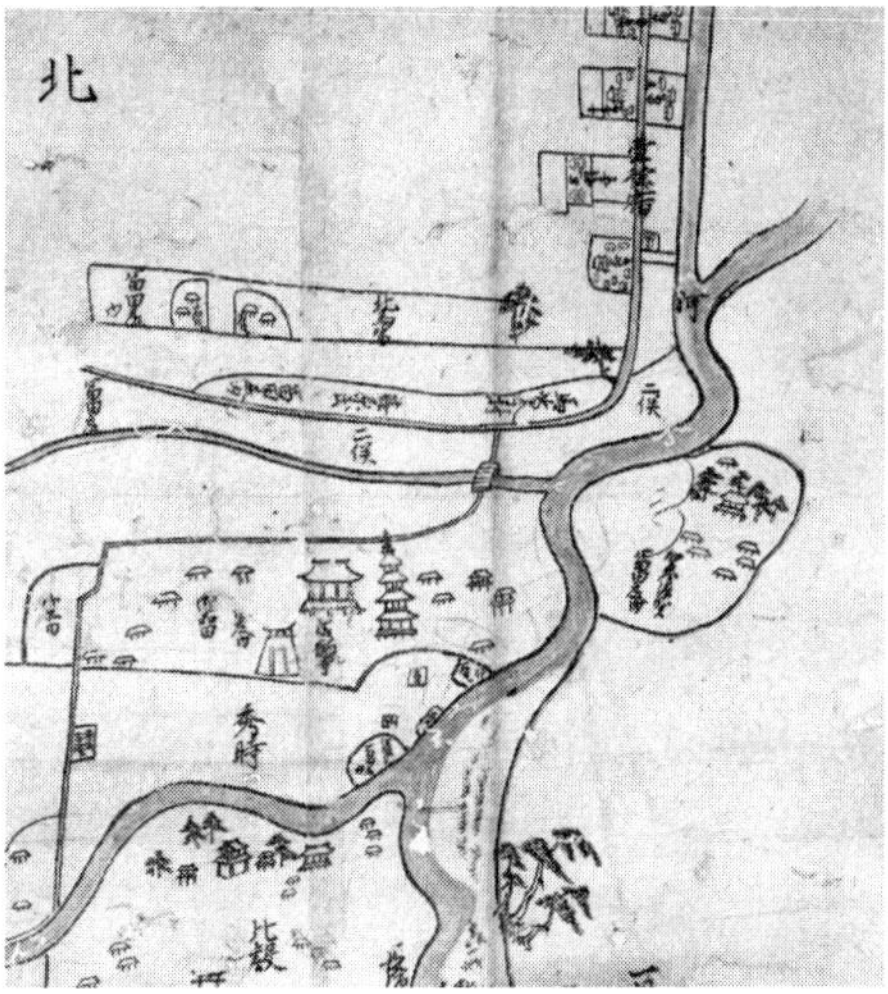

図１　尾張国萱津宿（円覚寺所蔵「円覚寺領富田荘絵図」より）

このように、寺院のなかでも時宗寺院が宿泊施設として利用されたことが確認できる。上野国《こうずけのくに》の板鼻宿《いたはなのしゅく》、山名宿《やまなのしゅく》などでは鎌倉時代以来の時宗寺院が存在しており、宿と時宗寺院の関係の深さを物語っている。このように宿と時宗との関係の深さは、政策的に宿を設立するためには当然建設費用が必要であったが、その費用の捻出の一端を担っていたのが時宗寺院による勧進《かんじん》活動だったのではないか、と考えられている。

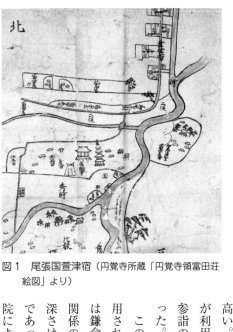

（2）市の立地と構造

市の立地については個別的な検討はあるが、広域的な分析は史料の制約もあり、あまり行われていない。そのような研究状況のなかで、小林憲太郎が行った尾張国の定期市に関する研究は特筆すべきものである。

それによると、尾張国では少なくとも一五世紀初頭までに七つの定期市が確認されるという（表8）。そして、これらの市の立地は、「木曽《きそ》川《がわ》扇状地《せんじょうち》末端付近から尾張平野の中央部に密に分布して、自然堤防と後背湿地《こうはいしっち》が交錯して河川流路も比較的安定し、古代以来開発が進んで最も高い生産力を示していた氾濫《はんらん》地域に対応している」という。

表8　中世尾張国の定期市

海東上荘市	貞応1年(1221)
海東郡萱津東宿市	仁治3年(1242)
同郡下津五日市	正和3年(1314)
中島郡八瀬市	延文4年(1359)
同郡山田市	康応1年(1389)
同郡国衙下津市	応永4年(1397)
牛野郷東本地市	応永9年(1402)

『一遍上人絵伝《いっぺんしょうにんえでん》』に描かれた備前国福岡市《びぜんのくにふくおかのいち》と信濃国伴野市《しなののくにとものいち》もまた、それぞれ吉井川《よしいがわ》と千曲川《ちくまがわ》の河原ないし河川敷《かせんじき》に立っていたから（コラムI参照）、市の立地は河原・河川敷であったということができそうである。

この特徴を網野善彦のように「無縁」*の場と評価することに対しては慎重でありたいが、当時、大量に物資を運搬できる交通手段が舟であり、年貢なども河川交通を利用して集積されていることを考えるならば、河原は市の立つ場として非常に便利であったことは間違いない。1節の「（1）田と畠」で指摘したように、天竜川沿いに立地した池田荘には「河原四十余町」が含まれていたことを想起していただきたい。

しかし、表8に「萱津東宿市」があるように、さらに中世後期になると、後北条氏《ごほうじょうし》領内を中心に世田谷《せたがや》新宿《しんじゅく》や荻《おぎ》野《の》新宿宛ての「市法度《いちのはっと》」「市掟《いちのおきて》」*が確認できるようになるから、宿と市がそれぞれ別個に立地していた段階から両者が接近して立地する段階への移行も考えておく必要があろう。

【参考文献】

網野善彦『日本中世の民衆像』（岩波書店、一九八〇年）
網野善彦『荘園公領制の構造』（『網野善彦著作集　第三巻』岩波書店、二〇〇八年）
井原今朝男「東国荘園の替銭・借麦史料」（『日本中世債務史の研究』東京大学出版会、二〇一一年）
榎原雅治『中世の東海道をゆく』（中央公論新社、二〇〇八年。のち吉川弘文館、二〇一九年）
大山喬平「中世における灌漑と開発の労働編成」（『日本中世農村史の研究』岩波書店、一九七八年）
木村茂光『中世社会の成り立ち』（吉川弘文館、二〇〇九年）
木村茂光編『日本農業史』（吉川弘文館、二〇一〇年）
黒田弘子「池水灌漑と惣村」（『中世惣村史の構造』吉川弘文館、一九八五年）
小林健太郎「大名領国成立期における中心集落の形成」（『史林』四八—二、一九六五年）
佐々木銀弥『中世商品流通史の研究』（法政大学出版局、一九七二年）
永原慶二『荘園』（吉川弘文館、一九九八年）
山本隆志「鎌倉時代の宿と馬市・馬喰」（『東国における武士勢力の成立と展開』思文閣出版、二〇一二年）
横井　清「荘園体制下の分業形態と手工業」（『中世民衆の生活史』東京大学出版会、一九七五年）
渡辺澄夫「大乗院領大和国楊本庄」（『増訂　畿内庄園の基礎構造　上』吉川弘文館、一九六九年）

コラムⅠ　描かれた荘園

『一遍上人絵伝』の市の風景――福岡市と伴野市――

鎌倉時代の市が月に三回立つ「三斎市《さんさいいち》」であり、室町時代になると六回立つ「六斎市」に発展することは教科書などでよく知られた事実である。すなわち、京都や一部の地方都市を除いて常設市はまだ存在しなかったのである。その市の立った情景と立っていない情景をコントラストに描いているのが『一遍上人絵伝《いっぺんしょうにんえでん》』の二つの風景である。

一つは、これも教科書によく掲載されている備前国福岡市《びぜんのくにふくおかのいち》の場面である（図2）。場面の下方には吉井川《よしいがわ》の河岸が描かれ、小舟が二艘荷物の上げ下ろしをしている。店は茅葺《かやぶ》きの掘っ立て小屋が五宇描かれているが、南北朝期の紀行文『道ゆきぶり』には「家ども軒をならべて民のかまど（竈）にぎはひつつ」と書かれている。わずか数十年でこのような変化が起こったとも考えがたいから、鎌倉末期の段階においてもこの五宇の周辺に人家があったと考えた方が無難であろう。

店棚《みせだな》を覗《のぞ》いてみると、画面左上では布・織物を扱っており、その右の店では米や魚や鳥などを売っている。これらの店はそれぞれ分けて描かれているから、この時代から商品によって店が異なっていたことがわかる。きっと商人もそれぞれ分かれていたのであろう。すぐ下の店では大きな瓶《かめ》を扱っている。画面右下の低い屋根の小屋

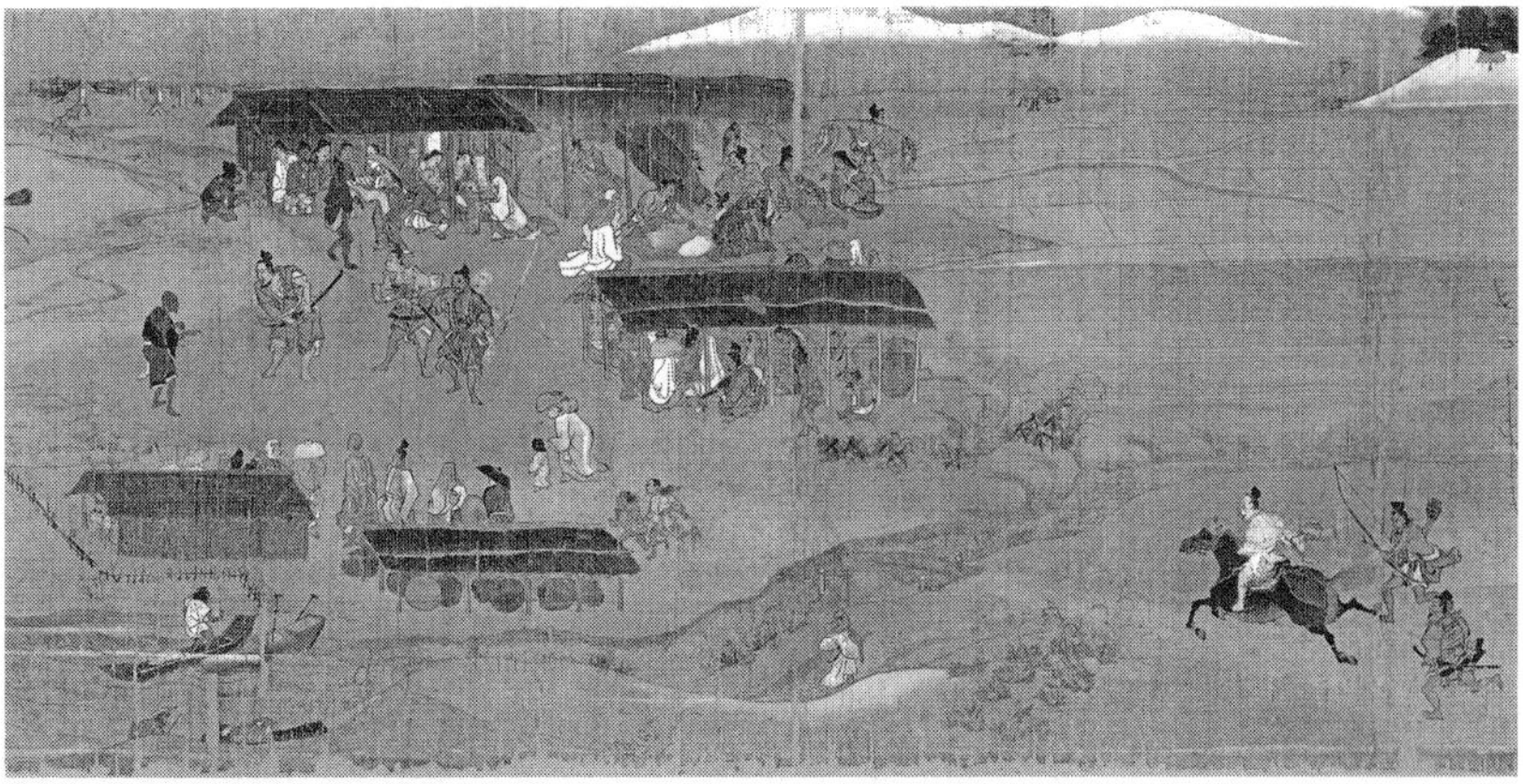

図２　備前国福岡市（清浄光寺所蔵『一遍上人絵伝』より）

図３　信濃国伴野市（同前）

にはそれと同じ大瓶が横にして置かれているから、この店が、備前国の特産品である備前焼を扱う店であったと考えられる。

画面の左側には広場が広がっている。そこでにらみ合っているのは一遍と一遍を追ってきた神主の子息主従であるが、そのことはさておくとして、市にはこのような広場が付きものであって、そこではさまざまな芸能が行われたのであろう。ここにそれは描かれていないが、中世の市の賑やかさが伝わってくる場面である。

一方、もう一つの信濃国伴野市《しなののくにとものいち》はどうであろうか（図3）。こちらはあまりにも閑散としており、殺風景な場面としかいいようがない。

店は六宇描かれているが商品はまったくなく、上段の店には上半身裸の乞食とじゃれ合っているイヌが三匹、さらに右側には餌をついばむカラスが四羽描かれているだけである。下段に目を転じても、描かれているのは西方の空を見上げる一遍の集団とその後景の薦《こも》を持った乞食と思われる集団だけである。一遍の集団についてきたのであろう。商品だけでなく商人も客もまったく描かれていない。乞食たちの仮住まいや遍歴する僧や旅人の休息の場として利用されていた。これが市の立たない日の市の風景であった。

しかし、このような伴野市も南北朝には違った様相をみせる。一九八四年、京都大徳寺《だいとくじ》の塔頭徳禅寺《たっちゅうとくぜんじ》の襖絵《ふすまえ》の下張りから発見された数百点の中世文書のなかに、伴野荘二日町屋《ふつかまちや》に関する文書があった。そのなかの建武《けんむ》二年（一三三五）の文書には、伴野荘二日町屋の住人「太郎三郎入道浄阿《じょうあ》」が二九貫文の「替銭《かえぜに》」＝為替《かわせ》を三軒の京都商人を支払人とした「割符《さいふ》」＝手形に組んで京都に送られたことが記されていたのである。すなわち、建武年間の伴野荘には、伴野市から発展したと想定される二日町屋が成立しており、そこでは替銭＝為替が発達し年貢などの輸送に割符＝手形が利用されていたことが判明するのである。そして、この文書には、浄阿の信用を保証するために同町屋の住人三人が「口入人《くにゅうにん》」として署名している。

これらのことは、南北朝期の伴野荘では銭が相当に普及していたこと、年貢の遠距離輸送を請け負う商人集団が存在したこと、その輸送のために為替と手形を用いた信用経済が展開していたことを示している。『一遍上人絵伝』の伴野市の風景からは想像だにできない事態の進展である。

この伴野市と二日町屋との関係からもわかるように、市と宿・町屋は一体化する傾向をもっていた。例えば、本章4節の「(1) 宿の構造」でふれた尾張国萱津宿《おわりのくにかやつのしゅく》は、鎌倉時代中期の紀行文『東関紀行《とうかんきこう》』では次のように描かれている。

> かやつ（萱津）の東宿の前を過ぐれば、そこらの人集りて、里も響くばかりに罵《ののし》りあへり。けふ（今日）は市の日になむ当りたるとぞいふなる。

萱津（東）宿の近辺に市が立ち、そこに多くの人々が集まり、そこから発せられる喧騒《けんそう》に作者が驚いている様子が十分に伝わってくる。まさに宿と市の一体化を示す事例といえよう。このように、宿と市が接近して立地するようになるにしたがい、地方にも宿と合体した常設の市が立てられるようになっていったのであろう。

（木村）

信濃国伴野荘浄阿替文

○建武二年（一三三五）閏一〇月八日　信濃国伴野荘野沢郷住人浄阿替文
（「大日本古文書」『大徳寺文書別集　徳禅寺文書之二』）

「のさわのかう《野沢郷》二日まちや《町屋》太郎三郎入道うけとり《請取》」
うけ《請》申候大徳寺の御かゑせに《替銭》の事
　合弐拾九貫文者
右の御せに《銭》ハ、しなのゝくに《信濃国》ともの《伴野》ゝ御庄内大沢御年貢を、同御庄二日まちや《町屋》にしてとゝ《留》め候ぬ、この御せに《銭》ハ、
きやう《京》のちこくかつし《地獄か辻》さかた《坂田》入道のさいふ《割符》一つう《通》に拾貫文、あやのこうち《綾小路》のまつとの《松殿》ゝさいふ《割符》一つう《通》に拾貫文、
はうしやしのまちのあくた《芥田》入道のさいふ《割符》二つう《通》に九貫文、さいふ《割符》うけとり《請取》をしんし《進止》候、このうけとり《請取》にちかいめ《違目》
候て、御せに《銭》ゝちゝ《遅々》候ハゝ、為㆓浄阿沙汰㆒、国にをきて《於》以㆓一倍㆒可㆓弁進㆒候、仍かへふみ《替文》状、如㆑件、
　建武弐年壬十月八日
かゑぬし《替主》しなのゝくにとものゝしやう《信濃国伴野荘》二日まちや《町屋》の
住人　た《太》郎三郎入道浄阿（花押）

口入人同所住人　四郎三郎みつしけ（花押）
同所住人　二郎三郎もりしけ（花押）
大沢住人　まこ三郎もりのふ（花押）

この史料は、本章コラムIで紹介した信濃国伴野荘二日町屋《しなののくにとものしょうふつかまちや》の「替銭《かえぜに》」＝為替《かわせ》に関する史料である。コラムIでも記したように、この史料には伴野荘二日町屋の住人「太郎三郎入道浄阿《じょうあ》」が二九貫文の「替銭」＝為替を三軒の京都商人を支払人とした「割符《さいふ》」＝手形に組んで京都に送られたことが記されている。

まずこの史料で注目したい点は、南北朝時代初期の信濃国佐久郡《さくぐん》と京都という遠隔地間で為替を用いた信用経済が行われていたことである。これは鎌倉時代中期から盛行するといわれる年貢の代銭納《だいせんのう》が、この地域では早くも南北朝初期に「替銭」＝為替の使用に発展していたことを示している。

それも京都の三軒の商人の氏名が特定されていた。これは京都の金融業者に関する詳しい情報が佐久郡にもたらされていたことを物語っている。佐久郡と京都との間で「替銭」が用いられていたこととともに、このような情報がどのようにして佐久郡まで伝えられたのかについても興味がわく。

第二は、替主浄阿の信用を保証するために記された三人の「口入人《くにゅうにん》」の性格である。「みつしけ」と「もりしけ」は同じ二日町屋の住人なので同業者的存在だと思われるが、もう一人の「もりのふ」は「大沢住人」であった。「大沢」はこの「替銭」で運ばれた年貢を納入した郷である。偶然とも考えられるが、「もりのふ」と大沢郷との関係、さらに彼と浄阿と口入人二人との関係など、当時の伴野荘における人的諸関係を解明する大きなヒントになると考える。

第三は、二日町屋に「留め」置かれた年貢の行方である。周辺地域の事例からこれは絹などの繊維製品だと考えられるが、これらはその後どのように処理されたのであろうか。絹などを消費する環境が伴野荘周辺に存在したのであろうか。信濃善光寺周辺、それとも国境を越えた上野国衙《こうずけこくが》付近であろうか。

このようにこの史料から読み取ることができる事実はとても多い。参考文献によれば関係史料もあるようなので、果敢に読解に挑戦してほしいと思う。

最後に、この史料の性格について。この文書は襖絵の下張りから発見された文書の一通である。すなわちこの文書は本来の用途を終えて廃棄され、それがたまたま襖絵の下張りに再利用された結果、現在に至って日の目を見ることになった。これ以外に、本来の用途が終わって廃棄された文書の「裏」が写経などに使用され現在まで伝来してきた文書＝「紙背文書」がある。廃棄文書や紙背文書は用済みとして廃棄された文書であるため、正文《しょうもん》として大事に保管されてきた文書にはない内容が記されている場合が多い。そのような意味で、この「替銭請取状」は廃棄文書の価値の高さをよく示している史料ということができよう。

（木村）

【参考文献】

井原今朝男「東国荘園の替銭・借麦史料」（『日本中世債務史の研究』東京大学出版会、二〇一一年）

用語解説

定田（じょうでん）

荘園領主や国衙《こくが》の年貢・所当の賦課対象となる田地のこと。荘園や国衙領の田地のうち、仏神田《ぶっしんでん》（寺社の運営のための費用を出す田地）や給田《きゅうでん》（荘官や手工業者のための田地）などの除田《じょでん》を除いた田地のこと。定田はさらに百姓らが経営する名田《みょうでん》と領主の直営地である一色田《いっしきでん》に分けられる。定田は鎌倉時代、御家人役賦課の基準ともなったので、公田《こうでん》と呼ばれ、それを確定するために大田《おおた》文《ぶみ》が作成された。定田数はしだいに固定化され、室町時代には徴税の基準の一つとなった。

長講堂領荘園（ちょうこうどうりょうしょうえん）

後白河法皇《ごしらかわほうおう》が院の御所六条殿《ろくじょうどの》（六条西洞院《にしのとういん》）に設置した持《じ》仏堂《ぶつどう》＝長講堂に集積された荘園群のこと。全体で一八〇ヵ所に及ぶ。法皇は亡くなる前に、六条殿・長講堂とともにその荘園群を寵愛の丹後局《たんごのつぼね》（高階栄子）の娘である宣陽門院《せんようもんいん》覲子内親王《きんしないしんのう》に譲与した。その後、この荘園群は後《ご》深草天皇《ふかくさてんのう》に譲与され、鎌倉時代末期には「両統迭立《りょうとうてつりつ》」の際の一方である持明院統《じみょういんとう》に伝えられ、その経済基盤となった。ちなみにもう一方の大覚寺《だいがくじ》統《とう》の経済基盤となったのは、鳥羽《とば》天皇《てんのう》皇女八条院暲子《はちじょういんしょうし》に集積された八条院領で、最盛期には二三〇ヵ荘にも及んだ。長講堂領荘園の全体像は、建久《けんきゅう》二年（一一九一）の「長講堂目録」（「鎌」五五六号）、応永《おうえい》一四年（一四〇七）の「宣陽門院御領目録」などにみえる。

木棉（もめん）

室町後期・戦国時代以前では、蚕の繭《まゆ》を裂き広げた真《ま》綿《わた》を意味した。繭は蛹《さなぎ》をいれたまま長く保存することができないので、繭を破って蛹を取りだし、真綿として保存した。植物性の綿の実から取る木綿が普及する以前に、例えば『延喜《えんぎ》式《しき》』の貢納物や荘園の年貢・公事《くじ》などとしてみえる「木棉」はすべて繭から取った綿である。

植物性の木綿は、本文にもあるように、八世紀末に日本に伝わったことが知られるが、栽培は定着しなかった。その後、室町時代後期になって朝鮮や中国から木綿が輸入されるようになり、一六世紀にはいると東海地方を中心に徐々に栽培が行われるようになった。最初は主に火縄銃の火縄や軍隊の衣服・船の帆など軍事用品に利用された。そして、江戸時代に入ると庶民の衣服の材料として急速に普及した。

勧農（かんのう）

農民に農業を奨励する領主の政策・行為のこと。古代では国司が国内を巡行し農業を振興させることになっていたが、平安時代になって国司の遙任《ようにん》が進むと、国司が任命された後、在庁官人宛てに初めて出す命令文書（初度庁宣《しょどちょうせん》）の第一条に「勧農の事」が記されるなど、古代を通じて国司の重要な任務の一つであった。中世の荘園領主も同様で、春先になると、灌漑施設を整備し、斗代《とだい》（年貢高）を決めて田地の耕作責任者を決定し（散田《さんでん》）、耕作者に対して種子・農料を下行《げぎょう》することが「勧農」といわれた。勧農行為は「下地《したじ》」に対する支配権を裏づけるものであったから、地頭と荘園領主の間でたびたび相論となった。

種子・農料（しゅし・のうりょう）

平安時代から中世にかけて、領主の開発地や領主の直営田畠を耕作させるために、領主から百姓に支給された種《たね》籾《もみ》・食料などの費用。「営料」「農料」ともいわれた。この支出は領主の勧農行為のうち重要な一つであった。

下地進止権（したじしんしけん）

「下地」とは、中世の荘園や公領において田畠や山林など収益（年貢・所当や公事）の対象となる土地そのものを指す言葉。年貢や所当などの収益を「上分《じょうぶん》」といったことに対応する。このような「下地」が広く用いられるようになるのは一二世紀末からで、これは、重層的な土地の領有体系を特徴とする荘園公領制の成立と連動すると考えられる。鎌倉時代に入り地頭制が施行されると、下地に対する実際的な支配権（下地進止権）は地頭ないし荘官などの在地領主が掌握するようになり、年貢・所当などの収益権（得分権）は荘園領主が持つように分化した。しかし、地頭や荘官も荘園内に領有が認められた地頭名や荘官名などを通じて得分権を行使できたから、下地進止権と得分権は明確に区分がつかず、たびたび地頭・荘官などと荘園領主との間で紛争が生じた。その結果、鎌倉中期以降には、下地を地頭と荘園領主で二分する「下地中分《ちゅうぶん》」や、年貢の納入と荘園の経営の両方を地頭が請け負う「地頭請《じとううけ》」が成立した。

無縁（むえん）

中世、俗縁の世界から切断された場所や人の状態を示す仏教語。また網野善彦によって中世の自由の一形態を意味する研究概念としても提起された。戦国期には大名権力によって特定の寺が「無縁所《むえんじょ》」に設定され、アジール（世俗世界から遮断された不可侵の聖なる領域）として寺外との縁を断ち、近世には縁切寺に転化する。こうした積極的な意味で使われる一方、頼る者がいないという意味で「無縁非人」「貧道《ひんどう》無縁」のように、貧困・差別に関係する用法もあった。

市法度・市掟（いちのはっと・いちのおきて）

「市場法」ともいう。中世の市場における治安・秩序維持を目的に、守護や地頭・戦国大名らが発した禁制《きんぜい》などを指す。文和《ぶんな》二年（一三五三）に安芸国《あきのくに》沼田荘《ぬたのしょう》の地頭小早川《こばやかわ》氏が出したものが早い例だが、多くは一六世紀以降、戦国時代に発せられたものが多い。天正《てんしょう》六年（一五七八）、後北条《ごほうじょう》氏《し》が武蔵国《むさしのくに》世田谷新宿《せたがやしんじゅく》に出した「掟」では、一月《ひとつき》六日の「市之日」が記された後、「押買狼藉《ろうぜき》」や「喧嘩口論」の停止が命じられ、最後には「諸役一切あるべからず」と規定され、「楽市《らくいち》」であることが宣言されている。現在も世田谷区で行われている「ボロ市」はこの楽市の名残りであるともいわれている。戦国大名らはこのような掟を出すことによって、領国内における商業・交易に関する紛争を抑止するとともに、市場の繁栄を図った。

（以上、木村）

第6章　南北朝期〜戦国期の荘園

清水　亮

1　南北朝内乱と荘園の変容

（1）　寺社本所領と半済

南北朝内乱と「寺社本所領」概念の登場　建武《けんむ》二年（一三三五）一一月、後《ご》醍醐《だいご》天皇《てんのう》から追討対象とされた足利尊《あしかがたか》氏《うじ》は、建武三年六月に京都を占拠し、同年八月、持明院統《じみょういんとう》の光明天皇《こうみょうてんのう》を擁立して、北朝を成立させた。対する後醍醐天皇は、瀬戸内海・伊勢湾・熊野《くまの》すべてに通じる要衝吉野《よしの》に拠点を構えた。約六〇年に及ぶ南北朝内乱が始まったのである。

南北朝内乱は、南朝・北朝という二つの王権による公戦というかたちをとった。したがって、武士はもとより民衆・本所（公家）・寺社も、北朝軍（室町幕府軍）あるいは南朝軍に何らかのかたちで「参加」することを求められた。南北朝内乱は、室町幕府の軍事力によって北朝優位のかたちで進められていった。室町幕府は、戦争を優位に進めるために、各地の武士を、「寺社本所領《じしゃほんじょりょう》」・「武家領」と呼ばれる所領の給付・預け置きを媒介として軍事編成していった。

「寺社本所領」とは、北朝方の寺社・本所が保有する一般に領家職《しき》以上の荘園・公領の権益であり、「武家領」とは、北朝方の武士が保有する現地管理権を中心とした荘園・公領の権益である（室町幕府追加法一・二・三・二五など）。室町幕府が採用した「寺社本所領」・「武家領」とは、所務《しょむ》沙汰《さた》（所領支配に関する裁判案件）に関わる権益の区分であり、鎌倉後期に登場する「武家領」・「本所領」という荘園権益区分の延長線上にあった。南北朝内乱初期の荘園・公領は、荘園が本来有する重層的領有体系を建て前としていたのである。

荘園の重層的領有体系は、一三四〇年代に入って武士・寺社・本所それぞれの要求に対応するかたちで崩されはじめた。幕府の政策レベルでは、足利直義《ただよし》（足利尊氏の弟）が主導して発布したとみられる貞和《じょうわ》二年（一三四六）一二月一三日付「国司領家年貢対捍《たいかん》地の事」（室町幕府追加法二五）が、荘園の重層的領有体系を解体させる契機となったとみられる。この法令では、①武士たちが寺社本所領を兵粮料所《ひょうろうりょうしょ》・預け地として知行《ちぎょう》する状況自体は幕府によって認められている、②武士による年貢未進への対応策として年貢額・年貢未進額に応じた本所への下地《したじ》分割という政策が提示されている、という特徴を見出すことができる。戦争遂行のため、武士たちが寺社本所領の権益を「料所ならびに預け地」として知行する状況に対抗して、寺社・本所は荘園・公領の年貢を確保するために荘園・公領現地の直接支配（下地支配）を指向するようになったのである。

半済令の展開　さらに、観応《かんおう》元年（一三五〇）一〇～一一月に顕在化した尊氏党と直義党の闘争に南朝勢力が巻き込まれ、観応の擾乱《じょうらん》とよばれる全国的な内乱が展開した。この観応の擾乱によって、荘園の重層的領有体系はさらに解体していった。そして、荘園の多くは、単一の領主のみが所領を支配する「一円領」に変化していくことになる。このような荘園の一円領化を促進したのが、室町幕府の軍事政策として発布された半済令《はんぜいれい》である。

半済令の初令は、観応三年七月二四日付「寺社本所領の事」（室町幕府追加法五六）である。この法令では、「近《おう》江《み》・美濃《みの》・尾張《おわり》三ヶ国本所領半分」を兵粮料所として「当年一作」を軍勢に預け置くように守護に通達し、残る本所領半分の年貢納入については本所に保証するというものである。この法令における半済とは「年貢の半済」であり、本所領における下地支配のあり方の改変を指向しているわけではない。しかし、同年八月二一日付「寺社本所領の事」（室町幕府追加法五七）では「次、軍勢発向の所々八ヶ国〈近江・美濃・伊勢《いせ》・志摩《しま》・尾張・伊賀《いが》・和泉《いずみ》・河《かわ》内《ち》〉本所領」について、兵粮料所として「当年一作」の半済を預け置かれた武士が「先納分を除き半済と称し、或いは遵行《じゅんぎょう》を押し皆納せんと欲す」という状況に対応して、下地の折半を行うことを規定している。室町幕府追加法五七における本所領半済は、「年貢の半済」から「下地の半済」へと変化しているのである。

半済令の発布・停止は、北朝を支える武家政権として存立する室町幕府の立場とも密接に関連している。観応の擾乱勃発に伴い、室町幕府は半済令の発布によって戦費を確保しようとした（室町幕府追加法五六・五七）。しかし、半済令の発布によって寺社・本所（特に本所）の財政基盤が弱体化する状況は、朝廷財政の悪化に直結する。したがって、室町幕府は半済令発布によって減少した北朝の財政基盤を補完するため、「武家御訪《ぶけおとぶらい》」（幕府による朝廷への財政援助）によって朝廷行事を維持していく政策をとった。室町幕府による「武家御訪」の供出は、半済令発布のいわば見返りであったといえる。

半済令の発布と一円領の形成　北朝優位の状況で戦乱が徐々に終息に向かうと、室町幕府は半済令を停止することで朝廷が財政を自弁できる基盤を整え、その代わりに「武家御訪」の供出を抑えるようになる。延文《えんぶん》二年（一三五七）、室町幕府は半済令＝軍事体制の暫定的解除（寺社一円地・禁裏仙洞勅役料所《きんりせんとうちょくやくりょうしょ》などの半済解除）政策を打ち出し（室町幕府追加法七九〜八三）、さらに貞治《じょうじ》年間（一三六二〜一三六七）には半済令の完全撤廃を指向する（室町幕府追加法八四・八五など）。しかし、幕府の命令をうけて半済令およびその撤廃を施行する立場の守護・国人領主《こくじんりょうしゅ》＊（室町幕府体制下で地域を支配した武家領主）は、戦時に獲得した既得権を手放すことに消極的であり、半済令＝戦時体制の全面的解除は困難な状況にあった。

第三代室町幕府将軍足利義満《よしみつ》の代始めに発布された応安《おうあん》元年（一三六八）の半済令（室町幕府追加法九七）では、寺社一円地（寺社が何らかの領主権を持つ所領全般）・禁裏仙洞勅役料所（王家領）・殿下渡領《でんかわたりりょう》（摂関家領の中核）・第二代将軍足利義詮《よしあきら》期以来の本所一円知行地（半済除外地）・公家知行の地頭職を半済対象外とし、諸国本所領および過誤によって武士に与えられた本所領を半済対象とすることが定められている。しかし、応安の半済令の適用を申請して半済解除を求めた寺社・本所の要求は守護・国人領主の押領によって骨抜きにされ、半済令＝軍事体制にもとづく所領知行が平時に定着していった。

以上のように、半済令は戦争の遂行と朝廷財政の維持を両立させようとする室町幕府の政策指向のもとで運用されていた。室町幕府は、あくまでも上記の目的を遂行するために半済令を発布・停止したのであり、政策的に荘園の一円領化を推進したわけではない。

しかし、荘園現地においては、幕府の裁許を実現する立場にある守護・国人領主自身が半済地の占領を継続し、半済令の解除を事実上無効にしていった。彼らの占領による半済の事実的継続は、武家領の拡大とその一円領化を進行させる要因となったのである。そして、半済の継続・定着は、武家領の補集合である寺社本所領の一円領化をも「下地の半済」の継続によって促進させる結果を招いた。

（2）「庄家の一揆」と一円領

「庄家の一揆」と「領主の責務」　鎌倉中期以降、荘園現地では、百姓層の連帯が拡大・強化されていった。鎌倉中期における百姓結合の強化を示す早い事例として、弘長《こうちょう》二年（一二六二）に、近江国奥津島荘《おくつしまのしょう》で作成された村掟《むらおきて》が知られている（「大島奥津島神社文書」〈『鎌』八八八一号〉）。また、百姓たちが荘園単位で結集し、領主に年貢減免を要求する事例も鎌倉後期に見出されるようになる。

嘉元《かげん》四年（一三〇六）、東寺領「若狭国太良御庄《わかさのくにたらのみしょう》百姓等《ひゃくしょうら》」が、領家の東寺に年貢減免を要求して申状を提出した（「東寺百合文書《とうじひゃくごうもんじょ》」〈『鎌』二二七一七号〉）。「若狭国太良御庄百姓等」は、東寺が年貢減免に応じない場合、「百姓等安堵《あんど》の思いを成《な》し難《がた》きに依り、作稲取《さくとうど》りに及ばざるの間、恐々重ねて言上件《ごんじょうくだん》の如し」という、（年貢納入の前提である）稲刈りの拒否をちらつかせる姿勢をみせている。

また、「若狭国太良御庄百姓等」の申状では、地頭得分の減免要求を、被害状況を示す「起請文《きしょうもん》」（誓約書）の提出を条件として受理した「地頭」（得宗）の対応を引き合いに出し、東寺に対して損亡をチェックする「御検見《おんけみ》」を求めている。「若狭国太良御庄百姓等」は、地頭得分・領家年貢を納入することを自明のこととしていない。彼らは、百姓の再生産を保障する「領主の責務」を果たす者のみを領主として選択しようとしているのである。

鎌倉後期の百姓結合にみられた「領主の責務」を果たす者のみを領主として選択する指向は、荘園制の重層的領有体系を突き崩す方向性を有していたといえる。すなわち、鎌倉後期の百姓結合は、一つの所領において単一の領主が支配者として百姓に対峙する一円領の形成を社会の基底から方向づけていたのである。

また、鎌倉後期から南北朝内乱期における荘園現地は慢性的な紛争状況にあった。当該期の荘園現地では、国家権力に対抗する地域の有力者が「悪党」と認定され、「悪党」・荘園領主双方が現地の権益を実力で確保しようとする紛争状況が広がっていた。このような状況下、「悪党」も荘園領主も荘園現地の自衛的武力を有する名主《みょうしゅ》・百姓の取り込みを指向した。名主・百姓の自衛的武力（「村の武力」）は、南北朝内乱が長期化・慢性化する過程で「野《の》伏《ぶし》」＊（「のぶせり」とも）として、守護や国人によって恒常的に組織されるようになった。特に守護は、野伏を寺社本所領に対して賦課する守護役＊の一つとして位置づけた。

南北朝内乱の長期化・慢性化は、荘園の名主・百姓らが荘園の自衛的武力集団としての結合・軍事力を強化することをも促した。鎌倉後期に荘園単位での結合を強めつつあった百姓たちは、紛争・戦争の慢性化に対応し、「庄《しょう》家《け》の一揆《いっき》」＊を顕在化させたのである。「庄家の一揆」は、荘園現地の再生産を維持する社会集団であるとともに、自らの武力で荘園現地を保全し、また守護の催促に応じることで軍勢からの荘園侵略を阻止する軍事集団でもあった。

惣村の形成　「庄家の一揆」（惣荘《そうしょう》・惣郷《そうごう》）の根底にあったのが惣村《そうそん》である。一四世紀頃から、荘園の内部単位である村が明確な姿を現すようになる。しかも、村の構成員である百姓の結合は、非常に強固な一揆結合であった。このような村の一揆が惣村である。

貞和二年（一三四六）九月、近江国菅浦《すがうら》の百姓一二人は、日指《ひさし》・諸河《もろかわ》の田畠売買を制限する「所《ところ》の置文《おきぶみ》」を作成した（「菅浦文書」〈『社会思想』一六八・一六九頁〉）。この「所の置文」では、日指・諸河の田畠を永代売買した者の「惣の出仕」を禁じている。漁業・流通を主な生業としていた菅浦にとって貴重な農業生産の基盤が日指・諸河であった。しかし、この日指・諸河の帰属をめぐり、菅浦は近隣の大浦《おおうら》と深刻な対立状況にあった。菅浦の百姓たちは、大浦との抗争に対応しうる「村の武力」を組織し、再生産維持の基盤である日指・諸河の田畠を維持するため、惣を結成したのである。

また、南朝方に属していた紀伊国粉河寺《こかわでら》の寺領東村《ひがしむら》では、村の耕地を潤す「上の池」の水路七筋の管理者を定める定文《さだめぶみ》を正平《しょうへい》二〇年（一三六五）七月一七日に作成した（「王子神社文書」〈『社会思想』一七〇頁〉）。この定文では「この池に勧頭《かんどう》なし」と記され、「上の池」の管理権が特定の人物に属さない旨が明示されている。そして、この文書は「村箱《むらばこ》に宿《やど》す」とされており、村の権利関係を示す文書も特定の人物ではなく「村」の管理に属していることがわかる。

この近江国菅浦・紀伊国東村の事例からは、惣村が村落構成員の平等を建前とする組織＝村の一揆であることが読み取れる。惣村は、村落構成員個々の帰属対象である「ところ」・「ムラ」であり、この「ところ」・「ムラ」が村落構成員個々の生命維持を担っているため、村落構成員個々の行動を制約する側面を持っていたのである。

列島規模の自律的な村落形成　南北朝期以降の畿内・近国における百姓の基本的な結合単位は惣村であり、百姓たちが荘園領主や守護権力と対峙する際、個々の惣村を超えた「庄家の一揆」が顕在化した。東国においては、惣村や「庄家の一揆」は明確なかたちで史料には現れてこない。しかし、鎌倉後期以降の東国において自律的な百姓の結合が成立していなかったわけではない。元徳《げんとく》二年（一三三〇）頃、下総国下河辺荘《しもうさのくにしもこうべのしょう》では万福寺《まんぷくじ》という村の百姓らが連帯し、年貢減免を嘆願する申状〈「金沢文庫文書」〈「鎌」三一一八九号〉〉を領主称名寺《しょうみょうじ》に提出していた。また、永《えい》和《わ》三年（一三七七）、円覚寺《えんがくじ》領となった常陸国小河郷《ひたちのくにおがわのごう》の百姓たちが、改易された本領主益戸氏《ますどし》を支持して円覚寺の支配を拒否した事例が見出される（「円覚寺文書」〈『南北朝遺文　関東編』三八五四号〉）。惣村や「庄家の一揆」と同質とは断定できないが、東国の郷・村においても自律性をもった百姓の結合を見出すことができる。

鎌倉後期〜南北朝期は、武力を有した荘郷・村の百姓結合が列島規模で出現し、領主を選択する自律性を持つに至った時期であった。このような百姓結合の形成・展開が、武家領・寺社本所領を、武家あるいは寺社・本所が保持する本来的な荘園権益から一円領に転成させる下からの要因となっていたのである。

（3）南北朝期の荘園

南北朝内乱を通じて、荘園制の枠組みは、荘園と公領の区分に基礎づけられた荘園公領制から寺社本所領と武家領の区分に基礎づけられた「寺社本所一円領・武家領体制」へと変化しつつあった。さらに、荘園個々の内部構造は、荘園公領制下の重層的な領有体系から、単一の領主が知行する一円領へと変化する傾向にあった。

このような枠組みの転換をもたらした政治的要因は、室町幕府が、直接的な軍事基盤である武士の荘園権益と、北朝の財政基盤であるとともに幕府の間接的な軍事基盤である寺社・本所の荘園権益双方を維持する政策をとった結果、日本列島の所領区分が寺社本所領と武家領に区分されていったことにある。

そして、寺社本所領・武家領の一円領化を促進した社会的要因は、「庄家の一揆」や惣村に代表される自律性をもった百姓結合の形成であった。彼らが領主を選択する自律性を持ったことで、地域住民の要求に応えられない領主は淘汰され、単一の領主が所領内の百姓・村落と向き合う一円領が形成されていったのである。

2　室町時代の荘園

（1）「寺社本所一円領・武家領体制」の確立

寺社本所領・武家領の一円領化　鎌倉時代、荘園領主であった寺社・本所はもちろん、御家人も荘園公領制に即応した散在所領を保持していた。しかし、鎌倉後期から顕在化した百姓結合の強化、南北朝内乱の慢性化、百姓結合と結びついた領主層の一円領形成の動きは、鎌倉期以来の散在所領の維持を困難にした。南北朝内乱を経て寺社本所領主が保持できた所領の大半は、他の領主が淘汰されて一円領化した荘園であった。

武家領主の所領知行の状況も寺社本所領主のそれと基本的には変わらなかった。武家領主のなかで国人領主たちは、押領などによって散在所領を失い、本拠地（本領）を定めざるをえなくなった。そして、国人領主は、多くの場合、本領の周辺に幕府や守護から所領（給地《きゅうち》）を与えられ、また本領の近くにある寺社本所領主の荘園代官を請け負った（請地《うけち》）。室町殿（室町幕府の首長）は、諸国に「御料所《ごりょうしょ》」＊と呼ばれる直轄領を形成し、重要な収入源の一つとしていた。守護や在京奉公衆《ほうこうしゅう》（室町殿の直臣《じきしん》）など室町幕府内で高い地位を持つ有力武家は、寺社本所領主や室町殿と同様に在京領主化して、幕府から散在所領を給与され、また寺社本所領の代官を請け負う場合もあった。

寺社本所領・武家領と室町幕府―守護体制　以上のように、武家領主も寺社本所領主も散在所領を確保した。京都に集住する領主層が各地に散在する所領を支配するあり方自体は、鎌倉期までの荘園支配と共通している。しかし、室町期においては、領主層は所領を維持するために、室町殿や守護、特に守護と緊密に交渉することが不可欠となった。守護は、南北朝内乱を北朝軍が優勢に進める状況下、軍事指揮や兵粮料所・闕所地預置《けっしょちあずけおき》を媒介に、分国内の武士や寺社本所領の沙汰人《さたにん》*を掌握していった。寺社本所領・武家領の維持も、単位所領を超えた国郡レベルでの地域掌握を進める守護との提携によってはじめて実現できたのである。

室町殿は、守護を在京させて幕政に参加させつつ統制下に置き、守護を介して地域社会を支配する体制を採用した。この地方支配制度が室町幕府―守護体制である。室町幕府―守護体制の成立時期は、守護在京制が成立した室町幕府第二代将軍足利義詮末期から三代将軍義満期である。武家領主・寺社本所領主は、地域を統合する守護だけでなく、守護権力の拡大・独走を制御しえる室町殿とも密接な関係を形成することで所領を維持した。室町幕府―守護体制は、寺社本所領主・武家領主の所領支配を保障する体制でもあったといえる。

足利義満は、地域掌握を進める守護の権力を幕府の事業に接合し、北山殿《きたやまどの》造営・相国寺《しょうこくじ》造営や諸国遊覧に守護を動員した。守護はこれらの課役を守護役*として分国内の武家領・寺社本所領に転嫁し、戦時に形成した地域支配の正当性を平時に持ち込んだ。また、戦時から平時への移行過程で国家財政として制度化された段銭《たんせん》*も、一国内の各荘郷の公田《こうでん》*数を基準として、室町幕府―守護の命令系統によって徴収された。武家領・寺社本所領は室町幕府―守護体制にもとづく財政構造に組み込まれたのである。

足利義満の保護をうけた醍醐寺三宝院満済《さんぼういんまんさい》が尾張国国衙《こくが》領を保持し（「醍醐寺文書」七一号〈『大日本古文書　醍醐寺文書』など〉）、伏見宮家《ふしみのみやけ》が播磨国《はりまのくに》国衙領を家領としているように（『看聞日記《かんもんにっき》』〈『大日本史料』第七編之二十八、応永《おうえい》二四年（一四一七）九月一六日条など〉）、従来の荘園公領制にもとづく土地の区分が消滅したわけではない。しかしさきにみたように、室町幕府法においては国衙領も「寺社本所領」のなかに含まれるのであり、室町幕府―守護体制によって維持される荘園制の土地区分は、武家領・寺社本所領の区別である。

室町幕府―守護体制のもとで武家領主・寺社本所領主が、（多くの場合）一円領化した所領の年貢収取を保障される土地制度が「寺社本所一円領・武家領体制」として、これまでの研究によって定式化されている。この「寺社本所一円領・武家領体制」の確立時期は、室町幕府―守護体制にもとづく財政構造のなかに武家領・寺社本所領が位置づけられた一三八〇年代を、一応の目安とすることができるであろう。

そして、足利義持・義政など一五世紀の室町殿は、代始めなどに際して寺社本所領回復政策（=徳政令《とくせいれい》）を打ち出していた。室町幕府は寺社本所領個々の保護にとどまらず、寺社本所領主の散在所領経営を担保する体制（「室町期荘園制」）そのものを保護する政権であったといえる。

荘園支配が成り立つ地域　室町時代において、室町幕府―守護体制と結びついて荘園支配が実効性をもった地域は、守護が守護在京制に組み込まれた範囲である。すなわち、その西限は大内氏《おおうちし》の守護分国である周防《すおう》・長門《ながと》・豊前《ぶぜん》・筑前《ちくぜん》、東限は今川氏《いまがわし》の守護分国である駿河《するが》・遠江《とおとうみ》と一応考えられる。

室町幕府の東国統治機関である鎌倉府の管国（関東八ヵ国・伊豆《いず》・甲斐《かい》。のちに陸奥《むつ》・出羽《でわ》も加わる）においては、鎌倉を政治・経済の中心として、鎌倉公方《くぼう》や関東管領上杉氏《うえすぎし》・鎌倉寺社など、鎌倉に在住し、鎌倉府の支配層に位置する人々の直轄領が東国各地に配置されていた。

鎌倉府管国では、一四世紀末〜一五世紀初頭頃に鎌倉府直轄領・鎌倉寺社領・上杉氏領の大枠が定まった。この時期には小山義政《おやまよしまさ》の乱、小山若犬丸《わかいぬまる》の乱、伊達政宗《だてまさむね》の反乱、上杉禅秀《ぜんしゅう》の乱、第四代鎌倉公方足利持氏《もちうじ》による京都御《きょうとおん》扶持衆《ふちしゅう》（鎌倉府管国内において室町殿から保護をうけた武士）追討など、戦争が断続的に継起していた。これらの反乱鎮圧を通じて、鎌倉公方・鎌倉寺社・上杉氏は、鎌倉街道や大河川に接する水陸交通の要衝に多くの直轄領を獲得していった。彼らの荘園権益は、うち続く戦争のなかで形成されていったのである。しかし、それでも一四世紀末以降の鎌倉府体制下では、応永二三年（一四一六）の上杉禅秀の乱までは南関東で大規模な戦闘は行われていない。この時期の関東では、鎌倉府による管国統治がそれなりに機能していたため、武家領主（鎌倉公方・上杉氏など）・寺社本所領主（鎌倉寺社）の荘園支配が成り立っていたといえるであろう。

ただし、鎌倉府管国においては、守護との密接な連携による荘園支配は、上杉氏守護分国（伊豆・武蔵《むさし》・上総《かずさ》・上野《こうずけ》）以外では展開しなかったと思われる。東国では、鎌倉期以来、守護制度にもとづく支配よりも、特に古利根川以東に勢力圏を形成していた院政期以来の有力領主たちによる地域支配が基調であったからである。

また、鎌倉府支配層の所領分布状況に関する研究を参照すると、鎌倉寺社の所領は、鎌倉府の膝下領域である相模《さがみ》、上杉氏の守護分国である伊豆・武蔵・上総・上野で多く検出されている。今後さらに厳密な検証を必要とするであろうが、鎌倉寺社は、鎌倉公方の権力や上杉氏の守護支配に依拠することによって、散在する荘園権益を維持した可能性が高いと考えられる。

（2）代官請負の展開

荘園支配と直務代官　室町期の荘園の多くは、寺社本所領・武家領ともに一円領化していた。しかし、多くの寺社本所領主・武家領主は、複数の所領を知行していた。したがって、領主が各荘園を直接支配することは難しい。そこで展開したのが代官による荘園支配である。寺社本所領主・武家領主は、知行する各荘園に代官を派遣し、荘園支配と収取を維持しようとした。

荘園代官には、直務《じきむ》代官《だいかん》と請負代官《うけおいだいかん》の二類型があった。直務代官とは、領主組織の構成員もしくはそれに準じる関係者が荘園の代官として派遣される代官の形態である。

近江国の国人領主で室町幕府奉公衆の朽木氏《くつきし》は、一四世紀末、遠隔地所領である丹後国倉橋荘《たんごのくにくらはしのしょう》に、朽木氏の「わたくしの御恩」をうけていた範宴《はんえん》なる人物を代官として派遣していた。朽木氏は、一五世紀中葉～一六世紀に至るまで、本領朽木荘の所在する近江国高島郡《たかしまぐん》域に加え、山城国《やましろのくに》・若狭国《わかさのくに》の寺社本所領・室町幕府御料所の代官職を請け負っていた。そして、これらの所領においても、独自に経済活動を行う有徳人《うとくにん》*としての性格を持つ被官《ひかん》を又代官《まただいかん》として派遣していた場合があった。

また、寺社本所領においても、寺社組織の構成員が代官として派遣されていた。一四世紀後半の東寺領播磨国矢《や》野荘《ののしょう》領家方では、東寺寺僧である高井法眼祐尊《たかいほうげんゆうそん》や松本法眼明済《まつもとほうげんみょうさい》が代官として派遣されていたことが判明している。

直務代官は、遠隔地所領のみでなく武家領主の本領でも所領支配の実務を担っていた。嘉吉《かきつ》三年（一四四三）、安《あ》芸国《きのくに》の国人領主である竹原小早川氏《たけはらこばやかわし》の当主陽満《ようまん》（小早川弘景《ひろかげ》）は嫡子盛景《もりかげ》宛に置文《おきぶみ》を作成した。この置文では、竹原小早川氏が幕府から賦課される「京・筑紫《つくし》の役」を「代官・沙汰人、又分限者《ぶげんしゃ》」のみではなく、「今ほどは京と申し、筑紫と申し、大儀の時分にて候」という理由で「十五六貫の分限まで」の者には賦課すること、「十五貫までも」在京役六〇日までは負担させ、六〇日以上の負担については「扶持」＝雇用する旨が規定されている（「小早川家証文」三五一号〈『大日本古文書　小早川家文書』〉）。

さらに、陽満の置文では、「公事さしおかれたる所」（公事を免除された所）と「村々」が主張して「よろず無沙汰」となっている在所に対しては直接使者を派遣して課役の負担を催促すること、「番」（竹原小早川氏の館に対する奉仕か）に指定された在所についても「京・筑紫の夫」は賦課することを規定している。

以上、室町幕府管轄地域においては、武家領主（国人領主）の本領においても、地域で独自な経済活動に従事する被官や有徳人を代官などに登用して、自律性をもった「村々」を支配するという、寺社本所領・武家領一般と共通する支配構造が形成されていた。

次に鎌倉府管国の武家領主の本領における代官のあり方を紹介しよう。上野国新田荘《にったのしょう》の領主岩松氏《いわまつし》は、一五世紀前半に新田荘内の地検目録を作成した。同荘内上今井郷《かみいまいのごう》地検目録の作成に当たった岩松氏の家臣沼尻忠久《ぬまじりただひさ》・希勝は、地検目録の末尾で「この地検に付き、御百姓・御代官に語らわれ、すこしも奸曲《かんきょく》仕らず候」と誓約している（「正木文書」八七〈『群馬県史　資料編5』〉）。この誓約では、「御百姓・御代官」が地検目録の作成担当者をとりこんで虚偽申告を行う危険が想定されている。したがって、新田荘における「御百姓・御代官」の動向は、領主岩松氏の支配を無前提に受容しない自律性をもっていたと考えられる。

以上の事例をふまえると、武家領主の本領では、東国・西国を問わず直務代官を媒介とした支配が行われていたといえるであろう。

荘園支配と請負代官

請負代官とは、領主組織に属さない者が、領主に一定期間の年貢を先納して請負契約を結んで荘園支配を行う、あるいは年ごとの年貢額を定めて請負契約を結んで荘園支配を行う代官の形態である。請負代官になるためには、領主への年貢納入を実現できる資力があることが必要である。したがって請負代官の出自は、守護被官、山伏、禅僧、土倉《どそう》・酒屋＊、国人、奉公衆など非常に多様であった。

さきにふれた室町幕府奉公衆朽木氏の場合、同氏がおよそ近江国高島郡域程度の範囲で保持していた軍事的影響力などに期待して、室町幕府や寺社本所領主が朽木氏への代官職任命を行っていたことが知られる。また、丹後守護一色《いっしき》氏の被官である羽太《はた》修理進《しゅりのじょう》親家《ちかいえ》は、文正《ぶんしょう》元年（一四六六）、所領である同国丸太荘《まるたのしょう》の代官に医師祐乗なる人物を任じて、先に七〇貫を受け取った。すなわち、祐乗は武家領の請負代官に就任したのである。しかし、祐乗は年貢・段銭として一〇〇貫以上を収納したうえ、さらに年貢催促を継続したため、問題となっている（「政所賦銘引《まんどころくばりめいひき》付《つけ》」〈『室町幕府引付史料集成　上巻』二九八頁〉）。

鎌倉寺社である鶴岡八幡宮《つるがおかはちまんぐう》領でも、山伏、禅僧、武士など多様な請負代官を採用していた。一五世紀初頭の鶴岡八幡宮領武蔵国佐々目郷《ささめごう》の政所職・公文職《くもんしき》は、禅僧と思われる中詳監寺《ちゅうしょうかんす》、武蔵国の武士と思われる上原氏・荒居氏・豊島《としま》氏らが請け負っている（「鶴岡事書日記」〈『戸田』三三八〜三四一・三五五頁〉）。

以上の事例から、室町幕府管轄地域、鎌倉府管国双方で、また武家領、寺社本所領双方で請負代官による荘園支配が広範に展開していたことを看取できる。

室町期の荘園では、直務代官・請負代官の二形態による代官支配が行われており、在京領主（寺社本所領主・室町殿・守護・在京奉公衆）の散在所領についていえば、一五世紀には請負代官が主流となったのである。

代官請負の展開とその要因　請負代官が室町期荘園支配の主流となった背景の一つには、領主組織の構成員を散在所領経営のために確保・維持するコストの問題があった。在京領主にとっては、外部の人間に所領経営を請け負わせて収入を確保するのが、もっとも簡便な方策であったのである。

また、代官請負が広範に展開した経済的な背景として、膨張した巨大都市京都の物価高という問題があった。在京領主は、京都での活動費用を調達するために年貢支払能力のある請負代官を登用した。土倉などの金融業者が在京領主の活動費用を融資し、荘園年貢を担保として請負代官に登用されたケースも確認されている。

さらに、在京領主が領主組織構成員を派遣しなくとも、外部の請負代官によって所領を維持しえた政治的な要因として、室町幕府権力による支配体制の確立があった。室町幕府の管轄地域においては、一四世紀末〜一五世紀前半、室町幕府—守護体制が機能していた。したがって在京領主は、地域秩序を維持する守護と関係を良好に保つことによって、請負代官を介した荘園支配を行いえたのである。

（3）　室町期の荘園と地域社会

地域社会と荘郷鎮守　室町期の荘園の多くは、自律的な村落相互の結合による「庄家の一揆」を基盤としていた。「庄家の一揆」の維持を支えていたのが荘園公領領域の安穏や荘郷内における身分秩序の維持を担った荘郷鎮守《しょうごうちんじゅ》である。

荘郷鎮守は、地域社会の構成員の秩序を裏づける役割を果たしていた。荘郷鎮守の祭礼においては、地域を構成する各集団が集い、互いのステイタスを座次によって確認していた。そして、荘郷鎮守相互は、山伏などの宗教者などを媒介として結びつき、広域的なネットワークを形成していた。

また、荘園を構成する各村落や荘家自体が、荘郷鎮守を媒介として荘郷を超えた広域的なネットワークを形成していた。一五世紀前半に行われた近江国八幡荘《やわたのしょう》の鎮守長浜八幡宮《ながはまはちまんぐう》の堂塔建立に際しては、八幡荘だけでなく、近隣の福永荘《ふくながのしょう》・山階荘《やましなのしょう》・国友荘《くにとものしょう》などの荘官・殿原層《とのばら》（沙汰人層）や地域寺院、荘園内の村々の百姓たちが奉加などの形で参加している。

守護は、このような既存のネットワークに一宮や府中総社などの国衙系寺社を結びつけ、荘郷鎮守と国衙系寺社双方を保護する方策をとった。すなわち、守護は、一宮や分国内の荘郷鎮守を保護し、祭祀に関与することによって、一国の地域秩序維持の主体として各階層から認知をうけたのである。

地域社会の西と東　東寺領山城国上久世荘《かみくぜのしょう》では、毎年のように本所東寺に井料下行《いりょうげぎょう》要求が出されていた。この要求の根底にあったのは、山城国西岡《にしのおか》の同一水系に属した、本所を異にする各荘園の連合による水路修復の計画であった。この計画にもとづいて各荘園は、各本所に井料の下行を要求していたのである。この事例は、個別所領の「庄家の一揆」とそれを超える地域社会とが有機的に結びついていたことを示している。

一四世紀末〜一五世紀初頭の鶴岡八幡宮領武蔵国佐々目郷では、百姓たちが連合して領主である鶴岡八幡宮に損免要求を提示していた。応永二年（一三九五）、佐々目郷百姓による損免要求が出されたとき、佐々目郷内に「近郷悪党」が居住しているという風聞が問題となっている。鶴岡八幡宮は、佐々目郷政所に悪党の糾明と追放を命じ、あわせて悪党追放に異儀を唱える者が現れた場合、急ぎ報告するように命じている（「鶴岡事書日記」〈『戸田』二八六〜二八八頁〉）。鶴岡八幡宮が、「近郷悪党」の追放に異を唱える百姓の存在を危惧していたところからみて、佐々目郷百姓のなかに「近郷悪党」を誘引した者が存在していた可能性が高い。東国の荘園にあっても、荘郷領域を超えた百姓たちのネットワークが形成されていたとみることができるであろう。

室町期の荘園は、荘郷の領域内部における村落相互、百姓相互の結合と、彼らが形成する荘郷領域を超えたネットワークが連動することによって運営されていた。彼ら村落・百姓のネットワークは荘園を維持するためだけでなく、領主に対する交渉・抵抗に際しても機能していたのである。

（4）室町時代の荘園

室町時代の荘園制の枠組みは、南北朝内乱を通じて形成された「寺社本所一円領・武家領体制」であった。そして、それらを維持する政治体制は、室町幕府の管轄地域では守護在京制を前提とした室町幕府―守護体制、鎌倉府管国においては鎌倉公方と上杉氏の連携によって主導される鎌倉府体制であった。

これらの体制のもとで、地域における荘園権益の維持に大きく寄与していたのが、一国の秩序を維持する守護であった。京都（・奈良）・鎌倉の都市領主が守護の地域秩序機能に依拠して、散在する寺社本所領と武家領を知行する支配システムを、既往の研究に学んで「室町期荘園制」と呼んでおきたい。

室町時代の荘園の多くは、単一の領主が自律性を有した村落・百姓結合と向き合う一円領となっていた。しかし、個々の荘園で実際に支配を担当したのは、寺社本所領主・武家領主から任命された代官であった。

寺社本所領主・武家領主が、直務代官にせよ、請負代官にせよ、代官を任命して年貢を確保しようとした理由の一つは、その所領構成にある。彼らの多くは複数の所領を有していたため、所領一つ一つに向き合うことは不可能であった。さらに、地域社会・都市ともに貨幣経済が浸透していたことも、代官による荘園経営が広がった要因となった。所領経営・年貢納入には財力の保持や地域経済との関わりが必要不可欠であったため、土倉・酒屋や地域経済に深く関わって利潤を蓄積した有徳人が、請負代官や又代官として広く登用されていた。

したがって、室町期荘園制というシステムは、京都（・奈良）・鎌倉と地域社会をつなぐ代官の活動、代官の多くを占めたと思われる金融業者（土倉・酒屋・有徳人）の活動によって稼働しえたともいえるであろう。

3　荘園制の解体と荘園の消滅

（1）室町幕府・鎌倉府体制の解体と荘園制

室町幕府・鎌倉府支配体制の動揺と荘園支配　室町期荘園制は、室町幕府・鎌倉府という武家政権と不可分の支配システムであった。したがって、荘園支配を保障する武家政権が不安定になると、個別領主の荘園支配も動揺していく。武家政権の不安定化を促したのは、一五世紀前半から頻発するようになった地域紛争と室町幕府・鎌倉府間の対立である。

九州では、幕府料国筑前の代官に任じられた周防・長門・豊前守護大内盛見《もりはる》と豊後《ぶんご》守護大友持直《おおともももちなお》が永享《えいきょう》二年（一四三〇）に抗争を開始してから、大友持直が幕府軍の攻撃によって没落する永享八年六月まで争乱が展開した。畿内近国では、永享元年、大和国《やまとのくに》で筒井氏《つついし》と越智氏《おちし》・箸尾氏《はしおし》の抗争が勃発し、幕府軍によって越智氏が没落する永享一一年まで地域紛争が継続した（大和永享の乱）。

東国では、応永二三年（一四一六）の上杉禅秀の乱、応永三〇年の鎌倉公方足利持氏による京都御扶持衆の追討など、持氏期に入って紛争が頻発する。足利義持《よしもち》の死後、第六代室町幕府将軍に足利義教《よしのり》が就任すると、鎌倉府と室町幕府の対立は顕在化する。室町殿足利義教と鎌倉公方足利持氏の板挟みになっていた関東管領上杉憲実《のりざね》を持氏が攻撃したことがきっかけで、永享の乱（一四三八・三九年）が勃発し、派遣された幕府軍に足利持氏は敗北し、鎌倉で自刃した。持氏の死後、下総の大名結城氏《ゆうきし》が持氏の遺児安王丸《あんおうまる》・春王丸《しゅんおうまる》を擁立して結城合戦を起こすが、幕府軍に鎮圧され、安王丸・春王丸は殺された。この後、持氏の遺児足利成氏《しげうじ》が第五代鎌倉公方に就任する宝徳《ほうとく》元年（一四四九）まで、鎌倉府管国は上杉氏の主導によって統治された。

地域紛争の慢性化と、地域紛争を鎮圧する幕府軍への参陣という悪循環によって、各地の国人領主たちは疲弊していった。彼らは、近隣の国人領主と連携して権益を維持しようとするが、互いに厳しい状況に置かれているため、所領の境界などをめぐる利害調整もまた困難であり、近隣の国人領主同士の抗争も同時並行的に起こっていた。一五世紀半ばには、武家領を構成する国人領主の本領知行が不安定になっていったのである。

国人領主たちが地域紛争を展開しつつある状況下、彼らを統御するはずの室町幕府―守護体制も、一四四〇年代以降十全に機能しなくなっていく。嘉吉元年（一四四一）、室町殿足利義教が播磨守護赤松氏《あかまつし》によって暗殺された嘉吉の乱以降、足利義勝《よしかつ》・義成《よししげ》（義政《よしまさ》）という幼少の将軍が相次いで擁立された。室町幕府―守護体制を維持するためには、室町殿による守護の統制という要素が不可欠であったが、幼少の将軍では守護をコントロールすることができず、守護被官や守護分国内の国人による寺社本所領・武家領の押領が進行していった。寺社本所領主は、直務代官の派遣によって荘園経営の立て直しを図ったが荘園支配を復活させることはできず、守護権力による代官請負に依存して荘園支配を維持する方策をとった。その結果、在京領主への遠隔地荘園の年貢進納は減少の一途をたどった。

一五世紀後半の内乱と荘園支配の衰退　室町幕府将軍家・各大名家の家督問題、細川氏《ほそかわし》・山名氏《やまなし》を領袖とする大名間の対立が結びついて起こった応仁《おうにん》・文明《ぶんめい》の乱は、室町期荘園制の基盤を、京都・地方双方から解体させる原因になった。京都での長期にわたる戦争は、在京領主や彼らの生活・膝下所領支配を支える土倉・酒屋に大きな打撃を与えた。また、地方では、各国守護家・守護被官・国人が東軍・西軍に分かれて長期にわたって武力抗争を展開したため、荘園年貢が兵粮米に流用され、年貢が途絶する事態を招いた。そして、分国を維持するために守護が京都を離れたことによって、在京領主は守護を窓口とした交渉のルートを喪失した。室町幕府―守護体制の解体によって、室町期荘園制も解体に向かっていったのである。

関東では、享徳《きょうとく》三年（一四五四）、第五代鎌倉公方足利成氏が関東管領上杉憲忠《のりただ》を殺害したことがきっかけで、享徳の乱が勃発する。公方成氏は康正《こうしょう》元年（一四五五）、古河《こが》に本拠を移して北関東の有力領主を支持基盤とした（古河公方の成立）。対する山内《やまのうち》上杉氏・扇谷《おうぎがやつ》上杉氏は幕府の後援をうけ、両者は文明一〇年（一四七八）に成氏と和睦するまで抗争を続けた。さらに幕府と成氏の正式な和解は、文明一四年の都鄙《とひ》和睦によって定まった。

公方の本拠が鎌倉から古河に移り、上杉氏が江戸城・河越城《かわごえじょう》を築城してこれらを結ぶルート（川越街道の原型）と相模国糟屋荘《かすやのしょう》―武蔵国鉢形城《はちがたじょう》―上野国を結ぶ関東平野西端のルートを整備したことで、東国における荘園制のメインルートであった鎌倉街道はその地位を失った。古河公方を含めた東国武家領主は、本拠地を中心とした勢力圏形成を志向するようになり、その結果、鎌倉寺社に納入される荘園年貢は減少の一途をたどる。

享徳の乱勃発後の鶴岡八幡宮領では、荘園代官は、ほとんど南関東の武士によって担われている。鎌倉府の後援を失った鶴岡八幡宮は、上杉氏の影響下にある南関東の武士に依存して年貢収取の維持を図ったが、代官となった武士や百姓たちがそれぞれ自律的に行動し、年貢未進を重ねていくことを抑止できなかった。

一五世紀後半、室町幕府管轄地域では応仁・文明の乱、鎌倉府管国では享徳の乱を契機として、室町幕府―守護体制、鎌倉府体制が解体に向かい、これらの政治体制によって維持されていた室町期荘園制もまた解体に向かっていったといえるであろう。

（2）　戦国大名領国の形成と荘園制の解体

戦国大名の成立　一五世紀後半以降、列島規模の戦争が継続するなかで、国衆《くにしゅう》（戦国期に地域を支配した領主）たちが

「家中《かちゅう》」を人的な基盤として、領域的な支配圏（領）を形成していた。「家中」とは、当主を頂点として、その一族・被官を再編して家臣団とした領主組織である。一方、家臣団に組織された一族・被官は一揆的結合を形成して、当主を推戴・規制した。

さらに国衆たちが連合して地域の統一を担いうる有力者に従属した場合、広域的な勢力圏（領国）を統括する戦国大名が成立する。戦国大名の資格は地域の統一を現実化できる実力にあったから、その出自は、守護（武田氏《たけだし》・大友氏・島津氏《しまづし》・今川氏など）、守護代・守護有力被官（長尾氏《ながおし》〈上杉氏〉・織田氏《おだし》・朝倉氏《あさくらし》・三好氏《みよしし》・尼子氏《あまごし》など）、国衆（毛利《もうり》氏《し》・竜造寺氏《りゅうぞうじし》など）・守護一門（小田原北条氏《おだわらほうじょうし》）と多様であった。

戦国大名の領国支配と荘園制の解体　戦国大名の多くは、検地を行って年貢・軍役の基準を把握していた。検地が実施された大名領国では大幅な田地の増分が検出された。そして、田地の本年貢（荘園制下の年貢）と加地子《かぢし》＊（本年貢以外の得分）の額が算出・合計されて貫高《かんだか》・石高《こくだか》に換算され、年貢収取・知行充行《あてがい》・軍役賦課の基準値とされた。例えば、小田原北条氏の場合、貫高制が採用され、一反につき五〇〇文の貫高が設定された。戦国大名当主は、検地で定められた貫高・石高などを基準として、自身の直轄領からは年貢を取得し、家臣や従属した国衆には給地を与え、その知行高に対応した軍役を課した。戦国大名の家臣や国衆たちは、自身の領地では年貢の最終取得者であった。

戦国期においても、地域表示としての荘園名称は残存していた。しかし、畿内近国を除き、寺社本所領主・室町幕府による荘園支配は事実上機能していない。室町幕府や公家と親密な今川氏の領国にあっても、応仁・文明の乱以降、荘園支配は退転しており、今川氏が京都の荘園領主の権益を復活させようとした形跡はない。

小田原北条氏は武蔵から房総へと勢力を拡大した際に、伊勢神宮から下総国葛西御厨《かさいのみくりや》の回復要求をうけたが、当知行でないことを理由に明確に拒否し、伊勢神宮の祈禱によって房総両国を領国化した場合には新規に神領を寄進する旨を伝えている。

また、織田信長《のぶなが》は、寺社本所領主の所領に対して当知行安堵政策をとっていたことが知られている。しかし、信長の当知行安堵政策は寺社本所領主に限定されたものではなく、織田領国内に所領を持つ領主一般を対象とした政策であった。

以上の事例をふまえると、戦国大名は、領域的な大名領国の内部に所領を持つ領主全般に対して、安堵・所領給与を行うことを指向していたと考えられる。戦国大名が荘園制の破壊を自覚的に進めていたかどうかは検討の余地があるが、戦国大名領国の形成が、荘園制という全国的支配システムの解体に結びついたことは確かであろう。

(3) 太閤検地と荘園

太閤検地の類型　豊臣秀吉《とよとみひでよし》による太閤検地《たいこうけんち》は、日本列島規模での統一性をもった軍事動員の基準となる石高制的な知行体系を創出するために行われた。

太閤検地の実態は、秀吉と各大名との関係に対応して、大きな内部偏差をもっていた。豊臣政権期に実施された検地は、次のように分類されている。

A　豊臣氏の直臣が奉行人となって検地を施行した場合。

①　主に畿内・近国などの豊臣氏蔵入地《くらいりち》や譜代衆の領国内で実施されたもの。

②　豊臣氏に服属した大名の領国単位で行われたもの。

B　豊臣氏の子飼い大名が、豊臣氏直臣が実施する検地とほぼ同様の方式で実施したもの。

C　豊臣氏に服属した大名が自らの領国で独自に実施したもの。

太閤検地の歴史的意義は、武家領主と公家領主・寺社領主とで異なっている。したがって、武家領主と公家領主・寺社領主とに分けて、太閤検地の実施のあり方を述べたい。

豊臣期検地のC型に属する毛利氏の惣国検地は、天正《てんしょう》一五年（一五八七）から行われ、毛利氏自身は惣国検地の結果を約七六万石と把握していた。しかし天正一九年に、秀吉が毛利輝元《てるもと》に交付した知行充行の朱印状では毛利領国の石高は「百拾二万石」とされ、その内訳を記した知行目録には「二十三万石は無役、残る八十九万石の軍役」を勤めることが記されていた（「毛利家文書」九五六・九五七号〈『大日本古文書　毛利家文書』〉）。しかも、天正二〇年の第一次朝鮮侵略（文禄《ぶんろく》の役）の際に毛利氏が振り当てられた三万人の軍役は、豊臣政権が知行石高にもとづいて設定した「百石に付き四人宛の役」という基準とも整合しない。豊臣政権が毛利氏に充行った知行高や実際の軍役賦課は、惣国検地の実態から乖離した豊臣政権と毛利氏の交渉にもとづく政治的な操作の結果であった。

徳川氏《とくがわし》領国の場合、天正一七・同一八年に五ヵ国惣検地を行ったが、太閤検地の基準である一反＝三〇〇歩の面積表示を採用せず、中世以来の一反＝三六〇歩で土地面積を表示していた。また、豊臣政権が知行高の基準とした石高制を採用せず、貫高表示方式を検地の基本としていた可能性が高いことが指摘されている。

毛利氏・徳川氏ら外様有力大名は、自力で領国検地を実施する実力を保持しており、検地の実施によって、大名当主による家臣団統制をさらに強化することを企図したといえるであろう。

畿内周辺の豊臣氏直轄領や豊臣系大名・寺社領・公家領で行われた検地においては、土地の石高表示や一反＝三〇〇歩の面積表示方式という太閤検地の原則にもとづいたものもあった。この場合については、検地によって打ち出された石高が、新たな年貢収納と軍役賦課の統一的基準として機能したと考えられる。

第二次朝鮮侵略（慶長《けいちょう》の役）に際して、豊臣政権は、太閤検地が行われておらず、かつ領国支配・家臣統制が弱体な大名（島津氏・佐《さ》竹氏《たけし》など）を対象として、A②型の豊臣氏直臣による検地を実施した。

佐竹氏・島津氏領国での太閤検地では大幅な増分が打ち出され、大名当主・一門の直轄領に編入された。佐竹氏・島津氏領国で実施された太閤検地は、大名当主・一門の権力を底上げすることで軍役動員に耐えうる領国を形成することが目的であったといえる。しかし、太閤検地後の島津氏領国において百姓の「走り」（逃亡）が増加したように、太閤検地は、各地域の実態を必ずしも反映した政策ではなかった。

石高制知行体系の形成と公家領・寺社領　ついで公家領・寺社領（寺社本所領）に対する太閤検地について述べたい。豊臣秀吉は、天正一三年（一五八五）の関白就任後、天皇の政治的機能を国家体制に繰り込む政策をとり、寺社・公家にもそれぞれの職能にもとづく奉公を求めた。それに対応して公家領・寺社領の再編と安堵が行われた。秀吉は、各公家・寺社から当知行書立《かきたて》を提出させ、A①型の太閤検地を公家領・寺社領で実施した。その結果、公家領・寺社領についても石高で表示された秀吉の知行充行状が交付された。

秀吉は公家宛の知行充行状では「朝役を専らにせらるべし」（花山院家雅《かざんいんいえまさ》宛）、寺社宛の知行充行状では「勤行を専らにし、堂舎修理等、怠慢あるべからず」（東寺宛）などの義務規定を付した（『大日本史料』第十一編之二十二、天正一三年一一月二一日条）。このような、公家・寺社がそれぞれの職能を「知行の分限に随って」国家に奉仕するという秀吉の政策は、文禄四年（一五九五）に発布された「御掟追加」で法制化された。

しかし、武家領主と異なり、公家・寺社領主は、奉仕内容を具体的に定量化されてはいない。豊臣政権が太閤検地を通じて創出した石高制的知行は、基本的に武家領主への軍事動員体制の基盤であり、公家領・寺社領には武家領主の編成方式を拡張適用したのである。

（4）戦国期・織豊期の荘園

戦国期における荘園とは、室町期荘園制における在京領主（室町殿・奉公衆・寺社本所）や奈良の寺社本所領主が、当知行を実現しえた膝下所領であった。戦国大名の領国形成に伴い、都市に居住する荘園領主のもとに年貢が運上される荘園制というシステムは解体したが、戦国時代に荘園そのものが消滅したわけではない。

一五六〇年代末以降、織田信長が畿内の領国化を進めた結果、京都・奈良の寺社本所領主の膝下所領は、当知行安堵という手続きを介して織田領国内に組み込まれた。しかし、信長が、検地の実施や石高表示による知行制を政策的に開始したのは、越前国《えちぜんのくに》で検地を実施した天正五年（一五七七）頃からと考えられる。したがって、織田信長による畿内支配の段階で、京都・奈良の寺社・公家たちの荘園自体が無くなったとはいえない。

荘園が消滅する画期となったのは、太閤検地の施行とそれに伴う全国的な石高制的知行体系の形成である。太閤検地によって、公家・寺社の膝下所領が没収されたわけではない。しかし、太閤検地が実施され、石高制知行が貫徹することによって、公家・寺社の膝下所領は豊臣政権が主導する国家体制のもとで再編された。

豊臣期の国家支配層を構成するのは、中世と同じく公家・武家・寺社である。しかし、中世国家の基盤である中世荘園と、豊臣期国家の基盤である石高制的知行とでは大きな相違がある。中世荘園は、本来的には公家・寺社によって政策的に創出された年貢・一国平均役《いっこくへいぎんやく》収取の基盤であった。中世武家政権の構成員は、あらかじめ確立していた中世荘園の領有体系に入り込み、その内実を変化させていったのである。それに対して、石高制的知行の基本的性格は、国家の実権を掌握した豊臣政権によって創出された軍事動員の基盤であった。

武家政権が誕生する以前、国家支配層の経済基盤として生み出された荘園は、武家領主の軍事動員基盤として全国体制化された石高制的知行が、太閤検地を通して公家領・寺社領にも適用されたことによって消滅したといえるであろう。

【参考文献】

秋山伸隆『戦国大名毛利氏の研究』（吉川弘文館、一九九八年）

網野善彦「鎌倉末期の諸矛盾」(『展望日本歴史10　南北朝内乱』東京堂、二〇〇〇年、初出一九七〇年)
池　享『日本中近世移行論』(同成社、二〇一〇年)
池上裕子『日本中近世移行期論』(校倉書房、二〇一二年)
伊藤喜良「室町幕府と武家執奏」(『日本中世の王権と権威』思文閣出版、一九九三年、初出一九七四年)
伊藤俊一「『自力の村』の起源」(『日本史研究』五四〇、二〇〇七年)
伊藤俊一『室町期荘園制の研究』(塙書房、二〇一〇年)
稲葉継陽『戦国時代の荘園制と村落』(校倉書房、一九九八年)
井上　聡「御家人と荘園公領制」(『日本の時代史8　京・鎌倉の王権』吉川弘文館、二〇〇三年)
井原今朝男「室町期東国本所領荘園の成立過程」(『国立歴史民俗博物館研究報告』一〇四、二〇〇三年)
榎原雅治『日本中世地域社会の構造』(校倉書房、二〇〇〇年)
榎原雅治編『日本の時代史11　一揆の時代』(吉川弘文館、二〇〇三年)
榎原雅治「室町殿の徳政について」(『国立歴史民俗博物館研究報告』一三〇、二〇〇六年)
川岡　勉『室町幕府と守護権力』(吉川弘文館、二〇〇二年)
工藤敬一『荘園制社会の基本構造』(校倉書房、二〇〇二年)
蔵持重裕『中世　村の歴史語り』(吉川弘文館、二〇〇二年)
久留島典子『日本の歴史13　一揆と戦国大名』(講談社、二〇〇一年)
黒田弘子『中世惣村史の構造』(吉川弘文館、一九八五年)
黒田基樹『戦国大名領国の支配構造』(岩田書院、一九九七年)
桑山浩然『室町幕府の政治と経済』(吉川弘文館、二〇〇六年)
小林一岳『日本中世の一揆と戦争』(校倉書房、二〇〇一年)
小林一岳『日本中世の歴史4　元寇と南北朝の動乱』(吉川弘文館、二〇〇九年)
五味文彦「転換期の土地所有」第1節(『新体系日本史3　土地所有史』山川出版社、二〇〇二年)
齋藤慎一『中世東国の道と城館』(東京大学出版会、二〇一〇年)

桜井英治『日本の歴史12　室町人の精神』（講談社、二〇〇一年）
佐藤博信『続中世東国の支配構造』（思文閣出版、一九九六年）
島田次郎『日本中世の領主制と村落　上巻』（吉川弘文館、一九八五年）
島田次郎『荘園制と中世村落』（吉川弘文館、二〇〇一年）
清水克行「足利義持の二つの徳政」（『京郊圏の中世社会』高志書院、二〇一一年）
鈴木哲雄「中世東国の百姓申状」（『中世の内乱と社会』東京堂出版、二〇〇七年）
須田牧子「書評　川岡勉著『室町幕府と守護権力』」（『史学雑誌』一一四―一、二〇〇五年）
高橋一樹「荘園制の変質と公武権力」（『歴史学研究』七九四、二〇〇四年）
高橋典幸「荘園制と悪党」（『国立歴史民俗博物館研究報告』一〇四、二〇〇三年）
高橋典幸『鎌倉幕府軍制と御家人制』（吉川弘文館、二〇〇八年）
田代　脩「中世東国における農民闘争とその基盤」（『日本中世の政治と文化』吉川弘文館、一九八〇年）
辰田芳雄『中世東寺領荘園の支配と在地』（校倉書房、二〇〇三年）
田中克行『中世の惣村と文書』（山川出版社、一九九八年）
田中大喜『中世武士団構造の研究』（校倉書房、二〇一一年）
田沼　睦『中世後期社会と公田体制』（岩田書院、二〇〇七年）
中島圭一「中世京都における土倉業の成立」（『史学雑誌』一〇一―三、一九九二年）
永原慶二『日本中世社会構造の研究』（岩波書店、一九七三年）
新田英治「室町時代の公家領における代官請負に関する一考察」（『日本社会経済史研究　中世編』吉川弘文館、一九六七年）
藤木久志『戦国の作法』（平凡社、一九八七年）
本多隆成「中・近世移行期の東海地域」（『人民の歴史学』一一三、一九九二年）
松永和浩「室町期における公事用途調達方式の成立過程」（『日本史研究』五二七、二〇〇六年）
松永和浩「軍事政策としての半済令」（『待兼山論叢』四一、二〇〇七年）

峰岸純夫「村落と土豪」(『講座日本歴史3　封建社会の展開』東京大学出版会、一九七〇年)
峰岸純夫『中世の東国』(東京大学出版会、一九八九年)
村井章介『世界史のなかの戦国日本』(筑摩書房、二〇一二年)
村田修三「国人領主の所領形態について」(『月刊歴史』一四、一九六九年)
百瀬今朝雄「段銭考」(『日本社会経済史研究　中世編』吉川弘文館、一九六七年)
山田邦明『鎌倉府と関東』(校倉書房、一九九五年)
山田邦明『日本中世の歴史5　室町の平和』(吉川弘文館、二〇〇九年)
山本博文『幕藩制の成立と近世の国制』(校倉書房、一九九〇年)
湯浅治久「中世後期における在地領主経済の構造と消費」(『国立歴史民俗博物館研究報告』九二、二〇〇二年)
湯浅治久『中世後期の地域と在地領主』(吉川弘文館、二〇〇二年)
湯浅治久『中世東国の地域社会史』(岩田書院、二〇〇五年)
湯浅治久「『御家人経済』の展開と地域経済圏の成立」(『中世都市研究11　交流・物流・越境』新人物往来社、二〇〇五年)
湯浅治久「室町期駿河・遠江の政治的位置と荘園制」(『日本史史料研究会論文集1　中世政治史の研究』日本史史料研究会、二〇一〇年)
吉田賢司『室町幕府軍制の構造と展開』(吉川弘文館、二〇一〇年)
歴史学研究会日本中世史部会運営委員会ワーキンググループ「『地域社会論』の視座と方法」(『歴史学研究』六七四、一九九五年)

コラムⅠ　描かれた荘園

「山城国桂川用水差図案」を読む

本章では、南北朝・室町期の荘園の基底には、荘内に存在した自律的な村落とそれらが荘園レベルで結合した「庄家《しょうけ》の一揆《いっき》」という重層的な村落結合があったこと、一方で「庄家の一揆」の背景には、個別荘園を超えた地域社会のつながりがあったことを述べてきた。このような地域社会と荘園の関係を示す具体例として、明応《めいおう》五年（一四九六）閏二月頃に作成されたと考えられる「山城国桂川用水差図案《やましろのくにかつらがわようすいさしずあん》」（「東寺百合文書《とうじひゃくごうもんじょ》」ツ函三四一。以下、本図と略称する）を取り上げたい。

一五世紀以降、差図、特に用水差図が多く作成されるようになった。差図とは、家屋や地形、事物の構造などを描いた絵図面・見取図のことである。差図のなかには、絵図に近い詳細な表現を具《そな》えた事例もあるが、概して絵図に比して色彩・記載が簡略である。そして、中世後期の用水相論に際しては、本図も含めて用水差図が非常に多く作成されたのである。以下、本図の作成過程や記載の意味を詳細に検討した黒田日出男の成果に学びつつ、その内容を紹介したい。

本図は、東寺領久世上下荘《くぜかみしものしょう》以下五ヵ郷（荘）（後述するとおり、それぞれ本所《ほんじょ》は異なる）と石清水八幡宮《いわしみずはちまんぐう》領西八条《にしはちじょう》西荘《にしのしょう》との用水相論に際して、近衛家《このえけ》の支援を得た西八条西荘側が、近衛家側が作成した原図を写し取る際に自

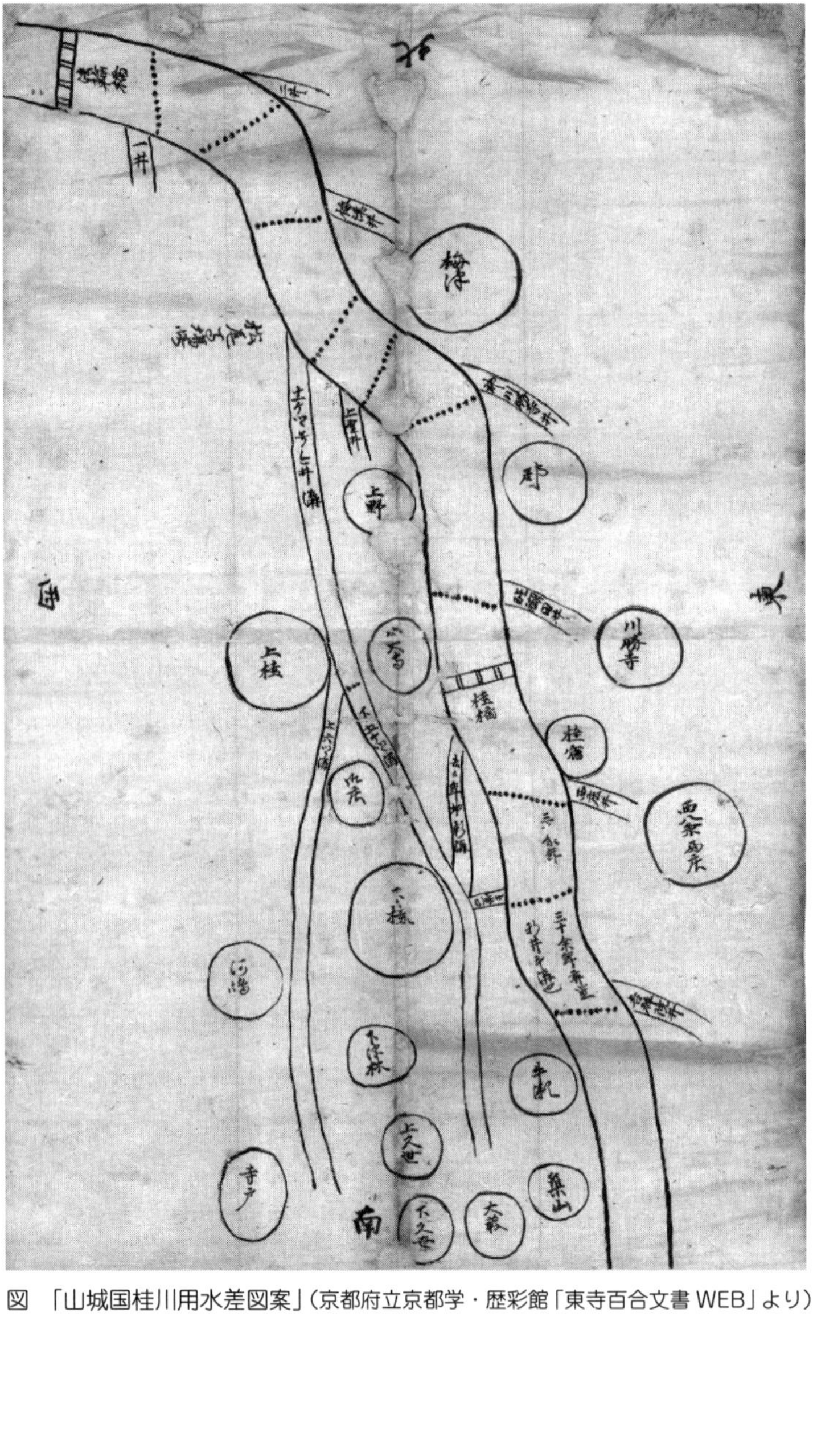

図　「山城国桂川用水差図案」（京都府立京都学・歴彩館「東寺百合文書 WEB」より）

己の主張を書き加えて室町幕府に提出したものであったことが明らかにされている。

本図は北（桂川上流）を上にして描かれ、川水をせき止める堰《せき》は点線で表現されている。注意すべきことは、堰を表現する点線が川の流れに直角に引かれた例がなく、取水口のある方が下方に下がって描かれていることである。このことは、堰の下流に近い側の端に用水路の取水口が開かれたことを示唆している。また、堰と用水は必ずセットで記載されている。そして、それぞれの堰・用水路の位置関係を明確にする基準点となったのが橋（法輪橋《ほうりんばし》・桂橋《かつらばし》）であった。この一堰・一用水路という本図の記載原則に唯一該当しないのが、桂橋のすぐ南に当たる堰と用水路の記載である。この堰からは、桂川左岸の西八条西荘の用水路である「西庄井《にしのしょうのい》」が引かれていたが、その上流に桂川右岸に向けて開削された用水路が描かれ、「去々年新溝を掘る」と注記がなされている。「新溝」は、一一ヵ郷（徳大寺《とくだいじ》・上桂《かみかつら》・桂殿《かつらどの》・下桂・河嶋《かわしま》・寺戸《てらど》・下津林《しもつはやし》・牛瀬《うしがせ》・上久世《かみくぜ》・下久世・大藪《おおやぶ》・築山《つきやま》の諸荘〈郷〉）を潤す「今井溝《いまいのみぞ》」から「御庄（近衛家領桂殿）」で分流して下五ヵ郷（牛瀬〈禁裏御料《きんりごりょう》・勝園寺《しょうおんじ》領〉・上久世〈東寺領〉・下久世〈東寺領・春日社《かすがしゃ》領など〉・大藪〈久我《こが》家領・小笠原《おがさわら》氏領など〉・築山〈烏丸家領か〉）を潤す用水路につながっている。この記載は、「西庄井」に依存する西八条西荘が、そのすぐ上流に「新溝」を開削しようとした下五ヵ郷の不当性を示すためのものである。

この相論では、石清水八幡宮領西八条西荘が「御庄（近衛家領桂殿）」の支援をうけたのに対して、用水系を同一にする下五ヵ郷が連合し、それぞれの本所にも愁訴して自己の主張を実現することに努めた。一方、上久世荘などの本所である東寺は下五ヵ郷を支援する立場にあったが、京都郊外の地域社会の一員として、西八条西荘の支援要請を受け入れるという分裂した行動をとっていたことが明らかにされている（「東寺百合文書」）。

以上、紹介してきた桂川水系の用水相論をめぐる西八条西荘・下五ヵ郷・東寺の複雑な動向は、彼らが個々の荘園領域を超えた地域社会に立脚した存在であったことを如実に示している。地域社会における荘家相互、荘家と本所の結びつきと競合を考えるうえで、本図と「東寺百合文書」は、非常に重要な手がかりを提示しているといえるであろう。

（清水）

【参考文献】

稲葉継陽『戦国時代の荘園制と村落』（校倉書房、一九九八年）
黒田日出男『中世荘園絵図の解釈学』（東京大学出版会、二〇〇〇年）
寶月圭吾『中世灌漑史の研究』（吉川弘文館、一九八三年。初版は畝傍書房、一九四三年）
向日市文化資料館編『特別展　桂川用水と西岡の村々』（一九九七年）

コラムⅡ　史料の読み方

播磨国守護赤松義則奉行人連署奉書

○応永一一年（一四〇四）九月二〇日播磨国守護《はりまのくにしゅご》赤松義則《あかまつよしのり》奉行人連署奉書《ぶぎょうにんれんしょほうしょ》（折紙）（「東寺百合文書《とうじひゃくごうもんじょ》」ヰ函六二）

東寺雑掌申、播磨国矢野庄内原源左衛門（源庸）入道・同田所源性（家久）所職名田畠等事、為二寺家一、就レ被二申開一、所レ被二返付一也、早退二楊阿弥（本位田）幷橋本五郎左衛門（本阿）入道代官等一、沙汰二付下地於寺家雑掌一、可レ被レ執二進請取一由候、仍執達如レ件、

応永十一年九月廿日　　性祐（上原）（花押）
　　　　　　　　　　　宗真（富田）（花押）
　　　　　　　　　　　性守（喜多野）（花押）

小河新左衛門入道（玄助）殿

この史料は、播磨国守護赤松義則の在京奉行人《ざいきょうぶぎょうにん》である喜多野性守・富田宗真・上原性祐が、同国の国衙《こくが》眼代《がんだい》・在国奉行である小河新左衛門入道（玄助）に守護の命令を伝えたものである。差出書《さしだしがき》・年月日付・充所《あてどころ》（宛名）を

有するという意味で、典型的な文書といえる。

この史料では、東寺領播磨国矢野荘《やののしょう》内の有力名主《みょうしゅ》である原源左衛門入道（源庸）・田所源性（本位田家久）の所《しょ》職《しき》名田畠などを東寺に返付すること、当該権益の保持を主張する本位田楊阿弥・橋本五郎左衛門入道（本阿）代官らを排除して東寺雑掌《ざっしょう》に係争地を引き渡すことが命じられている。

さて、この史料の充所は小河玄助である。現代人の多くは、この史料が小河玄助に渡され、その子孫らに伝えられたと考えるのではないだろうか。しかし、この史料は当該案件の訴人《そにん》（原告）である東寺側に伝来している。なぜか？

当時の矢野荘では、明徳《めいとく》・応永《おうえい》年間に起こった惣百姓《そうびゃくしょう》の一揆の与同者とされた原氏・田所（本位田）氏の所職名田畠などが守護方に没収され、橋本五郎左衛門尉（本阿）、ついで本位田楊阿弥に与えられていた。荘園領主（寺社本所領主）である東寺は、原・田所の権益回復を、在京する守護赤松義則や奉行人上原・富田・喜多野に働きかけていた。

応永一一年（一四〇四）九月七日、本位田楊阿弥の主人が遁世し、楊阿弥も蟄居《ちっきょ》したという風聞が起こった。東寺供僧《くそう》組織の一つ二十一口方《にじゅういつくかた》は評定《ひょうじょう》を開き、この機を捉えて守護方に原・田所の名田畠返付を訴えること、上原に樽《たる》一・料足《りょうそく》（銭）一貫、喜多野に料足二結《にけつ》（二貫）・樽一を贈ることを決めた（「二十一口方評定引付《ひょうじょうひきつけ》」同日条）。そして九月二〇日の朝、上原入道（性祐）が赤松義則の「屋形」で東寺の訴えを披露した結果、原・田所の名田畠返付が決まった（同九月二一日条）。この史料は赤松義則の決裁を得た九月二〇日付で作成され、「東寺百合文書」中の一通として今日に伝わる一方、東寺供僧組織の記録「二十一口方評定引付」・「学衆方《がくしゅかた》評定引付」（いずれも「東寺百合文書」に含まれる）にも書き写された。そして、東寺はこの史料を小河玄助に提示して守護の命令実行を求め、原・田所の名田畠を回復したと考えられる（「東寺百合文書」ノ函一三一など）。

以上の経緯から、さきの疑問への回答が得られる。①日本中世文書、特に権利関係文書は、一般にその内容への権利を主張する者が発給権者に働きかけた結果、作成される。②文書を獲得した者は自力でそれを運用し、権利の実現を図る。③したがって、文書を獲得した者が、その文書の充所になるとは限らない。

さらにこの史料が、京都における寺社本所領主・守護関係者の交渉によって作成され、荘園権益回復のツールとして機能したことに注目したい。室町期荘園制は、守護在京制にもとづく在京領主間の交渉によって維持されていたのである。そして守護関係者との交渉には、酒や銭といった財を駆使することが不可欠であった。実際、この文書を得た東寺は、「守護方」（赤松義則であろう）に料足一〇貫文・松茸折一合を贈り、礼を述べた。そして在京奉行人上原・富田・喜多野にもそれぞれ二〇〇疋（銭二貫文）・樽一を送ることを決定した（「二十一口方評定引付」応永一一年九月二一日条）。彼ら三人は赤松義則の意を奉じ、この文書を発給した当事者だったのである。

（清水）

【参考文献】

伊藤俊一『室町期荘園制の研究』（塙書房、二〇一〇年）
上島　有「南北朝時代の申状について」（『日本古文書学論集7　中世Ⅲ』吉川弘文館、一九八六年、初出一九七六年）
渡邊大門『赤松氏五代』（ミネルヴァ書房、二〇一二年）

用語解説

国人領主（国人）〈こくじんりょうしゅ〈こくじん〉〉

室町時代の史料に登場する「国人」とは、室町幕府―守護の指揮系統に属して軍役・公事《くじ》を勤め、地域に存立基盤を持つ者のことである。すなわち、室町幕府―守護体制下で地方に本領を有する武家領主と、守護の催促にしたがって幕府・守護が賦課する軍役・公事を勤める荘園の沙汰人《さたにん》が「国人」に該当する。

しかし、実態からみて、室町幕府―守護体制下の武家領主と沙汰人を同一視することは難しい。室町幕府―守護体制下で「国人」とされる武家領主の多くは、京都にコネクションを有しつつ、本領と呼ばれる所領を有する在地領主であるが、沙汰人は荘家の代表者としての性格も持っており、村落の規制を強くうける存在である。この相違をふまえて、室町幕府―守護体制下の武家領主（武家領主）を「国人領主」と規定する見解が提示されている。

野伏〈のぶし〈のぶせり〉〉

野伏（野臥）とは、南北朝内乱期に入ってから史料上に頻出する軍事集団である。彼らの実態については、村落の名主《みょうしゅ》・百姓とみる説、特定の身分・階層ではなく単に歩兵を意味するとみる説があり、いまだ定説をみていない。

史料にあらわれる野伏には、①遠征軍の迎撃に有用な存在として起用された地元の「案内者《あないしゃ》」、②遠征軍に歩兵として動員される者、③守護・荘園領主の命令如何にかかわらず独自の判断で戦場に赴く者などが見出されている。このように、野伏のありかたを一意的に評価することは難しいが、さきに提示した①・②のなかに、守護が荘園現地（荘家）に要求して徴発した者が多く含まれていることは事実である。守護は、荘家を指導する荘官《しょうかん》・沙汰人に野伏を率いて参陣することを命じていた。このようなケースにおける野伏の実態は、荘家に居住する名主・百姓（「村の武力」）であったと考えられる。

守護役〈しゅごやく〉

守護役とは、室町幕府体制下の守護が、分国内の各所領に賦課した臨時役のことである。

南北朝内乱期、守護は、軍事行動を遂行するため、陣夫《じんぷ》役《やく》・築城の人夫・野伏など軍事行動にかかわる臨時役を、分国内の各所領に賦課するようになった。さらに、守護は、自らの居館や菩提寺《ぼだいじ》の造営にも荘家からの人夫供出を求めた。これら、守護の裁量によるさまざまな人夫・物資の徴発を、当時「守護役」と呼んだ。これらの課役賦課に応じない場合は敵方に与同したとみなされるため、荘家は守護役の賦課に応じ、その負担分を必要経費として荘園年貢から控除することを荘園領主に要求した。

一方、荘園領主も、守護による軍事動員体制の構築が守護分国ひいては荘家の安定化につながることを認識し、守護役の賦課自体は正当な権力行使として受容していた。

また、守護役負担の基盤となったのは、荘園において公事徴収単位として設定された名《みょう》であった。すなわち、守護役は、①荘園（荘郷）・名という荘園制下の徴税単位に依拠している、②直接の賦課対象が荘家である、③荘園年貢からその経費が調達される、という点において、荘園制の存在を前提とした課役であったといえる。

守護役は一五世紀中頃から、用途を特に明示しない守護《しゅご》段銭《たんせん》に吸収される傾向をみせる。また守護段銭自体が守護から被官・国人に給与する知行《ちぎょう》対象となった事例が出てくる。守護役を吸収するなど守護段銭が整備される動きは、応仁《おうにん》・文明《ぶんめい》の乱を契機とした守護在京制の崩壊や寺社本所《じしゃほんじょ》領《りょう》・室町幕府御料所・幕府直臣《じきしん》所領の押領と相まって、室町期荘園制が動揺・衰退する状況を示しているといえよう。

「庄家の一揆」（しょうけのいっき）

「庄家の一揆」とは、荘園制下において、百姓・村落が、再生産維持や対領主交渉（年貢減免要求、公事・夫役賦課反対要求）を目的として形成した一揆結合のことである。一二世紀段階で、百姓たちは対領主交渉において、「一味《いちみ》神水《じんすい》」という行為を通じて共同活動を誓約していた。したがって、「庄家の一揆」の原形は、荘園公領制の成立と連動して形成されたと考えられる。

一四世紀以降、悪党問題、南北朝内乱や飢饉などに対応して、惣村に代表される自律的村落が荘園内部に形成されていった。それに伴い、「庄家の一揆」は、荘内の自律的村落の連合体として、再生産維持と村落領域・荘園領域の維持を担う役割を強化していった。

その一方、「庄家の一揆」を構成する百姓は、中世を通じて各単位所領の枠組みを超えた婚姻関係や信仰のネットワークを取り結んでいた。また、畿内近国においては、同一水系を複数の荘園が利用するケースが多く、「庄家の一揆」相互の競合と連携によって用水体系の維持が実現されていた。「庄家の一揆」は、荘内の百姓・村落を基礎としつつ、単位所領を超えた地域社会にも支えられていたといえよう。

御料所（ごりょうしょ）

御料所とは室町幕府の直轄領であり、幕府の経済的・政治的基盤として機能していた。御料所の権益内容は多彩であり、荘園権益にとどまらず、納銭方《のうせんかた》・白布棚公事《しろぬのたなくじ》なども「料所」と呼ばれた。御料所のなかで荘園権益に属するものの淵源もまた、足利《あしかが》氏本領、闕所《けつしょ》地、半済《はんぜい》地、幕府近臣・奉公衆や国人の所領が料所化したものなど多様である。

室町幕府の収入源には、御料所のほかに土倉《どそう》・酒屋役、地頭御家人役《じとうごけにんやく》、守護出銭《しゅごしゅっせん》（守護に対して分国一国あるいは半国を単位として賦課する臨時税）、段銭徴収過程で発生する利得などがある。さらに、御料所のなかに幕府近臣・奉公衆・国人領がふくまれていた実態をふまえると、室町幕府財政に占める御料所の比重を過大に評価することはできない。

一方、御料所は、幕府近臣・奉公衆・国人に対する室町殿の求心力を裏づけるという政治的機能を有していた。彼らが自身の所領を御料所化した動機は、近隣の競合勢力から自領を保全するうえで御料所化が有効にはたらいたこと、御料所が守護を通じて賦課される諸種の賦課を免除されていたことにあったのである。

沙汰人（さたにん）

一四・一五世紀における沙汰人とは、地域社会の有力者であり、寺社本所領・武家領の公文《くもん》・田所《たどころ》・地頭代《じとうだい》・預《あずかり》所代《どころだい》などの中下級荘官に就任し、あるいは就任しうる勢力をもった者である。鎌倉時代後期に「悪党」と呼ばれた者の多くは沙汰人であった。荘園領主権の分裂に伴い、沙汰人が荘園領主の一方と連携して、対立する沙汰人やその配下の地域住民に対して武力行動を起こした結果、「悪党」とみなされるというケースが指摘されている。

沙汰人は荘家の運営を指導する存在であり、荘家が保有する「村の武力」の組織者でもあった。したがって、守護は寺社本所領の沙汰人を介して、荘家に対する軍事動員や守護役の徴収を実現しようとした。その結果、沙汰人が、室町幕府―守護体制下における軍役・公事の負担者として「国人」と呼ばれるようになる。

また、南北朝内乱期には、沙汰人相互の武力抗争が発端となって、それぞれの上位にある武家領主相互の武力抗争に発展した事例が見出される。沙汰人は荘家の代表者であるため、彼らの支持をとりつけることが、寺社本所領主・武家領主を問わず、所領を維持するうえできわめて重要な意味をもっていたのである。

段銭（たんせん）

段銭とは、田地一段別に賦課された公事のことである。段銭の淵源は一国平均役《いっこくへいぎんやく》であり、貨幣経済の浸透に伴って、鎌倉後期には一国平均役が段銭として徴収された事例が散見される。しかし、一国平均役の段銭化が一般化するのは、南北朝期である。

室町幕府は、一三八〇年代には一国平均役の賦課・免除の機能を朝廷から接収し、段銭制度を整備していった。段銭は、室町幕府―守護の命令系統を介して賦課・徴収・免除がなされたため、守護の分国統治を担保あるいは統制する役割を有していた。

この段銭徴収の方式を、守護や国人・寺社本所領主が取り入れた結果、守護が賦課主体となる守護段銭や領主（寺社本所領主・国人領主）が賦課主体となる領主段銭が、一五世紀には生み出された。

公田（こうでん）

中世における「公田」とは本来的には公領（国衙領《こくがりょう》）を意味しており、荘園公領制にもとづく一国平均役の賦課基準として、課税対象となる各所領の惣田数が大田文《おおたぶみ》に記載された。さらに、鎌倉期に入ると、個別領主の支配基盤である荘園・公領の定田《じょうでん》も「公田」と呼ばれ、年貢や地頭・下司《げし》加徴米のみならず、鎌倉幕府御家人役の賦課基準にもなった。

一四世紀前半以降、一国平均役・段銭賦課基準としての「公田」は、公領から（寺社本所領・武家領を問わない）大田文記載田数へとその意味内容が変化した。一方、寺社本所領主・武家領主の支配基盤としての「公田」（定田）概念は、一四・一五世紀を通じて使用され続けた。荘園制が支配システムとして機能していた一三〜一五世紀においては、国家的課役の賦課基準としての「公田」と、領主支配の基盤としての「公田」という、二つの「公田」概念が併存していたのである。

有徳人（うとくにん）

有徳人とは、一三世紀後半以降の貨幣経済の浸透に伴って、主に地域経済・都鄙《とひ》間交通の核となる宿《しゅく》を拠点とした富裕者のことである。

有徳人は、地域相場に詳しい金融業者・商人的性格をもっていたため、室町期荘園制下においては、寺社本所領・武家領を問わず、直務《じきむ》代官《だいかん》・請負代官《うけおいだいかん》に起用された。また、有徳人は、富裕であるがゆえに「有徳」であることを求められた。そのため、有徳人は、地域社会への経済的貢献を行い、また、上級権力による「有徳役《うとくやく》」の賦課対象となった。

室町期荘園制とそれを支える交通網に立脚していた有徳人の多くは、室町期荘園制の解体に伴って姿を消した。そして、戦国時代に形成された交通ルート・宿には、新たな有徳人が出現したのである。

土倉・酒屋（どそう・さかや）

土倉とは、京都をはじめとする都市・町場で活動した金融業者である。酒屋も原料米などを確保しうる資力を活かして金融業を兼ねるようになった。彼らは、その資金力などを背景に、室町期荘園における代官請負の担い手にもなった。特に土倉は、代官請負を金融業務とならぶ主要業務としていた。

京都の土倉・酒屋に大きな影響力を有していたのは比叡山延暦寺であり、一四世紀には、彼らの多くが日吉神人《ひえじにん》になっていた。室町幕府は、京都の市政を掌握する過程で土倉・酒屋への課税を企図した。そこで幕府は、日吉神人を人的に支配する延暦寺と連携して、一四世紀末に土倉・酒屋役を成立させ、その徴収実務を延暦寺衆徒によって構成される土倉方一衆《どそうかたいっしゅう》（延暦寺の神役徴収組織である馬上一衆《ばじょういっしゅう》と同一の集団）にゆだねた。

加地子（かぢし）

中世成立期における加地子の前身は、公出挙利稲《くすいこりとう》が地税化した「正税《しょうぜい》」・「地子《ちし》」である。一〇世紀には、開発者に対する「正税」の免除が行われていた。この「正税」は、一〇・一一世紀には「地子」へ、一一世紀には「加地子」へと名称が変化していった。

すなわち、一一世紀段階の加地子（私領主加地子）とは、開発を請負う私領主に対して国衙が与えた見返りであり、本来国衙徴収分の一部であった。したがって、「正税」とほぼ同額の反別五升〜一斗が徴収分として認められた。

私領主加地子は、荘園公領制の成立に伴い、荘園年貢のなかに吸収されていった。その一方、一三世紀に入ると、荘園年貢に匹敵する額の加地子が見出される。この加地子は、一一世紀段階の私領主加地子とは成り立ちが異なり、地主（永作手《ながつくて》など）が作人から徴収した得分を前身とした、荘園年貢の範囲から外れた得分であった。この永作手などの得分に系譜を引く加地子が、鎌倉後期以降、広範に売買され、それらを集積した土豪の経済基盤となった。

（以上、清水）

付論

1 荘園絵図史料をめぐる研究環境の諸段階と課題

守田逸人

はじめに

荘園史研究の題材となる重要な史料に荘園絵図がある。しかしその重要性に比して、これまで荘園絵図研究がスムーズに深化してきたとは言い難い。主な原因として多くの場合大型で着色が施され、図像・文字・線画など多様な表現を伴う史料的特質により、研究者がなかなか充分に史料分析を行う環境に恵まれなかったことが挙げられる。

荘園絵図は、古文書や古記録などの文字史料のように史料集を刊行することもハードルが高く、かといって原本調査もそう簡単にできるものではない。また原本調査に臨んだとしても、大型の絵図に豊かな絵画表現を伴って広がる無数の細かな図像・文字・線画などの表記を個人が限られた時間のなかで完全に整理・把握することも困難である。すなわち荘園絵図研究を深化させていくには組織的な活動が必須であり、さらにそれなりの研究環境が整わなければ望めない。

また、原本調査などにもとづく論文が発表されても、論文で示された知見を読む側が検証することは困難な場合が多い。すなわち、開かれた議論を行うにはハードルが高い分野である。

一方近年では画像史料の解析技術や史料画像の発信方法、あるいはＧＩＳ（地理情報システム）を用いた現地調査の方法、情報の記録・蓄積や共有の方法が段違いに深化してきており、右に挙げたような課題に少しずつ迫ろうとしている。また近年そうした技術も活かしつつ、長期にわたり荘園絵図の組織的調査・研究を継続してきた東京大学史料編纂所（以下「史料編纂所」と略す）による『荘園絵図聚影　釈文編』（古代・中世1～3が既刊）の刊行も進み、荘園絵図研究も新しい段階を迎えた。本稿ではこれまでの荘園絵図研究の大まかな軌跡について、研究者がどのように分析対象となる荘園絵図史料に接することができたか、研究環境に関する動向に焦点を絞って現状への認識を深めてみたい[1]。

1　西岡虎之助編『日本荘園絵図集成』の誕生

荘園絵図研究が歴史学のなかで大きく注目されるきっかけとなったのは、西岡虎之助編『日本荘園絵図集成上・下』（東京堂出版、一九七六・七七年、以下『集成』と略記）である。『集成』は、史料編纂所編纂官を経て一九五四年から早稲田大学で教鞭を執った西岡虎之助の蒐集《しゅうしゅう》による荘園絵図模本をもとに、早稲田大学西岡虎之助門下諸氏によって一〇五点の荘園絵図の図版と解説が示されて編まれた。この成果によって研究者たちは現代にまで残った荘園絵図の多くを一定程度まとまった形で把握できるようになった。それまで個別に荘園絵図の存在は知られていても、どの程度どのような荘園絵図が存在するのか全体像の理解が乏しかった。しかし『集成』の刊行により、さまざまな種類の荘園絵図の図版が提示され一定程度の解説が付されたことで、荘園絵図史料に対する大枠のイメージを摑むことができるようになった。それまでに荘園絵図研究がまったく行われなかったわけではないが、小山靖憲が述べたように「荘園史研究の補助的史料としてごく一部の人々に利用されたに過ぎない」という状況であった(2)。『集成』の刊行は、荘園絵図研究を確実に促し、個別研究も出されていった。

ただし、史料集としては時代の制約があったことも事実である。荘園絵図は指図のような簡単な絵図はともかく、多くの場合大型でかつ細かい図像表現や無数の文字などが展開しており、刊行当時の技術水準や出版事情のなかではそれらのすべてにわたって細部まで明瞭となる図版を刊行することは不可能であった。先行研究も乏しいなかでこの段階でも荘園絵図が荘園史研究や中世史研究の主要な素材として議論される環境にはなかった。

さて、西岡虎之助の荘園絵図模本収集と『集成』の刊行の経緯については、黒田日出男や海津一朗のグループが検討している(3)。それらの成果によると、まず『集成』は西岡虎之助が収集した摸本をもとにして一九六〇年に早稲田大学で開催された「西岡虎之助蔵　荘園関係絵図展観」をきっかけとしていたこと(4)、その展示解説『西岡虎之助蔵荘園関係絵図展観目録幷解説』においては一七八点（本展観分八五点・未整理分八六点・未採集分七点）が紹介されていたことなどが明らかにされた(5)。

『集成』の意義はこれまでも注目されてきたが、両氏の整理で注目したいのは西岡コレクションの模写本すべてが西岡の独力で集められていたわけではないという点である。海津一朗は、西岡による模本蒐集の経緯について黒田日出男らによる先行分析を継承しながら検討し(6)、巷間で語られてきたイメージへの修正を迫っている(7)。すなわち、後年史料編纂所に寄贈された西岡コレクションの内容を調べると、史料編纂所で作成された模本と四四点もの重複本があり、それらを比較するとそのうち二四点は史料編纂所本からの複模本だったことが判明したという。また、史料編纂所では一八八三年（明治二六）より模本が断続的に作成されており、作成年代の明確な三四点の模本のうち一八点は西岡の入所以前にすでに作られていたこと、西岡が史料編纂所在籍時に作成された絵図は六本に過ぎないことなどが明確になった。これらのことから、西岡コレクションの多くはおおよそ史料編纂所に蓄積されていた模本を特定の時期に一斉に筆写したとみられるという。すなわち『集成』で示された荘園絵図の全体像については、西岡独自の活動だけでなく史料編纂所による組織的な活動によって基礎が築かれていたのである。

2　史料編纂所の荘園絵図調査と『日本荘園絵図聚影』の刊行

史料編纂所で進められた組織的な荘園絵図の調査活動は、上記絵図模本の作成・蓄積をはじめ、大型フィルムでの撮影、絵図の読解（釈文）・トレース図の作成、現地比定などに関わる調査など多岐にわたっている。ここでその詳細を論じる余裕はないが、例えば同所の弥永貞三《いやながていぞう》を中心としたグループでは、昭和四五年（一九七〇）度に「荘園絵図の基礎的研究」と題して科研費を取得し、原本調査・写真撮影などが行われたのをはじめ、断続的に調査が続けられてきた[8]。

釈文・トレース図の場合、『大日本古文書　家わけ第十八　東大寺文書之四』（東京大学出版会、一九六六年）が早い例であるが、昭和六一年度には皆川完一を代表者とする史料編纂所荘園絵図研究グループが科研費（「古代・中世の古絵図の史料学的・図像学的研究」）を取得して活動し、調査の成果のひとつとして「大和国佐保新免田土帳　一～三」のトレース図を『東京大学史料編纂所報』に発表したのをはじめ、トレース図など成果の一部が『東京大学史料編纂所報』や『東京大学史料編纂所研究紀要』に掲載されていった[9]。

その後、一連の活動のなかで一九八八年から刊行が始まった史料編纂所編『日本荘園絵図聚影』（以下『聚影』と略す）は、荘園絵図研究の進展にむけた大きな画期となった。『聚影』は、東日本（一・二）、近畿（一・二・三）、西日本（一・二・三〈補遺〉）全八冊が二〇〇二年までに刊行され、三〇〇点弱に及ぶ荘園絵図が良質な図版とともに示された。日本列島に存在する荘園絵図の全体像は、『聚影』の刊行でおおよそ明らかになった。

その間、史料編纂所以外でも『教王護国寺文書　絵図』（平楽寺書店、一九七二年）は釈文・トレース図を刊行している。また、髙橋昌明を代表者とする二〇名のグループは昭和五九年度に「荘園絵図の史料学および解読に関する総合的研究」と題したテーマで科研費を取得し、一〇点の荘園絵図について紙面構成図・一部の絵図のトレース図・原本調査の所見・現地調査の成果などをまとめ、報告書を作成した。(10) これらの成果の一部はのちに『中世荘園絵図大成』（河出書房新社、一九九七年、以下『大成』と略す）に連続している。

『大成』は荘園絵図研究の歴史を整理するとともに、三〇点の荘園絵図について原本調査と現地調査の所見を整理した。原本調査の所見として紙面構成図・文字表記・図像といった基礎情報のほか、現地比定・絵図の作成経緯・読解の項目を設けてそれぞれの絵図の性格を論じた。各荘園絵図ごとにトレース図や絵図の図版も掲載した。

その他、さまざまな博物館などで行われた荘園絵図を中心とした特別展示や、それに伴うシンポジウムなども荘園絵図研究の進展を促す重要な機会となり、個別荘園絵図に関する研究論文も増えていった。(11)

3　画像史料研究の深化と『日本荘園絵図聚影　釈文編』の刊行

一九九〇年代後半から急速かつ世界的に広がったコンピュータ技術の進化とインターネットは、歴史学の分野にもデータベースの構築などにより研究手法や情報整理の面で革命的な転回をもたらした。荘園絵図研究にも史料の閲覧のあり方や画像解析の方法、荘園現地調査の方法、情報蓄積・発信の方法などをめぐって大きな転回をもたらした。近年ではそうした研究情報の蓄積や研究手法の進展をもとに荘園絵図の分析も進み、史料編纂所編『日本荘園絵図聚影　釈文編』の刊行も始まった。

SIDシステムによる模本データベースの構築

一九九七年には史料編纂所に画像史料解析センターが起ちあがり、史料編纂所が蓄積してきた荘園絵図模本データがweb上で公開されるようになった（東京大学史料編纂所HP「史料編纂所所蔵荘園絵図摸本データベース」）。特筆されるのは当時公開にあたって採用されたSIDシステムの画期性である。SIDシステムとは、高精細な大容量のファイルを数十分の一に圧縮保存して発信することで閲覧利用者側がスムーズに高精細なコンテンツを閲覧できるシステムである。(12)模本とはいえ、これによって閲覧者は世界中から肉眼で観る以上に絵図隅々の細部まで明瞭な画像を確認することができるようになった。SIDファイルによる高精細画像の発信は、現段階においてはすでに主流ではなくなり、現在ではIIIF（トリプルアイエフ）という世界基準の仕様が広がりつつあるが、この段階では画期的な発信システムであった。

ところで、インターネットの普及と関連して、特に近年文化財のデジタルアーカイブが世界規模で広がってきていることに注目したい。各博物館・資料館・文書館・大学などの公的機関では、それぞれの所蔵文化財を世界基準となるIIIFに対応させる形で高精細デジタル画像の発信を広めつつあり、これまで博物館展示などで現物を観る以外では展示図録など紙媒体で接してきた文化財の閲覧方法から、世界中の文化財の高精細な画像をどこからでも閲覧・分析できる方向へ変わりつつある。本書の付論[2]で佐藤雄基が紹介しているとおり、歴史学の分野でも古文書を中心とした史料のデジタルアーカイブ化も進み、世界中から肉眼以上に鮮明な高精細史料画像を観ることができるようになってきている。ともすれば活字史料に依存しがちであった中世史研究のあり方も大きく変わってきた。こうした点は、今後の荘園絵図の発信のあり方や荘園絵図研究そのものにも大きな影響を与える可能性が高い。

現地調査と情報蓄積の方法

荘園絵図を研究するためには現地調査が必須の作業となる。現地調査の具体的な方法については近年いくつかの論考が提示されているので(13)、情報蓄積の方法についてのみ簡単に整理したい。

荘園現地調査を行うにあたり、近年では簡便なポータブルＧＩＳソフトを携帯しさまざまな情報を記録して国土地理院地図やGoogleマップなどのオンライン地図に記録、蓄積する方法が広がっている。記録データは、汎用性のあるkmlファイルなどで統一することで携帯端末からＰＣなどへのデータの移管も容易に可能になる。情報の蓄積とともに博物館・資料館、大学などの研究機関などの公的機関からインターネットを利用して発信・公開することも容易であり、利用者側もさまざまな情報を一括して得られる点で注目される。

さきに示した史料編纂所ＨＰ「史料編纂所所蔵荘園絵図摸本データベース」では、各模本データごとに「地図」という項目が立てられ、若干の歴史地理情報がオンライン地図上に記録されている。今後、ますますＧＩＳが広がり、発展していくことにより、現地調査で得られるさまざまな地理情報などがこうした場に集約され、荘園絵図研究に資することになろう。

『日本荘園絵図聚影　釈文編』の刊行

史料編纂所画像史料解析センターで進められた『日本荘園絵図聚影　釈文編』（以下『釈文編』と略記）の編纂（二〇一六年に中世1が刊行）は、さまざまな点で荘園絵図研究の精度を高めた。『釈文編』は、『聚影』に掲載された約三〇〇点弱の荘園絵図すべてについて、それ以前の研究成果や同所が蓄積してきた原本調査・現地調査の成果、高精細画像の読解をもとに、紙面構成図・トレース図・書誌情報などの基礎情報や、絵図作成の経緯、現地比定などの情報を集約した。そこではそれまで知りえなかった細かな角筆線やあたり・下書線・抹消痕や顔料・墨色のあり方、同筆・補筆・後筆情報、料紙や装丁のあり方などにも着目し、多くの新しい知見をもたらした。

また、ここで掲載されたトレース図もそれまでのものとは一線を画すことになった。それまでのトレース図は、多くは研究者個人が作成したもので、精粗もまちまちであったが、『釈文編』では日本画家が筆を執り、一定の規格のもとで多くの研究者との確認作業を繰り返しながら長時間かけて精巧なトレース図を作成した。(14)『釈文編』の刊行は、明治時代以来史料編纂所が組織的かつ継続的に進めてきた荘園絵図の調査・研究活動の区切りとなるものであり、現地点での荘園絵図研究の到達点である。

むすびにかえて——荘園絵図研究の課題——

インターネットの広がりや画像解析技術の進展とともに荘園絵図関係史料の発信方法や読解方法は飛躍的に向上した。なかでも限定的とはいえ、そして模本とはいえ高精細な画像をストレスなく世界中から容易に閲覧できるようになったことは大きな進展である。ただし、さらに荘園絵図読解の精度を高めて荘園絵図研究を進展させていくためにはやはりまだ制約がある。

例えば漠然とした言い方にはなるが、先行研究の史料解釈などについて厳密な検証を行うには、さらにより原本に近い史料・複製史料が研究者に開かれている必要がある。古文書や古記録であれば、原本を目にすることは難しくても、おおよその史料は史料編纂所閲覧室にて高精細な史料画像を観ることができる。一方の荘園絵図については、今のところ原本の高精細画像は公開されていない。可能な限り古文書・古記録などの文字史料と同じように史料環境を開かれた形にして検証を可能にしていく必要があるだろう。

やや具体的なケースでいえば、例えば荘園絵図は古文書と異なり、複数の手によって文字・線画や図像表現が書き込まれるケースが多い。もともとの絵図の作成段階で複数の手で書き込まれる場合もあれば、当然後世の追筆による場合もあるだろう。あるいは荘園絵図はもともとの作成目的の役割を果たした後も再利用される場合があり、そうした場面でも追筆で書き込みが施されるケースがある。かりに絵図作成当初の景観を正確に復原しようとしたとき、記載内容一つ一つについてオリジナルなものと後世の追筆を厳密に腑分けすることが重要になる。そうした史料分析や史料批判を積み重ねていくためには、やはり模本だけではなく、さらに原本に限りなく近い複製史料や原本史料の高精細な画像などの公開が重要になってくる。

その点に関連して、さきに近年のデジタルアーカイブの広がりについて言及した。しかしながら荘園絵図原本についていえば今のところデジタルアーカイブで公開されている荘園絵図はきわめて限定的である。[15]というのも現状でデジタルアーカイブを広く進めているのは博物館・資料館・大学などの公的研究機関が主であり、多くの荘園絵図が所蔵されている寺社などでは、そうした試みはまだ広がっていない。ただし、現在広がりつつあるデジタルアーカイブの波は、今後ますます広がりをみせていく可能性が高い。

現在筆者は香川県下の中世史料を悉皆《しっかい》的に調査し、史料の発信のあり方について寺社を中心とする史料所蔵者と日常的に意見交換を行っている。そうしたなか、所蔵者に対して史料を広くデジタルアーカイブの形で発信することを提案したとき、かつては所蔵文化財の公開に積極的ではなかったケースも含め、今のところほとんどの寺社で肯定的な回答を得ている。今後、荘園絵図原典の公開も進んでくる可能性があるだろう。一方トレース図の精度が向上したように、模本など複製史料のさらなる精度の向上の可能性もあるかもしれない。史料情報と荘園現地情報との蓄積や共有の方法の進展も期待される。

注

(1) 個別論文などをふまえた荘園絵図研究の紹介はこれまでにいくつか出されている。代表的なものを挙げると、二〇〇〇年頃までの動向については、黒田日出男『中世荘園絵図の解釈学』(東京大学出版会、二〇〇〇年)が網羅的に荘園絵図研究に関する論考を採りあげて研究史を整理している。その後は、随時荘園絵図を含めた画像史料に関する研究が『東京大学史料編纂所附属画像史料解析センター通信』（東京大学史料編纂所、一九九八年三月創刊、最新巻は一〇三号〈二〇二四年一月〉）「画像史料関係文献目録」にて継続的に紹介されている。

（2）小山靖憲「荘園絵図の史料学」（『中世村落と荘園絵図』東京大学出版会、一九八七年）。

（3）海津一朗らのグループ（和歌山大学紀州経済史文化史研究所）は、「西岡虎之助蒐集中世絵画史料コレクションの復原と模写技法の基礎的研究」と題した科研研究課題を遂行するなかで、西岡虎之助による絵画史料の蒐集過程や『集成』が成立する経緯を整理している。報告書『西岡虎之助神話　故郷と絵図　よみがえる天野』（和歌山大学教育学部日本史（海津）研究室、二〇一七年）参照。

（4）林晃平「西岡虎之助所蔵の荘園絵図影写本の行方（予察）」（前掲注（3）報告書所収）。

（5）早稲田大学大学院文学研究科西岡研究室編『西岡虎之助蔵荘園関係絵図展観目録幷解説』（早稲田大学図書館、一九六〇年）。

（6）『荘園絵図史料のデジタル化と画像解析的研究』（二〇〇〇～二〇〇一年科研報告書　課題番号12410087、代表黒田日出男、二〇〇二年）。

（7）海津一朗「東京大学史料編纂所寄託西岡虎之助蒐集荘園絵図コレクションについての基礎的考察」（前掲注（3）報告書所収）。

（8）「荘園絵図の基礎的研究」（『東京大学史料編纂所報』六、一九七一年）。

（9）荘園絵図グループ「荘園絵図調査報告　二」（『東京大学史料編纂所報』二二、一九八七年）。

（10）昭和五九年度科学研究費総合研究（A）研究成果報告書『荘園絵図の史料学および解読に関する総合的研究』（研究代表者滋賀大学教育学部髙橋昌明、一九八五年）。

（11）代表的なものを挙げると、一九六九年に京都国立博物館で開催された「古絵図」展では、多くの図版と詳細な解説を付した図録が作成された（『古絵図　特別展覧会図録』京都国立博物館、一九六九年）。また、一九九三年に国立歴史民俗博物館で開催された展示「荘園絵図とその世界」では、多くの図版を伴った図録が刊行された。期間中には「描かれた荘園の世界」と題したフォーラムが開かれ『描かれた荘園の世界』（国立歴史民俗博物館編、一九九五年）を刊行している。
(12) 前掲注(6)報告書、および東京大学史料編纂所ＨＰ「史料編纂所所蔵荘園絵図摸本データベース」の「ヘルプ」参照。
(13) 井上聡「荘園絵図調査の実践から」（『民衆史研究』八五、二〇一三年）、赤松秀亮「荘園調査の到達点と地理情報の分析に向けた試み」（鎌倉佐保ほか編『荘園研究の論点と展望』吉川弘文館、二〇二三年）など参照。
(14) なお、これらのトレース図は前掲注(12)「史料編纂所所蔵荘園絵図摸本データベース」でも公開されている。
(15) 現在、デジタルアーカイブなどで公開されている荘園絵図として、「東寺百合文書」に収められた「山城国下久世庄絵図」（レ函三八四）・同「神泉苑差図」（エ函八六）、個人蔵「河内国高向荘絵図」などがある。それぞれ、京都府立京都学・歴彩館「東寺百合文書WEB」、河内長野市立図書館デジタルアーカイブにて公開している。

２　荘園研究に活用できるデータベース・オンラインツールの紹介

佐藤雄基

はじめに

『荘園史研究ハンドブック』の初版が刊行された二〇一三年から一〇年、インターネットを利用した研究環境は飛躍的に向上した。新型コロナウィルス感染症拡大によるオンライン授業・学会の開始は、大学の研究・教育におけるオンラインの比重を否応にも高めたし、博物館などの史料所蔵機関における所蔵史料画像のオンライン公開も進んでいる。人文学の研究そのものがインターネットをはじめとする情報工学なしでは考えられないものとなっており、文理協働でデジタル・ヒューマニティーズ（人文情報学）という新しい分野も生まれている。本稿では、荘園研究に活用可能なデータベース（以下ＤＢ）やインターネット上の工具に焦点を絞って、その使い方の紹介を試みたい。日進月歩の世界であるため、ここに書いた内容は一〇年後にはそれ自体、二〇二三年頃の状況を記録した「史料」的な価値しか有さなくなっているかもしれない（なお、本稿で言及・引用しているサイトは、二〇二三年一二月二八日時点で確認したものである）。

1　荘園の基礎情報の検索

最初に、荘園は「荘（園）」「庄（園）」の二通りの表記があるため、蔵書検索などでは「黒田荘」と「黒田庄」のように両方の表記を検索する必要があることを断っておきたい（後述する史料編纂所のDBなど、荘でも庄でも検索結果が同じになるように設定されているものもあるが）。

そのうえで、ある荘園について調べたいとき、国立歴史民俗博物館が公式サイト（https://www.rekihaku.ac.jp/doc/t-db-index.html）上で公開している**「日本荘園データベース」**と**「荘園関係文献目録データベース」**をまず利用してみてほしい(1)。

「日本荘園データベース」は、検索項目のプルダウンから「荘園名」を選択し（初期設定では「荘園コード」になっている）、荘園名（「荘（庄）」字不要）を打ち込んで検索すると、その名前をもつ荘園の一覧が出てくる。調べたい荘園の所在する国などの情報をもとに、お目当ての荘園をクリックすると、その荘園の基礎情報一覧が出てくる。例えば、石母田正の名著『中世的世界の形成』（本書巻末の「荘園史の名著」参照）の舞台となった伊賀国黒田荘《いがのくにくろだのしょう》をみるため、「黒田」で検索すると、同名の荘園を含めて二一件ヒットするが、そのうち伊賀国名張郡《なばりぐん》に所在する黒田荘を選択すると、以下のように記されている（整理番号のようなコード類は省略した）。

【国名】伊賀　【郡名】名張　【荘園名】黒田庄　【フリガナ】クロダ
【参考市町村】名張市　【明治村字名】黒田
【史料村郷名】黒田・大屋戸・安部田・矢川・中村・夏見・簗瀬

【領家・本家】　東大寺領・東南院領・尊勝院領
【初見年和暦】　長久四年　【初見年西暦】　1043
【出典】　松永憲二氏所蔵文書・東大寺文書・東南院文書・内閣文庫所蔵伊賀国古文書・三国地誌・東大寺続要録・東大寺要録・書陵部所蔵文書・根津美術館所蔵文書
【遺文番号】　平615（以下省略）【記録類】
【関係文献】　有
【地名辞典】　角川地名＝長久4藤原実遠解に初見、往古寺領出作田＝前身は東大寺領板蝿杣、10世紀中葉に杣の東限を名張川まで拡大＝天喜4不輸不入＝黒田本庄の成立
【備考】　黒田杣ともいう・長治3＝本免25町、出作公田300余町・出作と新庄の一円不輸寺領化・本庄、出作、新庄からなる・建保4＝本庄25町7反余、出作新庄270余町・平安末期以降、百姓名編成・鎌倉後期〜南北朝、悪党の活動・永享11＝年貢50石

このうち、【参考市町村】は、（1）このデータベースが作成された一九九二年時点での市町村名であり、平成大合併後の現在の市町村名ではないこと、（2）複数の自治体にまたがる荘園もあるが、参考として一つ挙げたものにすぎないこと、の二点に注意する必要がある。また、【参考市町村】も検索項目として選択できるので、自治体名を入力して、その地域に所在した荘園を検出するという利用方法もある。【明治村字名】は『荘園志料』が比定地として挙げる明治二〇年代以前の村や字《あざ》の名称であり、近世の村名に由来するものも多い。地域の歴史を調べるのにも役立つ。

その荘園に関する文献がある場合、【関係文献】には「有」字が出ており、「荘園関係文献目録データベース」の当該荘園の文献一覧と相互リンクが貼られている。こちらは二〇一〇年代の文献も補充されており便利である。個

別荘園に関する文献を探すのであれば、「日本荘園データベース」で荘園を特定してから、リンクで飛ぶのがよい。また、著者やキーワードによって複数の荘園を横断的に調べたいのであれば「荘園関係文献目録データベース」から探すのがよい。例えば、プルダウンから【文献名】の項目を選択し、「下地中分」の語を入力して検索をかけると、三五件がヒットする。

2 論文・文献の検索と辞典類の閲覧

論文を検索するとき、国立情報学研究所が運営する学術情報ナビゲータCiNii（サイニィ）を利用することが多く、**CiNii Books**で大学図書館所蔵の本のタイトル、**CiNii Research**で雑誌記事・論文などを横断的に検索することができる。ただし、報告書や論文集所収の文献などで、CiNiiでは網羅されていない文献が「荘園関係文献目録データベース」で判明する場合も多く、荘園史の専門DBとしての有用性は高い。

文献探索に関しては、国立国会図書館HPの「**国立国会図書館デジタルコレクション**」（デジコレ、https://dl.ndl.go.jp/ja/）が近年注目されている。デジタル化資料のうち絶版などの理由で入手が困難であることが確認されたものについて画像データが公開されていたが、二〇二二年五月一九日から「個人向けデジタル化資料送信サービス」が開始され、登録申請をした個人の端末から利用可能になった（つまり自宅の個人PCから閲覧できるようになった）。これによって第二次世界大戦以前の荘園史に関する文献の多くが参照可能になった。また、同じく国立国会図書館が公開している「**次世代デジタルライブラリー**」（https://lab.ndl.go.jp/dl/）では、国立国会図書館デジタルコレクションで提供している資料のなかから、著作権の保護期間が満了した図書および古典籍資料について、OCRにより生成された全文テキストから資料を検索することが可能になった。調べたい荘園名や地名で検索をかけることによって、従来知られていなかった文献が検出できる可能性が高く、自宅にいながら膨大な資料を閲覧することができるようになった。その精度は今後検証されていくと思われるが、こうした国会図書館の事業が人文系の研究に与えたインパクトは絶大であり、今後はDBを活用した悉皆《しっかい》調査が研究の前提になってくるだろう。

なお、荘園現地の発掘調査報告を調べたいときには、奈良文化財研究所の「**全国遺跡報告総覧**」(https://sitereports.nabunken.go.jp/ja)を利用しよう。全国の遺跡の発掘調査報告書を全文電子化し、インターネット上で検索・閲覧できるようにしたDBである。

「日本荘園データベース」に戻ると、【地名辞典】の項目では、『荘園志料』『角川日本地名大辞典』『日本歴史地名大系』『平凡社大百科事典』に情報があるかどうかが記されている。特に中世史料に登場する荘園名や古い地名について調べるのであれば『角川日本地名大辞典』(角川書店、一九七八～九〇年)と『日本歴史地名大系』(平凡社、一九七九～二〇〇五年)の二つは必須である。有料会員制のデータベースである**ジャパンナレッジ(Japan Knowledge)**では、この二つの地名辞典の全文検索が可能となっており、Googleマップとの連携による地図表示が新たに加わるなど、デジタルデータならではの調査・研究が可能な仕組みが整えられている。個人で契約を行うか、あるいは大学などに所属している学生・教員であれば、所属先の大学図書館が法人契約している場合があるので、図書館に問い合わせてみよう。ジャパンナレッジの検索画面で、【見出し】の項目で、荘園名(ただし「荘」ではなく「庄」字)で検索すると、項目が立てられている場合、その荘園の項目が出てくるし、項目が立てられていない場合でも、【全文検索】で検索すると何かしら手掛かりが得られる。ジャパンナレッジには、言葉の歴史的用法を調べるときには必須の『日本国語大辞典』、日本史関係の辞典の基本である『国史大辞典』も入っている(『平安遺文』『鎌倉遺文』『群書類従』などの史料集は現時点では法人契約のみ利用可能となっている)。荘園史関係では、『国史大辞典』だけではなく、個別荘園の項目を多数収録し、巻末に荘園一覧・領家別荘園一覧を掲載している瀬野精一郎編『日本荘園史大辞典』（吉川弘文館、二〇〇三年）、各荘園の概要を所在する旧国別に記す阿部猛・佐藤和彦編『日本荘園大辞典』（東京堂出版、一九九七年）も参照する必要があるが、これらはジャパンナレッジには入っていない。

3　史料と地図に関するデータベース

つづいて、荘園に関する史料を探したいとき、**東京大学史料編纂所のＤＢ群**が有益である（https://wwwap.hi.u-tokyo.ac.jp/ships/）。こちらはすべて登録不要で利用できる。まず「**史料編纂所所蔵荘園絵図摸本データベース**」は、荘園絵図について調べたいのであれば、最初にあたるべきである。史料編纂所の所蔵する荘園絵図摸本の基本情報と画像を検索・閲覧でき、地域・時代から絞り込むことも可能である。史料編纂所の摸本コレクションには、主要な荘園絵図の過半が含まれている。例えば、本書第4章コラムⅠで紹介している伯耆国東郷荘絵図《ほうきのくにとうごうのしょうえず》についても「東郷荘」で検索すると、「模写画面」（史料編纂所所蔵の摸本のカラー写真）と「トレース図」、所在地の周辺地図がＤＢ上で閲覧・利用可能である。「模写画面」は高精細の画像で、荘園絵図細部の観察が可能になっている。「文献」をクリックすると、その荘園絵図に関する先行研究の一覧が出てくる（ただし二〇〇〇年代前半までが主のようである）。「画像」はその絵図の解説、「釈文」は絵図に書かれた文字情報の翻刻（「トレース図」の中の文字情報に対応する番号が振られている）、「地理」は荘園所在地や地名などの一覧である。

ほかにも史料編纂所はさまざまなＤＢを提供している。横断検索が可能なので、調べたい荘園名を入力してみるほか、東大寺領荘園であれば、『大日本古文書　東大寺文書』が刊行中であることから、「**古文書フルテキストデータベース**」で検索したり、平安・鎌倉時代の荘園の用語を調べたいのであれば、「**平安遺文／鎌倉遺文フルテキストデータベース**」を利用したり、「**大日本史料総合データベース**」では、中世後期も含めて幅広く史料を収集でき

史料をウェブ公開している主な所蔵機関20選

機　関	DB名・公開史料
国立歴史民俗博物館	館蔵中世古文書データベース
宮内庁	書陵部所蔵資料目録・画像公開システム
国立国会図書館	デジタルコレクション（村落文書として重要な「葛川明王院文書」など）
国立公文書館	武家文書「朽木家古文書」など
東京国立博物館	「所蔵古文書データベース」では「香宗我部文書」「白河結城文書」など。なお、国立文化財機構の「e国宝」では東京・京都・奈良・九州の国立博物館の画像を横断検索できる。
東京大学史料編纂所	朝河貫一『入来文書』（→本書「荘園史の名著」参照）で著名な「入来院文書」（画像・釈文・英訳・解説）
東京大学法学部研究室図書室法制史資料室	「周防國與田保文書」「美濃國茜部庄文書」など東大寺領荘園関係のほか、御成敗式目古写本の画像を公開
國學院大學図書館	デジタルライブラリー（公家領荘園研究で重要な「久我家文書」公開）
慶應義塾大学	慶應義塾大学メディアセンターデジタルコレクション（熊本県の武家文書で著名な「相良家文書」など）
船橋市デジタルミュージアム	応永6年（1399）5月「香取検田取帳　参」「香取御神畠検注帳　四」などの画像。所領関係の帳簿を見たい人にはお勧め
神奈川県立金沢文庫	国宝金沢文庫文書データベース（東国荘園の史料を含む）
長野県立歴史館	信濃史料データベース／市河文書データベース（本間美術館所蔵「市河文書」146点の画像・釈文、古文書学習にお勧め）
上田市マルチメディア情報センター	紙本墨書生島足島神社文書（起請文の画像・解説、古文書学習にお勧め）
京都府立京都学・歴彩館（旧京都府立総合資料館）	東寺百合文書WEB　（荘園文書の宝庫）
京都大学貴重資料デジタルアーカイブス	プリンストン大学と京都大学の共同事業による「淡輪文書」（和泉国淡輪〈たんわ〉荘の土豪淡輪氏の文書）や「駿河伊達文書（中世）」（武家文書）など
山口県文書館	デジタルアーカイブ「文書・記録」に、初期入浜式塩田を描いた長門国正吉郷入江塩浜絵図などを含む中世土豪文書「有光家文書」のほか、「防長古文書誌」など

機　　関	DB名・公開史料
佐賀県立図書館	古文書・古記録・古典籍データベース（「有浦家文書」「龍造寺家文書」などの武家文書）
別府大学機関レポジトリ	『豊後国荘園公領史料集成』（豊後国内に点在した荘園・公領ごとの文献史料を別府大学教授だった渡辺澄夫が収集、編年順にまとめなおしたもの）
熊本大学附属図書館	熊本大学附属図書館貴重資料（社領研究で重要な「阿蘇家文書」）
鹿児島県	『鹿児島県史料』（『旧記雑録　前編一』など鹿児島県内の荘園関係史料を含む）

る。目的に沿ったＤＢの利用を試みてほしい。さらに荘園用語がどのように外国語に翻訳されているのかを知りたいときは、「**日本史用語翻訳グロッサリー**」が有益である。

さらに、現在では史料所蔵機関による史料・画像公開も盛んになっている。国宝「東寺百合文書《とうじひゃくごうもんじょ》」は、質量ともに卓越しており、数多くの中世荘園研究で利用されてきた。その所蔵機関である京都府立京都学・歴彩館（旧京都府立総合資料館）のサイト「**東寺百合文書WEB**」（https://hyakugo.pref.kyoto.lg.jp/）は、同文書の検索ＤＢに加えて、画像を公開するとともに、「百合文書のお話」というコラムを連載し、同文書群の活用法・魅力を発信している。手始めとしては、網野善彦『中世荘園の様相』（→本書「荘園史の名著」）を参考にして引用史料を検索してみることをお勧めしたい。荘園の所在する地域の自治体史が、自治体によってオンライン公開されることも増えている。日々、新たなデータが公開されている状況であるため、Googleなどの検索サイトで「文書名＋画像」「荘園名」のキーワード検索をして、探してみることをお勧めする。参考として、史料（画像・史料集ＰＤＦ）の公開をしているサイトを二〇ほど選んで一覧にした（ＵＲＬは時々変更されるので省略したが、検索してほしい）[2]。

中世文書の読み方については国立歴史民俗博物館の小島道裕・橋本雄太らが作成した「**日本の中世文書**」（https://chuseimonjo.net/）が役に立つ。また、英語による中世文書学習サイトとしては、プリンストン大学のトーマス・コンラン（Thomas Conlan）が作成した**Komonjo**（https://komonjo.princeton.edu/）がある。古文書は崩し字で書かれているが、ＡＩくずし字認識アプリ「**みを（miwo）**」も開発されている（http://codh.rois.ac.jp/miwo/）。

さらに、地図を利用したいとき、『日本歴史地名大系』は都道府県別に一冊（県によっては二冊）になっているが、明治時代に作成された二〇万分の一の復刻地図が付録についており、古い地名や国・郡の境界、地形情報などが記載されているため、Googleマップなどの利用が広がる以前では、日本史の研究報告などで資料として利用されることが多かった。ジャパンナレッジでは、そうした関係地図もＰＤＦとしてダウンロードできるようになっている。ただし、一国単位での広域地図で荘園の分布状況を一望したいときは、オンラインでは参照できないが、竹内理三編『荘園分布図』上巻・下巻（吉川弘文館、一九七五年）が便利である（その改訂版の地図は「日本荘園データベース」のＣＤ-ＲＯＭ版〈吉川弘文館、一九九五年〉収録）。また、県史などの自治体史の中世編に、国ごとの荘園分布図が掲載されている場合がある。大分県豊後高田市による「**千年の時を刻む荘園遺跡田染荘**」（https://tashibunoshou.com/）のように、荘園紹介に特化したサイトも作られ、地図情報・文化財情報を得ることができる。

現在の荘園研究ではＧＩＳ（地理情報システム）を駆使した現地景観の調査・研究が盛んであるが、[3]基本的な調べものとして、Googleマップに加えて、ウェブ地図「**地理院地図**」（https://maps.gsi.go.jp/）が有益である。「地理院地図」はさまざまな使い道があるが、現在の地図から過去の「年代別の写真」に切り替えられる機能があり、一九二八年以降、年代を選択して、その場所の航空写真を見ることができる。もとになった旧版地図の概要図や図歴も含めて検索できるのが、「**地図・空中写真閲覧サービス**」（https://mapps.gsi.go.jp/maplibSearch.do#1）である。その場所を映した航空写真などの一覧が出てくる。これらは、戦後の圃場《ほじょう》整備や都市開発以前の地形や道などを調べるときには便利である。荘園の現地調査では、明治時代の地籍図のコピーを現地の役所などで入手するのが一般的で、それによって近代以前の伝統的な景観や地割、水利などを調べるのだが、オンライン公開はなされていない。

4 新たなデータの公開・共有の試み

オンラインには、データの入手だけではなく記録・共有という側面もある。既存のデータベースの多くは、二〇世紀後半の学術出版が基礎となっているが、オンラインを利用した新たな記録保存や共有の仕組みも近年急速に発展している。**Googleマップには「マイマップ」という機能**がある。特定地点を指定して、個人で自由に書き込みのメモ・写真を入れられる機能で、他人との共有も可能であるが、荘園現地調査に関する情報の記録・共有などにも活用可能である（守田逸人氏からご教示いただいた）。

興味深い実践例として、現在「**千年村プロジェクト**」の試みを紹介したい。「千年村」とは「千年を基準として、自然的社会的災害・変化を乗り越えて、生産と生活が存続してきた土地をさし」、その土地に関する情報をウェブ上で共有・公開しようとしている。平安時代の辞書『和名類聚抄《わみようるいじゆしよう》』に記載された約四〇〇〇の郷名のうち、従来の歴史地理学的な研究をふまえて、具体的な場所が特定できる一九七七件の場所を二〇一五年に地図上にプロットして公開したことに始まる(4)（二〇一五年開設）。荘園名や荘内の地名には、こうした郷名に由来するものもあり、荘園研究にも十分活用可能である。地域ごとに地域の地名や歴史のプラットフォームを作ろうという動きも進んでいる。一例として、高知県の大字《おおあざ》を集めた「**四万十町地名辞典**」というサイトがある（https://www.shimanto-chimei.com/、二〇一五年開設）。

これらのサイトは、多くの人びとの参加・協働による歴史知識の収集・整理・公開を目指している。市民参加型翻刻プロジェクト「**みんなで翻刻**」（https://honkoku.org/、二〇一九年公開）も始まっている。狭義の専門家以外の人びとが「歴史に参加する」いわゆるパブリックヒストリーの試みとしても注目される。

注

（1）この二つ以外にも、物価に関する史料を集めた「古代・中世都市生活史（物価）データベース」、洛中洛外図屏風「歴博甲本」「歴博乙本」に登場する人物像について、キーワードで情報検索ができる「洛中洛外図屏風　人物データベース」など、多彩なデータベースが用意されており、利用に当たって特に登録の必要がない（「東大寺文書目録データベース」など一部、登録が必要なものもある）。

（2）『史学雑誌』一三一―五の「二〇二一年の歴史学界―回顧と展望―」では、「日本中世」が「オンライン公開情報」（山田徹執筆）という項目を新たに設けている。今後継続するかは不明だが、中世史料のオンライン公開が加速している現状を反映した動きであると評価できる。また、個人サイトだが「中世古文書の画像が見れるデータベースまとめ稿」（https://atogaki.hatenablog.com/entry/2014/08/16/100859）（木下竜馬氏のご教示による）も有益であり、表作成時に参考にした。

（3）海老澤衷編『中世荘園村落の環境歴史学―東大寺領美濃国大井荘の研究―』（吉川弘文館、二〇一八年）、高橋傑『中世荘園の検注と景観』（吉川弘文館、二〇二二年）など。

（4）http://mille-vill.org/の「千年村プロジェクトとは」より。

荘園史の名著

この「荘園史の名著」は、私たち荘園史研究会のメンバーが、これから荘園に関する研究を始めようと考えている読者に、ぜひこれだけは読んで欲しいと思って選んだものである。したがって、当然、これらが「荘園史の名著」のすべてではなく、まさに「入門」のための「名著」紹介に過ぎない。皆さんは、これらを基礎に自分の関心のあるテーマを見つけ出し、いっそう専門的な「名著」に進む手がかりにしていただきたい。これまでの「参考文献」とは異なって、著者名と書名だけではなく、「目次」と簡単な解説を付したのもそのためである。また、この「名著」は刊行年順に並んでいるので、簡便な史学史として利用していただくこともできるであろう。

1　江頭恒治『高野山領荘園の研究』

有斐閣、一九三八年

本書は高野山領荘園の包括的な検討を通じて中世の社会構造と経済構造の実態に迫ったものである。

前編では高野山領荘園の全体的な動向を論じている。高野山領は、高野山創建当初は微々たるもので、特に平安末期から朝廷をはじめとした貴顕の寄進《きしん》により増加したこと、鎌倉期には公家・武家の加護により拡大したこと、南北朝期には他の寺社領が武士の侵略によって衰退していくのとは異なり大方の所領の保持に成功したこと、織豊期に至って荘園支配が動揺していったことなどを段階的に論じた。

中編は個別荘園の検討である。「一」では地頭の横暴を示す史料として著名な阿弖河荘《あてがわのしょう》百姓言上状《ひやくしょうごんじょうじょう》の分析が試みられ、「逃散《ちょうさん》」という農民闘争に注目している。「二」では神野《こうの》・真国荘《まくにのしょう》の成立の経緯や荘園の管理機構・管理法規を論じ、「三」では志富田荘《しぶたのしょう》が高野山大伝法院《だいでんぼういん》となった経緯や金剛峯寺《こんごうぶじ》による奪還の経緯、大検注のあり方や年貢の収取、夫役《ぶやく》徴収のあり方を論じている。さらに「四」では平安末期から戦国期に至る太田荘《おおたのしょう》について、地頭の所務および地頭・領家間相論から和与に至る過程や、南北朝・室町期を通じた武家による押領という論点から論じた。

後編では高野山領荘園を中心として、殿原《とのばら》・免家《めんけ》・下《げ》人《にん》・公方役《くぼうやく》というキーワードについて考察している。

本書は包括的に高野山領を扱った先駆的研究であり、現在もなお高野山領研究の基本文献となっている。（守田）

2 今井林太郎『日本荘園制論』

三笠書房、一九三九年
（復刻版、臨川書店、一九八八年）

第一部　荘園制の発達
　第一章　荘園発生の基礎事情
　第二章　荘園の初期的形態
　第三章　荘園の発展
　第四章　荘園の整理
　第五章　荘園の内部構造
第二部　荘園制の変質崩壊
　第一章　武家領の形成とその特質
　第二章　地頭の設置と荘園支配体制の推移
　第三章　荘園分割の進行
　第四章　守護の荘園侵略
　第五章　荘民の階層とその分化
　第六章　荘民の負担
　第七章　荘民の反抗運動とその自治的組織の発達
結語

　今井林太郎が二〇代にして執筆した荘園通史である。荘園の発生から荘園の崩壊までを跡づけた荘園通史は、本書以前には栗田寛《くりたひろし》『荘園考』（一八八八年）、吉田東伍《よしだとうご》『庄園制度之大要』（一九一六年）があるばかりであり、当時蓄積の進みつつあった個別荘園研究を背景にした初の本格的な概説書であった。

　同世代の竹内理三と同じく、荘園の内部構造、特に名《みよう》田《でん》・名主《みようしゆ》や荘民の階層分析を行った点に特徴をもつ。荘園を私的大土地所有として、土地公有制をとる律令《りつりよう》制の対立物として捉え（第一部）、地頭・守護などの武士を荘園の変質・崩壊要因として（第二部）、荘園整理令や下地中分《したじちゆうぶん》・半《はん》済《ぜい》あるいは地頭請《うけ》・守護請などを分析した。今井自身は封建制という見立てこそ用いなかったが、荘園制を古代的な大土地所有の体系として、荘園領主と「地方中小地主との利害が相反」（一四五頁）する点に「鎌倉幕府成立の社会的根拠」を見出す研究は、戦後歴史学の基礎を用意した。

　第七章では自治組織の形成について分析し、近世的な郷村制の成立を展望している。結語では近世初頭の検地によって荘園制が消滅したと結論している。今井自身、戦後は『天下統一』『織田信長』『石田三成』など戦国・織豊期の研究で知られている。

（佐藤）

3　中村直勝『荘園の研究』

星野書店、一九三九年

本書は荘園を専論とした先駆的な研究書である。

前編「東大寺領」ではまず冒頭にて、寺院文書が中世史研究の主要な題材となることを論じながら本書執筆時の東大寺文書群の全体像について整理し、そのうえで主要な東大寺領の形成・展開について論じている。著者は大正九年（一九二〇）～一三年にかけて東大寺文書の包括的な整理に携わっており、その知見が随所に活かされている。

後編では王家領・摂関家領荘園の伝領に関する研究と荘園現地の農民生活に注目している。なかでも「荘民の生活」にて、「悪党」をあくまで荘園領主側からみた呼称に過ぎないとする評価は、後々にまで大きな影響を与えた。

著者の荘園史研究は伝領派と位置づけられることが多いが、本書の論点は荘園の形成・展開と内部構造から荘民の生活、伝領形態にまで広くわたっている。これは著者が荘園を中世社会全体を支える規定的なものと捉えていたことに対応している。

なお、叙述のうえでは史料一点一点の解釈を丁寧に提示しながら論じられていることも大きな特徴であろう。

（守田）

4　奥野高広『皇室御経済史の研究』正編・後編

畝傍書房、正編一九四二年、後編一九四四年

正編
第一章　皇室御経済史に関する概説
第二章　室町時代の皇室御領
第三章　室町時代の皇室御決算
第四章　室町時代の皇室御経済運用機関
結論
後編
第一章　戦国時代の皇室御経済
第二章　安土桃山時代の皇室御経済
第三章　江戸時代の皇室御経済
結論

奥野高広の研究は、戦前・戦時期に一般的であった朝廷式微《しきび》論（応仁《おうにん》の乱後、公家衆の下向、荘園収入の途絶によって、古代以来の朝儀・公事《くじ》が廃絶したという見方）に対して、戦国期における天皇家の財政や天皇家領荘園の実情を実証的手法で解明した点に特徴を有する。

正編では、皇室経済史・皇室御領史およびその研究史の概説を示したうえで、室町期の禁裏領（天皇家領）荘園やその管理機構、諸司領・主殿寮《とのもりよう》領・禰家《でいけ》（小槻《おづき》氏）領、率分《りつぶんの》関《せき》、財政収支の実態、皇室の財政機関としての宮女（長橋《ながはしの》局《つぼね》）や禁裏御倉職《みくらしき》の実態が解明されている。

後編では、戦国・織豊・江戸期の天皇家財政が扱われている。戦国期に関して、皇居の沿革・修築・警衛、禁裏年中行事、供御《くご》の沿革、戦国大名の勤皇事績、式微論を論じている。織豊期については、禁裏領荘園の沿革・伝領・収支や貸米制度・運用機関などを実証的に解明している。江戸期に関しては、「禁裏御経済」と「仙洞《せんとう》御経済」（仙洞＝上皇・法皇）について、それぞれ諸役人職掌・年中御行事・収入・支出・定額進献銀・幕府取替金・御用商人・本途《ほんと》御値段を明らかにするほか、江戸期以前・江戸期の「東宮《とうぐう》御経済」を論じている。

いずれも戦後の天皇制研究および近世朝廷制度史の実証研究の基礎となるものであり、荘園研究としても本書と同じ「畝傍史学叢書」の一巻として刊行された竹内理三『寺領荘園の研究』と並んで戦前の実証研究の水準を示すものとして高く評価されている。（佐藤）

5　竹内理三『寺領荘園の研究』

畝傍書房、一九四二年

本書は古代から中世にわたる寺院の経済基盤について、寺院知行国《ちぎようこく》と寺領荘園に焦点を絞って論じたものである。主要な考察対象は中世成立期から中世前期となっているが、扱った時代は奈良時代から戦国時代にわたっている。

まず「一」では寺院の造営経費が造国制《ぞうこくせい》から寺院知行国へと展開し、寺院知行国が変質し所領支配が重要になっていくことを論じた。

「一」をうける形で「二」以降では寺領荘園を考察対象としている。まず「二」では、東大寺領荘園を包括的に扱い、その形成過程や内部構造について詳細に検討し、「三」では中世醍醐寺《だいごじ》領荘園の経済的位置について論じた。「四」では再び東大寺領荘園をとりあげ、武士や興福寺の勢力伸長に伴って荘園経営が弱体化していった様子を動態的に論じ、「五」では東寺領荘園の形成過程とその内部構造について検討している。

このように、本書は東大寺領を中心とした寺領荘園の成立形態からその成熟・変質のあり方を検討し、荘園の内部構造を具体的に考察した。特に「附録　名発生の一考察」をも含めた内部構造に関する研究は、本書が先駆的なものであり、研究史的意義は大きい。

著者の研究は史料を博捜し史料に裏づけられた実証を強く意識しているが、関連して論拠となる史料を豊富に引用していることも特徴となっている。刊本史料集がさほど存在しないこの時代において、こうした姿勢は著者の実証への真摯な姿勢として特筆されよう。こうした姿勢こそその後著者が『平安遺文』や『鎌倉遺文』の編纂を単独で実現させるエネルギーとなったと考えられる。（守田）

6　藤間生大『日本庄園史』

近藤書店、一九四七年

序文
第一章　庄園の本質―庄園分布形態の分析―
　序
　第一節　庄園分布形態の地域性
　第二節　庄園の構造の分析
　第三節　庄園の分布形態の分析
　第四節　奈良・平安時代に於ける東大寺庄園分布形態の比較―結論に代へて―
第二章　庄園の成立―北陸型庄園体制の成立―
　序
　第一節　北陸型庄園体制の基柢
　第二節　北陸地方に於ける東大寺庄園設置の端緒
　第三節　北陸型庄園体制の成立
　第四節　結論―北陸型庄園体制の歴史的意義―
第三章　庄園の崩壊―庄園不入制成立の分析―
　第一節　庄園に於ける不入制の問題
　第二節　庄園の構造的変化と不入制成立の必然性
　第三節　新たな庄園体制と班田農民の関係
　第四節　荘園不入制の政治的性格
附録　古代史研究の回顧と展望―律令的国家体制永続の必然性―
　昭和一四年度・昭和一六年度・昭和一七年度・昭和一八年度

本書は、「古代より中世に至る変革の経済的基礎構造の研究」という副題をもつように、東大寺領の北陸型初期荘園を主な分析対象としながらも、荘園の歴史を通じて古代から中世への変革の必然性を究明しようとした壮大な論文集である。と同時に、初期荘園の類型論や北陸地方の荘園群に関する重厚でレベルの高い研究は、そのほとんどが戦時中の仕事とはいえ、石母田正の『中世的世界の形成』と並んで、戦後の荘園史研究に大きな影響を及ぼした。

本書に関しては、初期荘園の内部構造（奴隷制的経営構造やそれと地方土豪との関係など）に関する研究が高く評価されることが多いが、中世史研究の視点からみるならば、第三章の「不入制《ふにゆうせい》」に関する部分が注目される。不輸制《ふゆせい》に関する研究は戦後も活発に行われたが、不入制に関する研究は非常に少なく、本章は少ない専論の一つである。もう一度著者の論考に立ち返り、研究を再開する意義があるように思う。なお「附録」の「昭和一八年度」は石母田正の執筆である。

（木村）

7　中田薫『庄園の研究』

彰考書院、一九四八年

一九〇六・七年に発表された諸論文を後年まとめて一書としたもので、法制史の立場から荘園の成立・構造・性格を論じた荘園の体系的研究。大化改新前後からの荘園の形成史、王朝時代（平安時代）の荘園の組織、職《しき》、知行《ちぎょう》、保護・被保護（御恩・奉公）関係、不動産物権としての職の性格などについて、西欧法制史学・西欧近代法学の諸概念を用い、西欧や中国の法との比較を通じて論じているところに特徴がある。

なかでも第二論文で、中世の荘園の形成について、「本家権寄進《きしん》」と「職権留保付領主権寄進」の二種の形式から論じたことは、のちに永原慶二によって一部批判はあるものの「寄進地系荘園」形成論の基軸として引き継がれ、「寄進地系荘園」の古典的学説として、一九九〇年代後半に至るまで大きな影響をもった。

なお本書所収の諸論文は、中田薫『法制史論集』第二巻（岩波書店、一九三八年）にも収められている。　（鎌倉）

8 清水三男『中世荘園の基礎構造』

高桐書店、一九四九年（三部作は『清水三男著作集』全三巻、校倉書房、一九七四・七五年に収録）

第一部

封建制度の成立に関する一考察
初期の名田について
中世武家法より見たる農民
経済史上より見た鎌倉時代の武士階級
紀州荘園文書に現れた中世村落について
荘園と村落について
中世に於ける寺院の郷について
荘園と市場
中世の座の性質について
室町時代に於ける東寺境内と商人

第二部

中世に於ける若狭太良荘の農民
中世に於ける播磨矢野庄
東寺領丹波国大山庄
摂関家近江国大番領の一史料
山城国紀伊郡拝志庄
塩の荘園「伊予国弓削島」
東大寺領伊賀国黒田庄
東大寺大仏殿油倉
中世後期に於ける丹波国大山庄の生活
土一揆を如何に見るか

本書は、『日本中世の村落』（一九四二年）、『上代の土地関係』（一九四三年）の著者の遺稿を収録した論文集である。目次をみても著者の関心は多岐にわたっているが、やはり荘園と村落と農民（名田《みようでん》）が主要なテーマであった。

当時の著者の問題関心の有り様を示しているのが、第一部の「封建制度の成立に関する一考察」であろう。その中核を占める「第三章　荘園制度と封建制度」は次のような構成である（節番号は略）。「荘園の不輸不入権」「荘園獲得の手段」「荘園の濫置」「荘園の管理」「荘民の負担」「大番舎人」「地頭」「荘園内の武力」「不輸不入権の侵害」。「不輸不入権」を軸に荘園の多様な側面を分析しており、著者が荘園制と封建制とをどのように捉えようとしていたかがわかる重要な論文といえる。

巻末には「日本史研究会」の名で「清水三男の生涯とその業績」が二一頁にわたって収録されている。近代史学史の一断面を物語る論文集であり、「解説」であるといえよう。

（木村）

9　西岡虎之助『荘園史の研究』上・下一・下二（全三巻）　岩波書店、一九五三・五六年

本書は西岡虎之助の一九二五～五三年までに発表された荘園に関する論文集である。古代・中世・近世初期までの荘園の歴史を時代を追って系統的に明らかにしようと編まれたものである。上巻第一論文では荘園に自墾地《じこんち》系《けい》と寄進《きしん》地系《ちけい》があることが強調されているが、このようにどの論文もかつての荘園研究の通説的地位を占めるもので、現在においても参照されるべき論文は多い。（戸川）

10　柴田実『庄園村落の構造』

創元社、一九五五年

緒言
第一編　播摩国矢野庄
第二編　若狭国太良庄
第三編　備中国新見庄
別編　丹波国和智庄における地頭家とその氏神祭の変遷
附録（一）矢野庄関係史料目録
附録（二）太良庄関係史料目録
附録（三）矢野・太良・新見各庄年表

本書は東寺領矢野荘《やののしょう》・太良荘《たらのしょう》・新見荘《にいみのしょう》を中心にそれぞれの関係史料を編年に整理し、知りうる限りの在地村落の歴史を構成することが目標として掲げられた共同研究の成果である。編者以下宮川満・黒田俊雄・井ヶ田良治・高尾一彦・竹田聴洲、六名にわたる共同研究の背景には、当時の封建制研究の著しい進展があった。

第一～三編については網羅的に蒐集《しゅうしゅう》した史料を充分に活かし、各荘園の成立・展開・衰退の過程を論じている。特に名《みょう》経営あり方や、名主の存在形態、地頭など在地領主の存在形態や、荘園領主と在地との関係の推移に力点が置かれ、封建制を論点に長期的な視野から個別荘園における地域社会の動向を動態的に論じている。

なかでも第一編において、戦後以降在地領主が封建制を確立させるために克服すべき存在と位置づけられた荘園領主像の再検討が試みられ、荘園領主が在地の情勢に応じて支配システムを変化させていたことを論じた意義は大きい。

別編では文献と伝承をたよりに仁和寺《にんなじ》領丹波国和智荘《たんばのくにわちのしょう》地頭片山氏《かたやまし》を中心とする同族祭のあり方を、文献と伝承をもとに復元している。本書刊行時の研究状況は、荘園現地調査がほとんど行われていない段階であり、先駆的な研究である。

なお、共同研究による網羅的な史料蒐集の成果として、巻末に矢野荘・太良荘関係史料目録を掲載し読者への開示がなされていることも特筆されよう。中世村落の動向を細部にわたるまで分析を試みることに力点が置かれつつも、各荘園の動向を記した年表も掲載されているように、全体像を示すという点が意識されている。

（守田）

11　弥永貞三『奈良時代の貴族と農民　—農村を中心として—』

至文堂、一九五六年

本書は「日本歴史新書」と題する叢書の一冊として企画されたものである。そのため書名は『奈良時代の貴族と農民』となっているが、実際には副題にあるとおり奈良時代の農村と農民生活についての復原・考察が中心となっている。

本書で特に注目すべきは三章と四章であろう。この二つの章は本書発行時点ではほとんど行われていなかった荘園絵図を本格的に分析したものである。その分析は本書「はしがき」によれば、一二〇〇年の歳月に手も触れることができないほどボロボロになった麻布の絵図を相手に「かすかに残る黒痕を求めてルーペをのぞいたり、懐中電灯で照らしたりして苦心惨憺解読」して行われたものである。

第三章は近江国《おうみのくに》水沼村《みぬまむら》及び覇流村《へるむら》の墾田《こんでん》地図を学会ではじめて取り上げたもの。地理学者谷岡武雄の協力も得ながら水沼村・覇流村をそれぞれ滋賀県多賀町敏満寺《びんまんじ》一帯と同県彦根市曽根沼《そねぬま》周辺に現地比定し、用水など灌漑施設と労働力編成の問題などを分析している。

第四章は越前国足羽《えちぜんのくにあすわ》郡《ぐん》道守村《ちもりむら》開田地図を奥田真啓、岸俊男についで本格的に分析したもの。同図を丁寧に分析し、口分田《くぶんでん》や墾田が集中している南側が道守荘の中心で田畠主はその西側の味間川《あじまがわ》沿いに聚落《しゅうらく》を営んでいたこと、北部生《いく》江《え》川《がわ》沿いの自然堤防上にも聚落があったことなどを指摘する。また、この二つの聚落に描かれている建物を神社とする奥田真啓説を批判し、荘家《しょうか》であるとした。

このように第四章は今日に至る道守荘研究の基礎を確立したものである。

絵図の分析や歴史地理学の手法なども取り入れた本書は、今日に至る初期荘園、荘園絵図研究の出発点と位置づけられるものであり、高く評価されるものである。　（戸川）

12　渡辺澄夫『増訂　畿内庄園の基礎構造』上・下

吉川弘文館、初版一九五六年
（増訂版一九六九〜七〇年）

上・下巻合わせて一〇〇〇頁を超える大著である。畿内の興福寺（大乗院・一乗院）領荘園がほぼ均等の面積の名田《みょうでん》から構成されていることを発見し、それを「均等名《きんとうみょう》」と名付けたのは著者である。そして、その要因を追究し、それまでの名田理解が名主《みょうしゅ》の所有と経営の単位であるとするものであったのに対して、均等名は荘園領主が公事《くじ》を均等に賦課・収取するために編成した結果であることを、厖大な事例研究によって明らかにした。まさに畿内の「均等名」研究の集大成といえる研究書である。

大和国《やまとのくに》興福寺領荘園に関してはほぼ網羅しており、均等名研究だけではなく大和国の荘園研究にとっても不可欠の書物である。また豊富に引用された均等名関係史料は、著者が主張するように、公事に関する内容も兼ね備えており、中世の公事研究にも豊かな材料を提供してくれる。

（木村）

13　安田元久『日本荘園史概説』

吉川弘文館、一九五七年

本書は、今井林太郎『日本荘園制論』（一九三九年）、小野武夫『日本庄園制史論』（一九四二年）、江頭恒治『日本荘園経済史論』（一九四二年）など、これ以前の荘園史概説・通史が執筆後一五年以上経ったことをうけ、戦後の荘園研究の進展をふまえて書かれた概説書である。

それまでの荘園制理解は、七世紀中頃～一六世紀末まで存続する荘園制を一つの連続した土地支配制度と捉え、その制度発展上の段階として成立期・変質期・崩壊期などに分けて論ずるのが一般的であった。ここでは、時期による質的差異は荘園制の変質として描かれる。しかし安田はこうした理解を採らず、荘園制を古代の初期荘園と中世的荘園に類型分けし、後者をさらに前期・後期に分類して、それぞれを本質的に異なる別個の土地支配形態として捉えた。安田は、初期荘園は律令《りつりょう》国家によって、平安中期～鎌倉初期の荘園は荘園領主の権威と在地豪族層の武力の結合にもとづく私的な強制力によって、そして鎌倉中期以後は武家政権の政治的権力によって、荘園支配が維持されていたと理解した。本書の三つの部構成は、この三類型に対応したものである。各段階の荘園制をまったく別個のものとして分けて論じる方法論は、以後の研究に影響を与えた。

入門書という性格から、難解な用語や構造を丁寧に解説しつつ、また時期ごとの特質や変化を具体的事例を挙げつつ平易に叙述している。巻末に荘園研究に関する文献目録を収載し、有益である。

（伊藤）

14　永原慶二『日本封建制成立過程の研究』

岩波書店、一九六一年

（『永原慶二著作選集』第二巻〈吉川弘文館、二〇〇七年〉に再録）

永原慶二の第一論文集であり、戦後十数年の「戦後歴史学」の時期に執筆された論文を収める。マルクス主義歴史学のいうところの「封建制」、すなわち封建的生産様式を基礎として成立する社会構造の成立過程と、そこに見出される日本封建社会の構造的特質を主題としたものである。一九五〇年代には「封建遺制」の解体（＝農地改革）までの見通しをもって、克服すべき対象としての封建制研究が学界の共通の課題とされており、そのなかで永原は封建制成立史研究を主導する役割を果たしていた。

荘園制に関していえば、第Ⅰ部所収の二論文が研究史上画期的な意味をもつ。封建制成立の直接の前提となる荘園制について、荘園領主権と荘園所有体系の性格という視点から、古代的でも封建的でもない過渡性を論じたものである。古代律令《りつりょう》体制下の国家的土地所有を否定した単なる私的大土地所有制とみる従来の理解を批判し、単一の地域的権力による領主的土地所有とは根本的に異なり、律令制以来の王家・中央権門貴族・大寺社などが相互に寄り合い、律令制国家の支配組織を家産化しつつ重層的な領有体系を創り出したことを指摘した。また、公家領荘園の寄進地系《きしんちけい》荘園を標準型として設定し、在地の開発領主の「私領《しりょう》」寄進に荘園制形成の起点を求めつつも、在地領主が「職権留保」を目的として領主権を荘園領主に寄進したという中田薫の説を批判して、荘園領主の領主権は荘園成立を契機として国衙《こくが》の権能を継承したものであり、在地領主の領主権とは異質のものであることを明らかにした。このように制度史的に荘園制の構造を解明していく視角は、「私領」寄進それ自体の虚構性という点では永原説に修正を迫りつつ、国家的性格を重視する立荘論にもつながるものとして注目される。また、土地から遊離していた荘園領主権の弱さ、権門としての政治的地位と権威に荘園領主権の保証を求めた点に、荘園領主が私的土地所有を展開しながら中央国家に結集し、封建的権力となりえなかった理由を見出している。

第Ⅱ部では、荘園制下の農民の存在形態・階級的性格を分析し、封建的小農経営の未成熟を論ずる。名主《みょうしゅ》（在家）の内部構造を分析し、古代の班田《はんでん》農民（総体的奴隷制）とも農奴《のうど》（封建制）とも規定することのできない「過渡的経営体」であったと論じた。そのために荘園制は不安定な構造をもち、荘園領主・在地領主・名主・国衙のそれぞれが排他的な領主権者として存在しえなかったとしている。

第Ⅲ部は、南北朝期以降の荘園制の解体過程のなかから地域的封建領主制が成立する過程を論じたものである。南北朝の内乱と守護領国制の展開を封建制成立の画期として重視する点に特徴をもつ。荘園制解体期の農民の階層分解の観点から中世の農民闘争について論じるほか、中世後期の東国史をフィールドにして、関東管領《かんとうかんれい》と伝統的豪族の葛藤、在家の分解、国人一揆《こくじんいっき》と惣領制の解体といった問題を扱っている。

補論では古代社会の構造・特質や中世への移行、鎌倉幕府・室町幕府の権力形態の特質、中世・近世における村などを論じており、中世にとどまらず日本封建制の全体構造をさまざまな角度から論じたものとなっている。（佐藤）

15 佐々木銀弥『荘園の商業』

吉川弘文館、一九六四年

荘園というとすぐ農業生産を思い浮かべるが、本書はその荘園を舞台にいかにして商品や貨幣が流通し、それがどのような分業によって支えられていたかを、「二」では農民・村落に、「三」では在地領主に焦点を合わせて、さまざまな荘園を素材に具体的に論じたものである。

「二」では、荘園商業の成立・展開は、荘園農民のどのような土地保有・農業経営・生産力の段階に照応しているのか。荘園商業はどのような農民・村落構造の段階と照応しているのか。荘園商業を支えていた荘園内の社会的分業、市場はどのような形で存在したか、などが論じられている。

一方「三」では、鎌倉中末期以降在地領主層は、荘園商業などの発展に示される商品・貨幣流通になぜ一定の対応をしてゆかなければならなかったのか。在地領主はどのような形で商品流通に対処したのか、などが論点として取り上げられている。

中世荘園における商業史研究の最適のガイドである。

（木村）

16 朝河貫一『荘園研究』

日本学術振興会、一九六五年

第1部　中世日本の土地と社会
1 越前国牛原荘
2 荘園制の展開を示す古文書
3 第一部の注釈
4 第一部の索引
5 古文書の日本語版と英訳の対応表

第2部　論文選
1 日本における封建的土地保有の起源
2 中世日本における寺領荘園の消長
3 日本の封建制度の諸相
4 日本史における農業―総論―
5 初期の荘園と初期のマナーとの比較研究
6 封建制―日本―
7 源頼朝による幕府の創立

第3部　古文書の日本語版（原文）

米国イェール大学教授をつとめ、英語圏における日本史研究・比較封建制研究のパイオニアとなった朝河貫一の荘園関係の遺稿集であり、日本で朝河貫一著作刊行委員会によって刊行された。英文書名は *Land and Society in Medieval Japan* である。ジョン・ホイットニー・ホールと竹内理三による解説論文が付されている。

第1部はほぼ完成されていた朝河の遺稿に若干の訂正と荘園絵図図版の増補を加えたものであり、越前牛原荘《えちぜんうしがはらのしょう》に関するものと、荘園制の展開を示すために複数の荘園にまたがって史料を編纂したものから成る。いずれも史料本文の英訳に詳細な解題・注釈を付しており、日本封建制の歴史を史料から示した朝河の主著『入来文書《いりきもんじょ》』と同一の体裁である。第3部は第1部の引用史料に関係文書を増補して新たに編纂された。

第2部は朝河の既発表論文を収録したものである。日本の荘園とヨーロッパのマナー、荘園制と封建制をそれぞれ峻別したうえで、荘園制に武士勢力が入りこむことによって封建的土地保有が生まれる過程を論じるほか、集約的な水稲耕作の形態から日本の土地所有、「職《しき》」の特殊性を説明する点などに特徴がある。牧健二や清水三男、ライシャワーの近代化論などへの影響が指摘されてはいるが、日欧米の学界への朝河の影響は、なお近代史学史上の検討課題として残されている。

（佐藤）

17　網野善彦『中世荘園の様相』

塙書房、一九六六年

「若狭国太良荘《たらのしょう》の歴史」という副題を持つ本書は、太良荘の成立から終焉までを、「東寺百合文書《とうじひゃくごうもんじょ》」や「教王護国寺文書《きょうおうごこくじもんじょ》」など東寺に残された史料をもとに描いたものである。とりわけ、そこに生きた人々に視点を据えて、おもに訴訟文書から彼らの行動、生き方、権利関係、連携、衝突などをドラマチックに叙述している点が特徴的である。登場人物は、開発領主とその子孫、名主《みょうしゅ》・百姓など現地の人々から、中央の荘園領主、東寺の預所《あずかりどころ》や公文《くもん》・供僧《ぐそう》、また地頭や御家人・得宗《とくそう》被官・守護などの武家勢力まで多岐にわたり、彼らが時代の流れに翻弄されつつも、自らの立場や利害を主張して荘園の歴史を動かしていく様相を動態的に描いている。一つの荘園の歴史から社会全体の政治的・社会的変化を描き出す本書の叙述方法は、細部から全体を見通すという社会史の方法論に通じる。

また網野は、所職《しょしき》という得分権を人々が執拗に争い続ける様子から、所職の世界が中世を通じて変化しつつもなお領主から農民まで多くの人々を規定し続けることを重視し、その裏に非所職所有者に対する蔑視、差別感の存在を見て取っている。さらに流通・金融の発展、訴訟の当事者として現れる女性の地位の変化や、百姓と区別される間人《もうと》の存在、村の閉鎖性の出現など、社会的問題にも注目しており、こうした問題意識は網野の以後の研究につながるものである。中世社会の多様な問題を詰め込んだ良書である。

（伊藤）

18　黒田俊雄『体系・日本歴史2　荘園制社会』

日本評論社、一九六七年

本書は、一〇世紀から一四世紀はじめまでを、「荘園制社会」という一つの社会体制の形成と展開の過程として捉え叙述した通史である。『体系・日本歴史』は、「その時代＝画期をもっとも包括的に示すと考えられる体制概念を各巻の主題名にする」という方針をとっており、本書は「古代専制国家」と「大名領国制」の間に位置する。通史であるため、内容は荘園に関することに限らず、摂関政治や文化、鎌倉幕府の成立やモンゴル襲来など多岐にわたるが、この期間を体制的に一貫した歴史的段階として把握しているのが特徴である。

本書で黒田は、「領主制」の発展を中世社会の基軸に据える戦後の領主制論が、荘園制を本質的に「古代的」なものとみなして、荘園制社会の全過程を古代社会から封建社会への過渡期と位置づけてきたことを批判する。黒田は、班田《はんでん》農民が自立経営のための農民的諸権利を拡張して、農《のう》奴《ど》制的隷属に入ることなく領主を単なる地代取得者の地位に制約していく道筋こそが封建社会化をもたらしたのだと主張し、「非『領主制』的展開」＝荘園領主制こそが封建社会化の基本コースであり、在地領主の「領主制」はそこから派生したものにすぎないとした。

荘園制社会を、日本における封建社会の最初の一段階と位置づけた黒田の理解は、「荘園制」という歴史段階を捉えられない領主制論の方法論上の問題を突いたものであった。またこれは、それまで「古代的」「封建的」として対立するものとみなされてきた公家と武家をともに封建領主階級とみなして、それら権門勢家《けんもんせいけ》が相互補完的に国家を構成するとした黒田自身の権門体制論に対応した理解であり、以後の研究に大きな影響を与えた。

（伊藤）

19 戸田芳実『日本領主制成立史の研究』

岩波書店、一九六七年

荘園制成立の理論的前提となる在地領主制の形成過程を明らかにした書。所収論文は、一九五八〜六四年に発表されたもので、荘園制を日本封建制形成過程における過渡的な土地所有形態とみる永原慶二らの学説と、荘園制を古代的奴隷的本質をもつものと捉え太閤検地《たいこうけんち》段階に封建制が成立するとした安良城盛昭の学説に対して、戸田は中世封建領主制（荘園領主制と在地領主制）が平安末期に成立することを論じ、荘園制を封建的土地所有制の一段階とする学説を提示した。

本書は直接的に荘園を論じたものではないが、負名《ふみょう》体制、在家支配など平安期の荘園・国衙《こくが》の土地制度を明らかにしたこと、「富豪層」「園宅地的土地所有」などの概念を用いて、富豪層から開発領主へという在地領主制の形成過程を理論的に明らかにしたことは、荘園制成立史研究に大きな影響をあたえた。

戸田の示した在地領主の成長過程、「開発領主」像は、その後永く通説的位置を占めてきたが、戸田の学説は在地領主制の理論を明らかにしたものであり、平安期の「開発領主」の実像を示すものではないとの批判がある。なお戸田にはその後の研究をまとめた『初期中世社会史の研究』（東京大学出版会、一九九一年）もあり、中世成立期の農民や都市民衆の実態や生活・意識、武士の社会的存在、海域や山野に生きる領主などの実態が明らかにされている。

（鎌倉）

20　永原慶二『日本の中世社会』

岩波書店、一九六八年

〈『永原慶二著作選集』第一巻〈吉川弘文館、二〇〇七年〉に再録〉

日本の中世社会が、古代律令《りつりょう》制社会に強く規定されつつ展開する過程を論述した。普遍的時代区分概念である「中世」はしばしば封建制と結びつけて論じられていたが、永原は日本史上の「中世」を二段階に区分し、一一世紀後半から一四世紀前半までの「中世前期」を荘園制が経済・社会・政治の全体構造を規定した時代、南北朝期以降一六世紀末の天下統一以前の「中世後期」を封建的な生産様式が本格的に展開する時代であると捉える。荘園制を封建的生産関係として論ずる戸田芳実・黒田俊雄らの所説を批判的に検討しつつ、律令体制の解体過程に展開する中世的土地所有関係を具体的に検討し、荘園制は律令制下の中央・地方の官職が世襲的な家産と化す一方、農民的土地保有権も、在地領主の土地所有権もなお未成熟・不安定であり、封建的な主従制も独自の国家体制を形成する段階に至っていない過渡的な段階として論じている。

また、日本の近代化の特色と結びつけて日本封建社会を「西欧型」とする論潮に対して、日本中世における「集中の契機」を強調し（ただし「アジア型」と規定しているわけでもないことに注意）、警鐘を鳴らしている。

（佐藤）

21 工藤敬一『九州庄園の研究』

塙書房、一九六九年

工藤敬一の研究は、九州の荘園史・政治社会史を中世史上に位置づけるものだった。序章では、荘園制について、荘園の基準型と完成型、封建制との関係などを論じ、都市的貴族的領有と規定し、九州荘園の類型と特質について、中央権門領・地方社寺領、律令《りつりょう》制的・豪族的所有という類型別に概観している。

第一章では、大宰府《だざいふ》と直接関わりつつ九州全域に展開した宇佐宮《うさぐう》領、国衙《こくが》と関わりつつ一国全域で展開した肥前国《ひぜんのくに》一宮河上社《かわかみしゃ》領、郡社としての肥前国杵島郡《きしまぐん》の武雄社《たけおしゃ》領、というレヴェルの異なる三つの社領を素材として、地方社寺領の特質を論じる。第二章では、薩摩《さつま》・大隅《おおすみ》・日向《ひゅうが》の三国にまたがる摂関家領島津荘《しまづのしょう》を素材として、中央権門の遠隔地所領の構造と変遷を考察する。第三章では、九州荘園の特徴として「在家」支配、「上家分」在家・田畠、南北朝期の地方社寺の膝下所領に現れる均等名《きんとうみょう》体制を扱う。全体の構成としては、中世荘園制の一般論を示したうえで、九州荘園の「後進性」を大宰府の存在などとの関係から論じるという構えとなっている。

なお西九州で大きな比重を占める王家領荘園については、工藤の第二論文集『荘園公領制の成立と内乱』（思文閣出版、一九九二年）にまとめられている。

（佐藤）

22　阿部猛『日本荘園史』

大原新生社、一九七二年

本書は各時代の特徴を代表する四つの荘園を取り上げ、それらを通して日本荘園史の流れがわかるようにしたもの。第一章の高庭荘《たかばのしょう》は初期荘園、第二章の小東荘《こひがしのしょう》は平安時代の雑役免荘園《ぞうえきめんしょうえん》、第三章の太田荘《おおたのしょう》は鎌倉時代の地頭領主制、第四章の大山荘《おおやまのしょう》は荘園の崩壊などを考えるために取り上げられている。

（戸川）

23 坂本賞三『日本王朝国家体制論』

東京大学出版会、一九七二年

本書は、律令《りつりょう》国家崩壊後の国家体制を王朝国家体制と呼び、その成立と転換を論じたものである。一〇世紀初頭の地方行政の政策転換により前期王朝国家体制が成立し、行政権を委譲された国司は強力な国内支配を展開したが、苛政上訴、在地領主の成長などにより体制は動揺し、一一世紀四〇年代に中央政府は公田官物率法《こうでんかんもつりつぽう》を定めて国司の権限を制限し、郡郷制の改編、在地領主制の体制的承認によって、地方支配を転換して後期王朝国家体制が成立すると論じた。本書をうけて一九七〇～八〇年代には平安時代の地方支配や徴税制度をはじめ財政・軍事・訴訟制度など諸方面の研究が進展した。荘園制研究では、一一世紀の官省符荘《かんしょうふしょう》の免除認定手続き（免除領田制）や郡郷制改編・別名《べつみょう》制などの諸制度が明らかにされた研究史的意義は大きい。だが一一世紀四〇年代に画期をみる王朝国家体制論の基本的構図や諸制度の実態については批判もあり、再検討が進められている。（鎌倉）

24　稲垣泰彦編『荘園の世界』

東京大学出版会、一九七三年

本書は、一九六八年一〇月から三年間にわたって発行された同人誌『月刊　歴史』（B５判、一四頁、合計三六号）の人気コーナー「ワタリ歩ク庄園」の成果をもとに、稲垣泰彦を中心に編集されたものである。「ワタリ歩ク庄園」はその荘園の特色や現況、さらに現地への行き方や調査法などを簡潔に記したコーナーで、全部で三六ヵ所の荘園などが紹介された。

本書は、当時住宅開発の危機にあった池田荘《いけだのしょう》を筆頭に、上野国《こうずけのくに》から肥前国《ひぜんのくに》までの著名な荘園が取り上げられている。内容は「ワタリ歩ク庄園」の精神を生かし、表題の頁には航空写真や景観写真とその荘園の歴史的意味が簡潔に記され、その裏には「〇〇荘の案内」として所在地や行き方が、さら次の頁には略年表が記される、という「面倒見」の良さである。

当時は、早稲田大学・日本大学の中世史研究会などによって盛んに荘園調査が行われ、調査報告書が発表されるなど、荘園史研究が活況を呈していた時代であった。その雰囲気と当時の研究水準がわかりやすく理解できる格好の荘園研究入門書といえよう。

（木村）

25 『シンポジウム日本歴史6 荘園制』

学生社、一九七三年

一 農民と荘園村落
《報告》大山喬平
a中世前期の農民諸階層／b中世前期の村落／c中世後期の農民諸階層／d中世後期の村落結合
《討論》
二 領主制―土地所有論―
《報告》入間田宣夫
a領主的土地所有／b地主的土地所有／c都市的貴族的土地所有
《討論》
三 荘園制の都市と分業
《報告》網野善彦
a戦後の研究史／b供御人・神人・供祭人と給免田体制の形成／c荘園・公領制の「脈管組織」の実態／d諸権門の経済体系の特質／e中世中期、後期の問題
《討論》
四 荘園制の諸段階と諸類型
《報告》工藤敬一
a荘園制の諸類型／b荘園制の概念規定／c寄進地系荘園と在地領主制／d地主制の問題／e荘園制社会の終末はいつか
《討論》

本書は、井上光貞・永原慶二・遠山茂樹を企画委員として一九六九〜七四年に学生社から刊行された『シンポジウム日本歴史』全二三巻のうちの一冊である。一九七一年八月二八・二九日、京都岡崎において「荘園制」をテーマに、大山喬平（司会）・網野善彦・入間田宣夫・工藤敬一・戸田芳実・峰岸純夫の六名で行われた討論をまとめたものである。

各章の四つのテーマについてまず報告があり、それをもとに討論がなされた。討論の細目は省略したが、一では在家の階層的位置づけや農民的職《しき》、構成的支配、惣村《そうそん》の評価など、当時の研究上の重要な論点が研究者それぞれの言葉で論じられ、一九七〇年代初頭の研究状況や論点をよくつかむことができる。また研究論文からではわからない研究者の生の声を感じられるのも魅力である。なお、同シリーズ第五巻『中世社会の形成』（司会戸田芳実、一九七二年）では荘園・公領《こうりよう》および領主制の構造の問題が取り上げられている。

（鎌倉）

26　荘園研究会編『荘園絵図の基礎的研究』

三一書房、一九七三年

本書は、元早稲田大学文学部教授西岡虎之助の没後、西岡によって蒐集《しゅうしゅう》されていた荘園絵図模本の刊行（同編『日本荘園絵図集成』として一九七六・七七年に出版、以下『集成』）準備に当たった門下生を中心とする荘園研究会が、準備作業と並行して行った荘園絵図研究の成果をまとめたものである。冒頭に、西岡の荘園絵図に関わる論文で著書に収載されていないものを再録する。

『集成』編纂過程で古代～中世の絵図を総合的に検討した奥野は、荘園の成立・発展・変質に対応して絵図の機能や作成主体がどのように推移するかを追及しようとし、荘園絵図を①開田図（奈良）、②四至《しいし》牓示《ぼうじ》図（平安）、③下地中分《したじちゅうぶん》図・堺相論《さかいそうろん》図・実検図（鎌倉）、④郷村図・灌漑図（南北朝室町）と分類した。また佐藤論文は、絵図研究は対象絵図自体の詳細な検討から始めるべきとし、①図上表現の読み取り、②作製の動機追究、③荘園に生起する歴史事象の解明のうえに、「絵図が作製された段階における荘園体制社会の本質に迫る」ことを目標としている。

荘園絵図研究は、一九七〇年代からこうした分類や主要な絵図の検討が進められ、八〇年代以降、『集成』などの刊行や社会史の流行などによって一気に深化した。荘園絵図の研究法がまだ手探り状態であった段階に出版された本書は、以後の絵図研究の前提となった。

（伊藤）

27 西岡虎之助編『日本荘園絵図集成』上・下

東京堂出版、上巻一九七六年、下巻一九七七年

本書は、元早稲田大学文学部教授西岡虎之助が戦前より蒐集《しゅうしゅう》していた荘園絵図の模写本と現存の荘園関係絵図を網羅した写真集である。ちなみに、ここでいう荘園関係絵図とは、本書の「凡例」によれば、古代・中世の土地関係絵図で、開（墾）田図・四至《しいし》牓示《ぼうじ》図・下地中分《したじちゅうぶん》図・堺相論《さかいそうろん》図・実検図・郷村図・灌漑図・敷地指図などを指すという。

上巻は、西岡蒐集本のうち古代から室町時代までの九二枚が収録されている（ほかに部分図や「裏書」なども収められている）。下巻は、西岡蒐集本二〇枚と参考図九枚、さらに「新蒐集本」一〇〇枚と参考図三枚が収録されている。したがって、上・下巻あわせて二二二枚の荘園絵図と参考図一二枚が収録されており、現存の荘園関係絵図をほぼ網羅しているといえる。下巻には「国別総目次」も掲載されており、便利である。

上・下巻とも口絵と「図録編」と「解説編」からなっている。「図録編」には荘園関係絵図の白黒の写真が掲載されている。先述のように部分の拡大写真や「裏書」の写真もある。

「解説編」は、まず、荘園絵図名と上（縦）・下（横）の原寸が示され、その後に以下のような書誌的な解説がなされる。①成立年代（推定も含め）、②所蔵ないし出典、③材質、④色彩の有無、⑤成立事情、⑥現地比定（適宜、国土地理院発行の二万五〇〇〇分の一、および五万分の一地形図が掲載されている）、⑦その他、⑧参考文献。

このように、古代の初期荘園絵図（開田図）から近世初頭の荘園関係絵図まで収録された本書が荘園史研究において果たした役割は計り知れない。多くの荘園絵図に関する著作が出版されているが、それらが本書に大きく依拠していることはいうまでもない。

それだけでなく、このように荘園関係絵図を網羅した本書が刊行されることによって、だれもがどこでも研究できるようになったことの意義は大きい。西岡の蒐集の努力とそれを整理し出版に漕ぎつけた関係者に敬意を表したいと思う。

（木村）

28 安田元久編『日本史小百科 荘園』

東京堂出版、一九九三年
（初版は近藤出版社、一九七七年）

本書は定評ある『日本荘園史概説』を書いた安田元久が編集した荘園史辞典である。冒頭にまず簡便な形で安田による概説があり、そのうえで荘園に関する主要用語の解説がある。そして後半は個別荘園五六荘の解説となっている。これら両者であわせて一〇〇項目となっているが、それ以外の取り上げるべき語は一括して巻末の主要用語解説で注解が付されている。現在ではほかに荘園辞典なども出版されているが、付録も充実しており、コンパクトに荘園に関する概要が知ることができる。

（戸川）

29　網野善彦『中世東寺と東寺領荘園』

東京大学出版会、一九七八年

本書は創建より中世にわたる東寺（教王護国寺《きょうおうごこくじ》）の寺院組織と寺領荘園の形成・展開のあり方を動態的に論じたもので、論文集としては著者の最初のものである。

序章では研究史整理と理論優先の没個性的な状況に陥っている本書刊行当時の研究状況への批判、さらには本書の題材となる東寺文書の伝来と「現状」について論じている。ここでは史料の博捜と実証によるリベラルな歴史像の提示を志す著者の問題意識が明確に現れている。

第Ⅰ部では第Ⅱ部で論じる個別荘園研究の内容をふまえながら東寺の寺院組織の変遷について論じ、学衆方《がくしゅかた》・供僧《ぐそう》方という中世東寺の骨格となる二大組織が形成される過程や、供僧領・学衆領荘園の形成過程を明らかにした。また大勧進《だいかんじん》や造営領国に依拠する東寺の伽藍《がらん》修造・造営形態の変遷を論じた。

第Ⅱ部および余論では東寺領の個別荘園の成立と存在形態・衰退過程について詳細に論じた。塩を年貢とした伊予《いよの》国《くにゆ》弓削島荘《げのしまのしょう》への注視は、のちに水田中心史観への批判を全面展開させていく著者の問題意識をうかがい知ることができる。

終章では本書を総括し、水田中心史観への批判もまじえながら今後の研究課題について論じた。

本書は、現在の東寺・東寺領研究においても参照されるべき水準を保ち、歴史学者としての著者を知るうえでも重要な著作である。

（守田）

30　大山喬平『日本中世農村史の研究』

岩波書店、一九七八年

本書は、日本中世社会における権力支配の体系である荘園制・領主制が支配の対象とした中世村落に視点を置き、荘園制・領主制・中世村落の具体的な構造とその相互関連を究明したものである。

一九五八〜七七年の論文を収録するが、国衙領《こくがりょう》に注目して別名《べつみょう》体の構造を明らかにしたⅡ論文（五八年発表）は、国衙領研究、大田文《おおたぶみ》研究のさきがけとして大きな意味をもった。また荘園制的な権力の体系は荘園領主・在地領主・村落領主の三者からなるとし、在地領主の農村的基盤は中世村落内部からたえず再生産されてくる「村落領主」の存在にあると論じたこと、中世村落の二重構造（名主《みょうしゅ》層・散田《さんでん》作人《さくにん》層）を明らかにし、公的・領域支配の実現には中世村落の二重構造に伴う「構成的支配」の関係が存在すると論じるなど、中世村落を基底とした荘園制社会の構造を捉えるうえで重要な論点を提起した。

（鎌倉）

31 仲村研『荘園支配構造の研究』

吉川弘文館、一九七八年

本書は紀伊国《きいのくに》阿氏河荘《あてがわのしょう》、丹波国山国荘《たんばのくにやまぐにのしょう》、近江国朽木荘《おうみのくにくつきのしょう》という山間部の荘園を題材に、荘園支配と荘園村落の身分や秩序のあり方について検討したものである。著者の問題関心は特に領主支配と荘民身分の問題であり、これは石母田正『中世的世界の形成』の影響をうけてのことであるという（はしがき）。

第Ⅰ部では阿氏河荘の成立過程と存在形態などを検討したうえで、地頭の横暴を示すとされてきた片仮名書言上《ごんじょう》状《じょう》の位置づけを再検討し、荘園村落のあり方を論じている。

第Ⅱ部では山国荘に関する論考で、荘園と村落の関係や、名《みょう》体制や名主《みょうしゅ》の具体的な存在形態を論じている。

第Ⅲ部では近江国朽木荘を舞台に展開した朽木氏の動向について鎌倉期以降戦国期にわたって考察している。

以上のように本書は地域社会での領主と村落・農民との関係に焦点を絞り、中世前期から後期にわたって実証的に議論を展開させている。

特に第Ⅲ部第二章では、中世後期の荘園領主支配下の荘園村落を「惣荘《そうしょう》」と「惣村《そうそん》」の二重構成で捉える著者の中世村落に対する理解が明確に論じられている。「惣荘」と「惣村」については、現在でも議論になるところであり、荘園村落史研究のなかで占める位置は重要である。

（守田）

32　稲垣泰彦『日本中世社会史論』

東京大学出版会、一九八一年

稲垣泰彦の研究は、主に中世の農業経営・土地所有と農民闘争にまとめられる。国衙領《こくがりよう》や荘園の「名《みよう》」は、かつて農業経営・土地所有の単位であり、中世は大規模経営が主流であると考えられてきたが、「名」は複数の所領を包む年貢徴収単位であることを解明するほか、名・作手《さくて》・地主その他の史料用語に即して直接生産者・土地所有者・年貢上納責任者の関係を具体的に論じている。従来、中世における生産力発展の画期を鎌倉末・南北朝期に見出す見解があったが、稲垣は平安末における二毛作・開墾の展開を指摘し、「名」の外皮の下で農民の小経営が中世初期から一般的に成立していたと論じる。大和国《やまとのくに》の雑役免《ぞうえきめん》（免田《めんでん》）系荘園・均等名荘園《きんとうみよう》をフィールドにして、耕地・水利の復元を試みた現地調査にもとづく文献史料の分析は、その後の荘園研究の基礎となった。農民闘争に関しては、中世後期の国一揆《くにいっき》や徳政一揆について農民闘争ではないと指摘する一方、中世前期の農民闘争について時期区分を加えながら具体的に解明し、中世後期の農民闘争の基本形態として「庄家《しょうけ》の一揆」の概念を提唱している。なお稲垣には本書のほかに遺稿集『日本中世の社会と民衆』（三省堂、一九八四年）がある。

（佐藤）

33 三浦圭一『中世民衆生活史の研究』

思文閣出版、一九八一年

第一篇　鎌倉時代
第一章　中世における畿内の位置
　—渡辺惣官職を素材として—
第二章　中世における農業技術の階級的性格
　—「門田苗代」を素材として—
第三章　鎌倉時代における開発と勧進
付　日本中世の立願と暗号
第二篇　南北朝時代
第一章　南北朝内乱期にみる天皇と民衆
第二章　加地子得分の形成と一色田の動向
第三章　十四・五世紀における二毛作発展の問題点
付一　ある中世村落寺院と置文
付二　南北朝内乱と畿内村落
第三篇　室町・戦国時代
第一章　惣村の起源とその役割
第二章　下剋上の時代の一側面
　—嬰児殺害・一色田・散所—
第三章　中世後期村落の経済生活
第四章　室町期における特権商人の動向
　—楠葉新衛門元次をめぐって—
付　根来寺と和泉熊取の中家
付篇
第一章　吉士について—古代における海外交渉—
第二章　大徳寺をめぐる商人たち

一九六〇年代の『和泉市史』編纂を契機に三浦圭一が取り組んだ、和泉国《いずみのくに》を舞台にした地域史・民衆生活史の集大成である。惣村《そうそん》や土一揆《つちいっき》を中世民衆の自治として評価する見方に対して、惣村の自治から弱小農民が排除されることに被差別民問題の淵源を見出す一方、歴史学が対象としてこなかった嬰児《えいじ》殺害や堕胎などの事実を指摘し、農村の民俗的慣習や農業技術について、農村内部、領主と農民の矛盾対立のなかで捉える手法は、底辺民衆の生活実態という問題意識を示す。また、非人・河原者《かわらもの》が開発や用水池築造に果たした役割を強調する。地域・村落に内在する矛盾・対立を直視しつつ、民衆へのまなざしを失わない歴史叙述に特徴をもつ。

三浦の研究の出発は商業史である。付篇に和泉の商業・海外交易に関する論文を収める。（佐藤）

34　黒田弘子『中世惣村史の構造』

吉川弘文館、一九八五年

本書は、紀伊国《きいのくに》の二つの地域（鞆淵荘《ともぶちのしょう》と粉河寺領東村《こかわでらりょうひがしむら》）を素材に、惣村《そうそん》の成立過程とその特色について論じた論文集である。

第一部では、鞆淵八幡宮《ともぶちはちまんぐう》史料を素材に、下司《げし》鞆淵氏との相論の過程で、「八人百姓」と称されるリーダーが生み出され、彼らの主導のもとに小百姓も含み込んだ惣村が形成されたこと、そのようにして成立した惣村がやがて連合して荘園領主高野山の支配に抵抗し、支配の質的な転換まで生み出していたことなどが論じられる。

第二部では、粉河寺領東村を素材に、用水池の築造と惣村成立の関係を究明している。特に、同村では鎌倉後期から南北朝期にかけて開析谷《かいせきこく》内に十数個の大規模な堰止め池が築造され、「溜池築造時代」というべき画期を迎えたこと、そして、それらを築造した主体が村人＝惣村で、彼らは池代を購入して池を拡大し、それを領主に池敷《いけしき》として認可させ課税対象から除外させていたこと、などが解明されている。

第三部では、鞆淵荘の祭祀史料の翻刻を通じて、八幡宮遷宮の際には置文《おきぶみ》（村法）が棟札《むなふだ》に書かれて奉納されているなど、惣村運営と荘内祭祀とが密接な関係にあったことなどが指摘されている。

このように、本書は、紀伊国という限定された地域を対象にしているものの、農民闘争、溜池築造、荘内祭祀という多様な側面から惣村の成立とその役割を明らかにしており、惣村史研究のための基本文献といえる。（木村）

35　坂本賞三『荘園制成立と王朝国家』

塙書房、一九八五年

序章
　はじめに
　問題展開経過のあらまし
第一章　前史―初期荘園について―
　第一節　初期荘園という用語
　第二節　官省符荘
　第三節　墾田集積荘園
第二章　前期王朝国家と荘園
　第一節　前期王朝国家体制
　第二節　前期王朝国家期の荘園
第三章　後期王朝国家と荘園
　第一節　後期王朝国家体制
　第二節　中世荘園の形成
　第三節　平安後期の荘園整理令
おわりに―荘園史からみた鎌倉幕府地頭の性格―
あとがき
索引

　本書は中世荘園の形成過程を国家体制との関連から解き明かそうとするもの。著者は周知のように平安時代一〇世紀からの国家を律令《りつりょう》国家とは異なる新しい段階の国家体制と捉え、これを王朝国家と呼ぶが、その王朝国家の政策との関連で中世荘園の成立を考えた一冊である。

　そのため章構成をみればわかるように初期荘園など律令国家段階で存在した荘園は前史として扱われ、王朝国家期の荘園が中心的に論じられる。しかし前史とはいえ初期荘園を官省符荘《かんしょうふしょう》、墾田《こんでん》集積荘園、王臣家荘園に類別し、特に王臣家荘園の動向に注目した点は重要であろう。

　前期王朝国家期の荘園については著者の、本書に先立つ著書『日本王朝国家体制論』（東京大学出版会、一九七二年）にもとづいて基準国図、免除領田制など著者がこれまで主張してきた論点がまとめられている。

　そして、本書の最大の特徴は一一世紀中葉に成立する後期王朝国家と荘園との関連を明らかにした点にある。本書で著者は、延久《えんきゅう》の荘園整理令で国免荘《こくめんのしょう》が審査されていること、封戸《ふこ》に代わって荘園領有に転じた寺社の事例があることなどに注目し、中世荘園は封戸などの国家的給付の代わりに付与されることによって成立すると説いている。国家財政との関わりで中世荘園の成立を説いた点は現在に至るも重要な成果である。

（戸川）

36　入間田宣夫『百姓申状と起請文の世界』

東京大学出版会、一九八六年

Ⅰ　一味神水から逃散まで
第一章　逃散の作法
第二章　庄園制支配と起請文
第三章　起請文の成立
Ⅱ　村落と領主制
第四章　平安時代の村落と民衆の運動
第五章　黒田庄出作地帯における作手の成立と諸階層
第六章　鎌倉前期における領主的土地所有と「百姓」支配の特質
付論　領主制―土地所有論―
Ⅲ　一揆の時代
第七章　中世国家と一揆
第八章　泰時の徳政
第九章　出羽国における在地徳政

一九六五〜八五年にかけて発表された諸論考に詳細なコメントを付して一書としてまとめた入間田宣夫の第一論文集である本書は、領主と百姓という戦後歴史学の基本的なテーマに焦点を合わせつつ（特に第Ⅱ部）、都市の荘園領主、地域の在地領主、荘民である百姓が相互に対立しあいながらも、妥協・合意しあう複雑な関係について、意思表出や合意形成の作法や社会通念に着目して論じている（八〇年以降の論考から成る第Ⅰ部）。そのような意味において、戦後歴史学の領主制論と「社会史」との結節点に位置する著作であるといえる。

逃散《ちょうさん》や起請文《きしょうもん》を素材にして中世前期の百姓の自立性を見出す本書は、中世後期の惣村《そうそん》に百姓の自立・成長を見出す考え方を相対化するものである。また、そうした自立性を原始・太古以来のものとするのではなく、中世前期の荘園制社会のなかで捉えようとする点に特徴を有する。中世前期には、本年貢の確保を主眼として「公平」と「撫民《ぶみん》」の論理が領主側に存在し、中世百姓はそのような支配者側の論理を逆用して自立を実現していたが、中世後期には加地《かじ》子《し》の収取が主眼となり、それに無策な中世国家は崩壊する一方で、加地子の収取をめぐる在地徳政（「地下《じげ》の沙汰《さた》」）に対応しながら国人領主《こくじんりょうしゅ》・戦国大名が統治者として「公方《くぼう》の沙汰」を形成する、という展望が示されている。（佐藤）

37　藤井一二『初期荘園史の研究』

塙書房、一九八六年

本書はいわゆる初期荘園について主に成立・経営・労働力の三点より分析を加えたもので、北陸東大寺領初期荘園を中心にしながら初期荘園の全体像を明らかにしようとしたものである。

第一編は初期荘園が律令《りつりょう》制下で成立した社会経済組織であることから律令田制と初期荘園の関連を追求し、初期荘園形成の過程や所有の実態を分析している。

第二編は初期荘園成立後の開発や経営のしくみ、実態について労働力編成に注目しながら考察する。その結果、国家と農民の結節点となる国《こく》・郡衙《ぐんが》など地方行政機構や地方豪族の果たした役割の重要性を指摘する。また文献と考古学の知見から「荘所《しょうしょ》」についても分析する。

第三編は初期荘園の開発や経営の展開を周辺村落との関係から追求する。

本書は諸王、貴族、官人層、地方豪族、諸大寺の墾田《こんでん》活動を初期荘園と位置づけ、それらが国衙や郡衙といった律令行政機構を媒介に経営されたことを明らかにしている。

氏の見解については在地首長の果たした役割をより重視すべきだとする批判もあるが、今日における初期荘園研究の水準を作ったものといえるであろう。　（戸川）

38　小山靖憲『中世村落と荘園絵図』

東京大学出版会、一九八七年

本書は、荘園制や領主制と村落を分けて考える研究動向に対し、一二世紀以降の荘園支配が村落を基礎にしていたことを実証しようとしたもの。小山は歴史地理学的方法による村落の景観復元を重視しており、灌漑水利の徹底的な調査にもとづく論証が特徴的である。

本書は一九六六～八七年発表の論文を収録し、東国をフィールドとした在地領主制と村落の関係、畿内近国をフィールドとした荘園制と村落の関係を検討した第1部・第2部と、一九八〇年代に活発化した荘園絵図研究の読解方法を確立しようとした第3部から成る。

なかでも、一一世紀中葉から一二世紀に広範に成立する、集落（村落）を核に耕地（田畠）と山野河海を有機的に統一した荘園支配を、「荘園制的領域支配」と定義した第1章（一九七四年発表）は重要である。氏はこれをふまえて、荘園制の発展段階を、古代の初期荘園、摂関期の免田《めんでん》・寄人《よりうど》型《がた》荘園、中世の領域型荘園という三類型に分類した（序章）。この領域型荘園概念はその後の荘園史研究・村落史研究に大きな影響を与え、現在まで有効なタームとなっている。

（伊藤）

39 小山靖憲・佐藤和彦編『絵図にみる荘園の世界』 東京大学出版会、一九八七年

本書は、稲垣泰彦編『荘園の世界』（東京大学出版会、一九七三年）の続編として企画され、当時新しい読解方法が提起されて関心が急速に高まりつつあった荘園絵図に焦点を絞って執筆された論文集である。

入門書というコンセプトにもとづき、まず「荘園絵図へのいざない」では、荘園絵図の概要・研究史・方法論が説明される。続く「荘園の四至と牓示」から「領主の争いと荘園の分割」では、荘園制の展開に照応するかたちで、院政期の領域型荘園の立券《りっけん》、鎌倉期の年貢の損免要求、下地《したじ》中分《ちゅうぶん》に際して作成された絵図を素材とし、絵図分析から荘園の歴史を把握できるようになっており、「山間の流浪と定住」から「中世農業と水論」では、領主間の相論や抗争の背後に開発・水利・農業経営や山野用益のあり方などを読み取ることができる。「都市図の機能と風景」は、荘園絵図の周辺として都市図を扱ったもの、「中世絵図読解の視角」は歴史地理学の立場からの絵図分析の方法論である。

本書内で執筆者相互の意見の相違がみられる点は、問題点を明示していて興味深い。最後に関係文献目録もついており、刊行段階の荘園絵図研究の状況を知るのに非常に有益である。

（伊藤）

40　網野善彦『日本中世土地制度史の研究』

塙書房、一九九一年

「荘園公領制《こうりょう》」概念を提起した論文および、荘園公領制の形成過程と実態を明らかにしたもの。本書の刊行は一九九一年であるが、所収論文は一九六〇年代末から一九七〇年代を中心としたものである。

第一部は、一九七三年に「荘園公領制」概念を提起した記念碑的論文で、竹内理三編『体系日本史叢書6　土地制度史』所収論文の再録である。「荘園公領制」概念の提起と前後し、若狭国《わかさのくに》での一国的な荘園の把握をはじめ、各国ごとに荘園・公領の具体的実態とそれをめぐる諸勢力の動向を明らかにしたのが第二部所収の論文である。これらは網野が一九六〇〜七〇年代に関わった茨城県史、岐阜県史、羽村町史（現東京都羽村市）などの自治体史の通史編として発表したものであり、自治体史編纂のなかで一国的な規模で荘園・公領の存在形態を捉えたことが、「荘園公領制」概念提起に直接結びついていたことがわかる。

網野にとって「荘園公領制」とは、御家人制、神人《じにん》・供《く》御人《ごにん》制とともに中世社会を規定する国家の制度のひとつであり、ここに「荘園公領制」という新たな概念で日本中世社会の土地制度が捉えられたことで、荘園制成立史研究は、荘園公領制の成立を到達点として論じられることとなり、またこれ以後、荘園公領制の成立と国家財政論との関連の追究など、荘園制研究の動向に大きな影響を与えた。

（鎌倉）

41　工藤敬一『荘園公領制の成立と内乱』

思文閣出版、一九九二年

本書の中核は、一九七〇～八〇年代に、網野善彦による「荘園公領制《こうりょうせい》」概念の提起をうけて、「荘園公領制」自体の構造や荘園と公領との有機的関係を、院政期から内乱期の政治社会のあり方とともに究明した論文である。

現実には多様な存在形態をもつ荘園公領制の実態とその成立過程を内乱・政治史のなかで動態的に捉え描き出した。また特に九州を中心とした広大な王家領荘園の成立について、開発領主の寄進《きしん》によるものではなく、院・摂関・幕府など中央権力の主導のもと受領《ずりょう》・在地勢力を巻き込んで国衙領《こくがりょう》の分割を伴いながら再編されたものと捉え、半不輸《はんふゆ》領の片寄せの実態などを明らかにしたことは、一九九〇年代後半以降の新たな荘園制成立史研究（立荘《りっしょう》論）に大きな影響を与えることになった。

（鎌倉）

42 山本隆志『荘園制の展開と地域社会』

刀水書房、一九九四年

本書は、若狭《わかさ》遠敷郡《おにゅうぐん》地域に視点を据え、荘園制（荘園公《こう》領《りょう》制）が地域社会の展開のなかでどのような役割を果たしたのかを検証したものである。

著者は、それまでの個別荘園研究、問題史的荘園研究、一国別荘園公領研究の方法論を批判し、荘園制は、一つの荘園単独ではなく隣接する荘園・公領とともに地域社会のなかで構造的に究明すべきであること、また気候・風土・産業などの地域性に規定されているはずであることを指摘し、郡規模を範囲として荘園の内部構造にも踏み込みつつ追及することを目指す。対象とした若狭遠敷郡地域は、国《こく》衙《が》が所在し、北陸からの船が着岸する津・浦が多く、京都方面への交通ルートが濃密に分布するという地域的特徴を持つ。

第一章では、中央政界における土地台帳（荘園検注帳《けんちゅうちょう》）の生成過程と特質を分析し、第二章では検注・勧農《かんのう》の内実分析にもとづき、土地台帳が百姓から年貢を収取する根拠となっていたことを論証する。第三章では、海岸部における製塩・廻船業と内陸部における農業という、荘園・公領が一体となって展開する郡規模での社会的分業のあり方を明らかにし、第四章では、荘園単位で完結せず郡規模に広がる村落の様相と、村と荘園制を媒介する名主《みょうしゅ》層のあり方を明らかにする。第五章では、鎌倉後期に得宗勢力が遠敷郡一帯の現地経営を独占し、名主層を取り込んで新たな知《ち》行《ぎょう》体系を創出する様相を解明し、第六章では、荘園現地の百姓らと中央の荘園領主の政治的回路として百姓等申《もうし》状《じょう》を位置づけ、知行に関する合意を取り付ける様相を描く。

「地域社会」は、一九九〇年代に多く注目され、現在も重要な視座となっている。荘園制を地域的個性とともに分析した本書の成果は、その研究視角と併せ有益である。

（伊藤）

43 勝山清次『中世年貢制成立史の研究』

塙書房、一九九五年

本書は一〇～一二世紀にわたる税制の変遷を検討し、王朝国家の構造と特徴を論じたものである。

第一部では納官封家《のうかんふうけ》済物《さいもつ》の収納のあり方を検討しながら、それらの財源が所領化していく具体的な過程を論じた。

第二部では東大寺領関係文書を中心的に扱いながら公田《こうでん》官物率法《かんもつりつぽう》の成立など、中世的な収取制度の成立過程について論じている。史料的な問題からおもな分析対象は伊賀国《いがのくに》に絞られているが、豊富な史料を丁寧に読み込んで官物の変遷を動態的に明らかにしている。

第三部では年貢収納の実際や、農民による未進への対処方法など、現地社会の実態を論じた。

中世成立期の税制史は、坂本賞三の王朝国家論を機に深化した。本書はそれを継承して中世の負担体系がどのように形成されるのかという基本的問題を正面から論じた。また、こうした分析によって納官封家が中世的な官衙《かんが》や寺社（荘園領主）へと変質していく過程をもクリアに示している。

現在収取制度研究は下火になっているが、中世の収取制度研究には必須の基本文献である。（守田）

44　富澤清人『中世荘園と検注』

吉川弘文館、一九九六年

本書は一九九五年九月に四八歳の若さで急逝した富澤清人の代表的な遺稿を集めた論文集である。

論文集の構成とは逆だが、富澤の研究は第二部に収められた論文から始まった。第二部は、第一章の副題「公事と身分秩序をめぐって」、第三章の副題「中世農民論の前進のために」が明瞭に示すように、「公事《くじ》」「在家《ざいけ》」という荘園制研究における中心的課題に焦点を合わせて、荘園制支配の特質とそのもとでの村落、農民の性格を究明しようとしている。第二章は題名のとおり、摂津国水無瀬荘《せっつのくにみなせのしょう》を対象とした個別荘園研究であるが、現存史料と五通の「文書目録」との比較を通じて荘園の展開の解明を目指した非常にユニークな論文である。

富澤が残した研究成果を代表するのが第一部の「検注《けんちゅう》」に関する論考である。これらの研究によって、中世の検注という行為の具体的な内容とその歴史的特質の解明が飛躍的に前進することになった。

特に、検注に関する語句や帳簿の意味、さらには検注という行為を具体的に復元することを通じて、「中世の検注は（中略）『取る』『読み合う』『寄せる』『固める・結ねる』『注進する』という一連の作業を含んでいる」と言い切るところに氏の研究の水準の高さが示されている。

以上のように、本書は「公事」「在家」「検注」などという荘園体制を理解する際の重要課題に真正面から取り組んだ仕事として、高く評価されるべき著作である。（木村）

45 石上英一『古代荘園史料の基礎的研究』上・下

塙書房、一九九七年

これまで古代大土地領有の研究といえば、中世荘園制を前提にして北陸にある東大寺領を初期荘園と位置づけて進められてきた。本書はこのような動向を批判し、中世荘園制を前提としない古代大土地領有そのものを把握しようとする。そのため本書ではあえて東大寺領北陸荘園以外の事例を取り上げる。具体的には弘福寺領讃岐国山田郡田図《ぐふくじりようさぬきのくにやまだぐんでんず》、法隆寺伽藍縁起並流記資財帳《ほうりゆうじがらんえんぎならびにるきしざいちよう》、京北班田図《きようほくはんでんず》などを分析していく。その分析を基礎に多様な古代大土地領有を含み込む「古代荘園」概念を提起する。

「古代荘園」概念の有効性や内実については今後にまつところが大きいが、本書によって古代土地領有に関する史料と研究方法、事例の豊富化がなされている。本書が果たした研究史的意義は大きい。

（戸川）

46　山陰加春夫『中世高野山史の研究』

清文堂出版、一九九七年（新編二〇一一年）

本書は、真言宗の拠点である高野山（金剛峰寺《こんごうぶじ》）が中世における大規模荘園領主に転成する時期を鎌倉中末期〜室町初期に求め、そこに至る営為を①文書・帳簿保管システムの構築と②膝下荘園に対する諸政策の立案・実施の二側面から解明しようとした論文集である。

戦前以来、高野山領荘園に関する研究は多いが、領主高野山自体に切り込んで検討しようとする研究はそれほど多くない。その課題に果敢に挑んだのが本書である。

大荘園領主の文書・帳簿の保管システムを論じた第Ⅰ部は河音能平の門下生が追究していた「中世文書・帳簿機能論」の一環であるが、それほど先行研究が多くない状況のなかで厖大な史料群を手際よく腑分けし、その保管の実態とそれが機能する側面について論じた二つの論文は、高野山研究に新たな地平を切り拓いたものと評価することができよう。

また、第Ⅱ部と付論では、高野町出身の山陰ならではの地元を意識した論考に注目したい。それは第四章で「衆徒と生家」、第五章で「荘官層」、第六章で「五番衆」が分析の対象になっていることによく示されている。

なお、二〇一一年に、第Ⅲ部を「中世金剛峯寺教団組織小考」として自立させ、「第七章　中世金剛峰寺衆徒の寺院生活」を加えたうえ、「附録」として「第八章　高野の聖たち」、「第九章　永享五年の「高野動乱」について」、さらに「研究余滴」として「一　鎌倉寺時代金剛峯寺の森林保護政策について」、「二　高野山における「怨親平等」観念の相承」などを増補した「新編」が出版された。地元を大事にする視点は、これら増補の論文にも貫かれている。

（木村）

47　永原慶二『荘園』

吉川弘文館、一九九八年

本書は戦後日本中世史を代表する研究者、永原慶二による日本荘園通史である。

平安中期の荘園には官物を国家へ、雑役を領主に納め、国家と領主に両属するものが多いこと、荘園は寄進だけではなく公領の分割によっても作られること、荘園領主権は「職《しき》」として立荘に関わった階層に分割領有されたことなど重要な指摘が随所にみられる。

（戸川）

48　海老澤衷『荘園公領制と中世村落』

校倉書房、二〇〇〇年

本書は、荘園公領制と中世村落とを有機的に結びつけて把握しようとした意欲作である。第一部では、大田文《おおたぶみ》を活用して荘園公領制の各国ごとの個性や「浦」の機能を明らかにし、大田文諸写本の網羅・校合による基礎的研究の重要性を実践によって示す。第二部では、豊後国田染荘《ぶんごのくにたしぶのしょう》を主な対象として、史料読解と現地調査によって、荘園の内部構造の柱であった「名《みょう》」のなかから近世村落につながる集落名が新たに形成される過程を活写する。第三部では、中世村落復原研究の諸方法、それらの成果と課題を明らかにし、中世村落復原の成果を社会に還元する方途にも言及する。以上、本書は地域総合調査と結びついた中世荘園研究の嚆矢であり、それらを現代社会に位置づける指向性をも有した先見的な成果である。

（清水）

49　川端新『荘園制成立史の研究』

思文閣出版、二〇〇〇年

本書は若くして逝去した川端新の遺稿集である。「本編」（序章から終章）は一九九九年に京都大学から博士号を授与された博士論文、「付編Ⅰ」はそれ以外の既発表論文、「付編Ⅱ」は卒業論文・修士論文などの未発表論文から構成されている。

川端の研究は第一章を中心とした成果により、それまでの寄進地《きしんち》系荘園制論を批判した「立荘《りっしょう》」論として研究史に大きな影響を与えたことは有名である。二〇〇〇年代の荘園史研究はこの「立荘」論をめぐって展開してきたといえる。

しかし、本書の成果はそれだけでなく、「序」にあるように、荘園所職《しょしき》体系の成立、権門の下文《くだしぶみ》成立過程、興福寺領荘園の成立過程、そして摂関家領荘園群の成立・伝領過程など、荘園制成立史研究にとって重要な課題についても水準の高い分析がなされていることに注目したい。（木村）

50　高橋一樹『中世荘園制と鎌倉幕府』

塙書房、二〇〇四年

本書は、近年の立荘《りっしょう》論にもとづく荘園制研究の推進者の一人である高橋一樹の論文集である。

第一～三章では、中世荘園は知行国《ちぎょうこく》支配の構造を基盤に生み出され、王家の御願寺《ごがんじ》や国家的仏事の経費調達のため、院近臣でもある知行国主が人脈を駆使して、寄進《きしん》された所領を核に国衙領《こくがりょう》や他領を大規模に包摂して形成（立荘）されていくのだとする。こうした国衙領を内部に含む中世荘園の特質から、第四章では網野善彦が提唱した「荘園公《こう》領《りょう》制」概念を、荘園と公領の分離・併存を前提にするものとして否定し、中世荘園を国衙領支配の一形態と捉えて、「中世荘園制」概念を提唱している。また第六・七章では、寄進の連鎖によって重層的な「職《しき》の体系」が成立するという従来の理解を否定し、立荘時には存在しなかった本家職が、相続や寄進を経て鎌倉後期～南北朝期に荘園が再編成されるなかで創出されることを指摘し、その過程には鎌倉幕府の動向も大きな影響を与えたと論じている。

立荘を重視する近年の荘園制理解を知るうえで必須の書である。

（伊藤）

51　鎌倉佐保『日本中世荘園制成立史論』

塙書房、二〇〇九年

本書は、一九九〇年代より提起された立荘《りっしょう》論に対し、それがもたらした課題の検討を通じて、新たな荘園制成立像を提示した書である。

本書は全体を通じて、これまで在地領主など、在地社会の動向を中心にして論じられていた荘園制に対し、制度史的な観点からの考察を出発点に論じられていることに特徴がある。第1部においては、私領《しりょう》・私領主への検討を通じ、上位者からの開発請負という関係を結ぶことで、私領、荘園が成立していくこと、関係構築には人的ネットワークが重要であり、摂関期と院政期でその質に変化があったことを明らかにした。第2部では荘園整理令が空間的な「荘公分離」政策ではなく、領域内の本免田と国務負担地の区別を明確にするものであり、実態との乖離を専当《せんとう》、地頭、預所《あずかりどころ》といった中間層が調整していたことを明らかにしている。

立荘論が明らかにしてきた荘園成立に関する手続きや領有体系への視座は継承しつつも、その淵源に迫ることで、中世荘園の構成要素・構成原理は、立荘以前から存在したこと、そしてそれらはその後の内乱期を含む、中央・地方政治情勢のなかで確立していくことを描き出した。在地における変化や、開発請負のより具体的な実像について、今後検討を行うことで、大きな枠組みとしての荘園制論へとつながっていく書といえよう。

（小野）

52　伊藤俊一『室町期荘園制の研究』

塙書房、二〇一〇年

本書は、二〇〇〇年代に市民権を得た研究上の概念「室町期荘園制」に関する、初めての包括的学術書である。

第Ⅰ部では、室町期荘園制の形成から解体に至る過程を総体的に論じる。①沙汰人《さたにん》層に代表される地域社会の動向、守護による地域社会の統合、室町幕府の荘園政策、南北朝期の政治史などの要因によって形成された室町期荘園制のあり方、②守護在京制にもとづく諸領主・守護関係者間折衝《せっしょう》の重要性、③室町期荘園制下における寺社本所領・武家領という所領構成、代官支配の類型や変遷を示した成果が特に重要である。

第Ⅱ部では、室町期荘園制下におけるさまざまな事象を論じる。具体的には、①荘園制の推移と東寺・寺官の動向、②東寺修造用途調達方式の推移と幕府権力の関係、③相国寺《しょうこくじ》造営事業と室町幕府財政の関わり、④室町期荘園制への異議申し立てとしての「荘家《しょうけ》の一揆《いっき》」、⑤銭貨の計算習俗など、多岐にわたる論点が示される。

南北朝・室町期における幕府の法や政治、都鄙《とひ》におけるヒト・モノの動きに関する研究は発展を続けているが、本書はその礎として大きな価値を持つ。

（清水）

あとがき

荘園史研究会が始まったのは、二〇〇六年七月六日のことである。手許にある資料によると、鎌倉佐保氏が『歴史評論』六七四号（二〇〇六年七月号）の特集「中世在地領主論の現在」のなかの守田逸人氏、清水亮氏の両論文の論評を行ったのが最初である。その時のレジュメには「初期中世社会研究会（仮称）報告」と記されているから、まだ荘園史研究会とは名乗っていなかったようである。しかし、同年七月二六日の研究会での木村の報告レジュメには「荘園史研究会第二回例会」と記されているから、第一回目の研究会の後の「飲み会」あたりで決まったのであろう。その後は、木村の勤務校であった東京学芸大学と守田氏が勤めていた早稲田大学などを会場に、ほぼ月に一回のペースで開催された。

このような研究会を始めるに至った要因は、その最初の例会の鎌倉報告に良く現れているように、若い世代の研究によって、中世成立史研究、荘園成立史研究が大きな転換を迎えていたことにある。すなわち「在地領主制」論から「在地領主」論へ、寄進地系荘園から「立荘」論へ、という変化に代表される転換である。さらにもう一つの要因がある。それは、そのような研究の転換点にあるにもかかわらず、東京近辺の若手研究者のなかで中世成立期研究に携わっている者が少なく、かつ共同の討論の場がなかったことである。

若手研究者の間で共同討議する場の必要性とともに、在地領主論を唱え、立荘論を高く評価する彼らの研究から学ぶ場の必要性を感じた木村が、戸川点氏、鎌倉氏、守田氏、清水氏らに働きかけて荘園史研究会は発足した。研究会の時間とほぼ同じ時間を懇親会に充てる研究会であったが、七年間もよく続いたものである。

その研究会の名前で本を出そうという話が出たのは二〇一〇年ころではないかと思う。少人数の研究会であるため個別報告、論文評の連続ではマンネリ化を避けられないし、研究会のメンバーの仕事場にも徐々に変化が出始めるようになったので、これまで成果をまとめておいた方がよいであろう、という判断からであった。

といっても各論文の寄せ集めでは新味がないので、近年の研究の進展をふまえた荘園史の概説を作成することにし、さらに、「はじめに」で鎌倉氏が記しているように、各章の執筆分担は決めるものの、内容に関しては共同で議論して修正する、という方法をとることにした。この二年間あまりは、ほぼ毎回、各自が担当箇所の文章を読み、その後みんなで検討し修正する、その修正を加味してまた発表するという作業に明け暮れた。概説書用の原稿を書いた経験がない若手研究者にとってはしんどい作業であったと思う。

まだまだ修正しなければならない点はあるものの、本書の意図をよく理解され、出版事情の厳しい折にもかかわらず刊行することを認めていただいた東京堂出版の松林孝至氏、氏の退社後、作業を引き継いでくださった堀川隆氏には深く感謝の意を表したいと思う。

最後に、現在の荘園史研究会について記しておこう。今年四月からは早稲田大学の高木徳郎氏らにも加わっていただき、新たなメンバーで研究会を始めている。数年後にはこの新しい荘園史研究会の成果を世に問うことを目指して努力していきたいと思う。

二〇一三年九月二〇日　念校を前にして

木村茂光

増補新版あとがき

一〇年余り経て「増補新版」を出版するに至った経緯を紹介して「あとがき」としたい。

旧版は二〇一三年一〇月に東京堂出版から刊行された。数年後、入手しにくくなったという声があったが、増刷できないままであった。

そのような折、二〇一七年ころより旧版の「あとがき」に書いた新しい荘園史研究会のメンバーを中心に論文集の企画が持ち上がり、吉川弘文館にお願いして二〇二三年一月に鎌倉佐保・木村茂光・高木徳郎編『荘園研究の論点と展望―中世史を学ぶ人のために―』を無事出版することができた。

これを契機に、念願の旧版の再刊についても吉川弘文館に相談したところ、「増補」という形態で出版することとなった。さっそく、八月二日に鎌倉・木村と吉川弘文館の間で事前の打ち合わせをおこない、それに基づいて九月五日に執筆者全員と吉川弘文館とでオンラインの編集会議をおこなって、増補の内容と出版に向けての手順を確認し、準備に入った。

「はじめに」でも記したが、旧版の出版から一〇年を経過し、その後の研究の進展もふまえ書き改めるべきところもあるが、旧版の内容を生かすという判断から本文は旧版のままとすることにした。ご了解をお願いしたい。なお、初学者向けのガイドブックとしての内容を充実するため、各章に「コラムⅡ　史料の読み方」を加え、かつ「付論」二編と「荘園史の名著」五点を増補した。活用していただければ幸いである。

以上が本書の出版に至る経緯であるが、出版事情が芳しくない現在、それも他の出版社の出版物を再刊するという面倒な仕事を引き受けていただいた吉川弘文館には心より感謝したい。本書が一人でも多くの読者の手に届き、荘園史研究の発展に少しでも寄与できることを願っている。

二〇二四年一月二五日

木村茂光

執筆者紹介（生年／現職／主要著書・論文）―執筆順

戸川　点（とがわ　ともる）
一九五八年／拓殖大学国際学部教授／『平安時代の死刑』（吉川弘文館、二〇一五年）、『平安時代の政治秩序』（同成社、二〇一九年）、『平安時代はどんな時代か』（編、小径社、二〇二三年）

鎌倉佐保（かまくら　さほ）
一九六八年／東京都立大学人文社会学部教授／『日本中世荘園制成立史論』（塙書房、二〇〇九年）、「荘園制の成立と武門支配の統合」（『歴史学研究』八四六、二〇〇八年）、「荘園制と中世年貢の成立」（『岩波講座日本歴史　第6巻中世1』岩波書店、二〇一三年）

小野貴士（おの　たかし）
一九八二年／慶應義塾大学大学院修了／「東大寺領荘園における領域的支配の確立」（『年報三田中世史研究』一二、二〇〇五年）、『現代語訳　吾妻鏡』（第1・5巻担当、五味文彦・本郷和人編、吉川弘文館、二〇〇七・〇九年）、「院政期における寺領の形成と在地支配」（阿部猛編『中世政治史の研究』日本史史料研究会、二〇一〇年）

守田逸人（もりた　はやと）
一九七一年／香川大学教育学部教授／『日本中世社会成立史論』（校倉書房、二〇一〇年）、『大学的香川ガイド』（共編、昭和堂、二〇二一年）、「荘園制成立期の社会編成と「地域」形成」（荘園・村落史研究会編『中世村落と地域社会』高志書院、二〇一六年）

佐藤雄基（さとう　ゆうき）
一九八一年／立教大学文学部教授／『日本中世初期の文書と訴訟』（山川出版社、二〇一二年）、『御成敗式目』（中央公論新社、二〇二三年）

伊藤瑠美（いとう　るみ）
一九七六年／長岡技術科学大学・新潟県立大学ほか非常勤講師／「十一～十二世紀における武士の存在

形態」(『古代文化』五六―八・九、二〇〇四年)、「鳥羽院政期における院伝奏と武士」(『歴史学研究』八三二、二〇〇七年)、「院政期の王家と武士」(『歴史評論』七三六、二〇一一年)

木 村 茂 光(きむら　しげみつ)

一九四六年/東京学芸大学名誉教授/『日本中世の歴史1　中世社会の成り立ち』(吉川弘文館、二〇〇九年)、『日本中世百姓成立史論』(吉川弘文館、二〇一四年)、『「国風文化」の時代』(吉川弘文館、二〇二四年)

清 水 　亮(しみず　りょう)

一九七四年/埼玉大学教育学部教授/『鎌倉幕府御家人制の政治史的研究』(校倉書房、二〇〇七年)、『中世武士　畠山重忠』(吉川弘文館、二〇一八年)、「鎌倉幕府の地頭請所政策と荘園制」(『国立歴史民俗博物館研究報告』二四五、二〇二四年)

荘園史研究ハンドブック（増補新版）

二〇二四年（令和六）六月一日　第一刷発行

編　者　荘園《しょうえん》史《し》研《けん》究会《きゅうかい》

発行者　吉川道郎

発行所　株式会社　吉川弘文館
郵便番号一一三―〇〇三三
東京都文京区本郷七丁目二番八号
電話〇三―三八一三―九一五一〈代〉
振替口座〇〇一〇〇―五―二四四番
https://www.yoshikawa-k.co.jp/

印刷＝株式会社　三秀舎
製本＝株式会社　ブックアート
装幀＝黒瀬章夫

ISBN978-4-642-08453-6